유아교육 사상사

김희태 · 정석환 지음

도서출판 파란마음

머·리·말 Preface

유아교육의 근원은 어디에서부터 시작하는가라고 질문하면 대답하기 쉽지 않다. 왜냐하면 고대로부터 현대에 이르는 유아교육의 역사적 사실들을 하나하나 살펴보아야 하고 그러한 사실들로부터 유아교육과 관련된 요소들을 추출해야 한다. 하지만 유아교육을 정확히 제시하고 있기보다 교육의 전체 테두리에서 유아교육을 언급하고 있는 경우가 많다. 이렇게 밝혀진 역사적 사실들은 오늘날의 유아교육 정통성과 발생적 근원을 정립하는 데 도움이 된다.

오늘날의 유아교육은 이러한 역사적 사실들을 바탕으로 움직여지고 있다. 가깝게는 피아제나 스키너, 몬테소리에서 나오고, 멀게는 루소나 로크, 그 이전의 코메니우스에서 나오기도 한다. 이들이 주장하는 유아교육은 오늘날 유아교육의 방향을 정립하는 데 직·간접적으로 연결되어 있다. 즉, 이들이 주장하는 것이 오늘날의 유아교육의 방향, 목적, 방법론들이며 유아를 어떻게 대해야 하는지를 알려주고 있다.

이러한 역사적 사실들을 우리는 '사상' 혹은 '교육철학'이라고 부른다. '사상'이나 '교육철학'이 딱딱한 어감을 가지고 있지만 그 자체로 근원, 뿌리, 기본, 이상적인 생각 등의 뜻을 함축하고 있어서 유아교육을 실행하는 당위성과 방향성을 정립하는 데 많은 도움이 된다. 즉, 현대의 유아교육이 과거의 유아교육과 단절된 상태로 새롭게 생겨난 것이 아니라 과거의 생각들을 바탕으로 발전된 것이라는 점을 우리는 알고 있어야 한다. 따라서 유아교육사상이나 유아교육철학을 학습하고 이해하는 것은 당연해질 수밖에 없다.

유아교육의 역사적 사실들을 살펴보는 것은 온고지신의 정신을 실천하는 것이며 유아교육의 계통적 발생학을 정립하는 노력이기도 하다.

이러한 정신으로 이 책을 구성하였다. 오늘날의 유아교육이 과거의 유아교육과 어떻게 연결되는지를 이해하는데 느끼게 되는 희열을 맛보길 소망한다. 이런 측면에서는 모든 역사적 사실들을 다 다루어야 하지만 워낙 양이 방대한지라 더러 미흡한 부분이 있으니 넓은 아량으로 이해해주시기를 희망한다.

잘된 내용이 있다고 자부하지 못하여 두렵기는 하지만 그럼에도 불구하고 용기를 가져보는 것은 새처럼 알에서 깨어나와 세상을 알아가는 초보자의 심정으로 '무식이 용감' 이라는 것의 실천이라는 마음 때문이다.

이를 위해 도움주신 주변의 분들께 감사드린다. 특히 도서출판 파란마음 황호철 사장님의 인내와 김정림, 백수정 선생님의 노력과 도움에 더없이 감사드린다.

차 · 례 Contents

PART Ⅰ 서양의 유아교육

PART II 한국의 유아교육

PART I

서양의 유아교육

Chapter 1

아동관과 유아교육

1. 아동관

2. 아동 중심 교육과정과 유아교육

01 아동관

유아교육의 프로그램은 아동관에 따라 달라진다. 예를 들어 레지오 에밀리아는 유아들의 능동성을 중요하게 취급하지만, 전통적인 프로그램은 유아보다는 교사의 역할을 강조한다. 전자는 유아를 스스로 생각하고 계획하고 추진하는 존재로 바라보면서 그 능력을 최대한 발현시키려고 하지만, 후자는 유아를 받아들이는 존재로 간주하여 능동적 활동을 제한하는 모습이다.

아동관은 시대에 따라 다르고 다양한 데, 사회에는 여러 가지 아동관이 복합적으로 존재할 수 있다. 유아들을 위한 교육과정이 아동관에 영향을 받기도 하는 데 이러한 아동관을 다음에서 살펴본다.

1) 전성설

전성설(preformationism)은 중세기 동안 지속된 아동관으로 아동을 성인의 축소판(ready-made miniature adult)으로 바라보는 관점이다. 전성설에 의하면 인간의 모습이 정자나 난자 속에 이미 들어있으며 단지 크기가 작은 상태로 태어날 뿐이다. 수태할 때 축소된 인간이 정자나 난자에 이식되며 그 모습이 너무 작아 보기 어려우며 태어나서는 크기와 부피만 달라진다고 생각했다. 즉, 인간이 창조되는 순간에 이미 만들어져 있으며 그러한 창조는 인간의 모습이었다.

따라서 아동과 성인은 능력이나 역할 등에서 다르지 않고 신체적 크기에서만 차이가 있다. 그리고 성인과 같은 일을 하고 같은 놀이를 하였다. 즉, 걷고 말할 수 있게 되면 성인의 옷을 입혔고 성인과 똑같은 일을 하게 하였다. 전성설의 아동관은 중세의 미술

작품에서도 잘 나타나고 있다. 중세 화가들은 유아를 그릴 때 얼굴은 성인의 모습이지만 신체 크기로 성인과 유아를 구분하였다.

전성설의 관점은 두 가지 측면에서 이해할 수 있다. 첫째, 당시 사회의 영아사망률이 높았기에 유아의 어떤 특성에 주의를 기울여 인격체로 취급한다는 것에 주저함을 보였던 것(Ariès, 1962)으로 여겨진다. 둘째, 성인들은 자기들의 생활이나 관점 및 처지와 동일한 형태와 기능을 갖는다고 생각하는 경향 때문(Ausubel, 1958)이다. 유아가 인간으로서 가치를 갖는다는 것은 유아기를 인정하고 유아의 독특함을 받아들이는 마음의 표현이지만 성인의 입장에서 이러한 마음을 표현한다는 것은 당시의 사회상에서 아주 힘든 것이므로 성인 입장에서 유아를 하나의 부속물이나 성인과 같은 입장으로 바라보는 관점이다.

전성설은 사회사상이 발달하고 기독교적 관점이 활발하던 시기인 16세기부터는 쇠퇴하기 시작하고 유아를 원죄설에 입각한 악한 존재로 바라보거나 혹은 선한 존재로 바라보는 관점이 사회의 아동관으로 자리잡게 되었다. 그럼에도 불구하고 전성설은 사회의 아동관으로서의 위치를 가지고 있었다.

2) 백지설

백지설(Tabula rasa)은 유아를 성인의 축소판으로 바라보아 유아에게 성인의 특성이나 역할이 주어지는 관점을 부정한다. 즉, 유아는 태어날 때 성인도 유아도 아니며 선한 존재나 악한 존재가 아닌 무(無)의 상태인 백지상태로 태어난다는 것을 주장한다.

백지설은 존 로크가 주장하는 것으로 본유관념론(本有觀念論: doctrine of innate ideas)을 반박하는 것이다. 본유관념론은 인간의 정신은 경험 이전에 이미 존재하고 있다는 것으로 인간의 정신이 생래적(生來的)이라는 관점이다. 예를 들어 우리가 수학의 어떤 증명을 볼 때 그것이 진리임을 지각한다는 것이 본유관념론의 설명이다. 본유관념론에 의하면 인간의 정신은 이미 존재하므로 인간이 할 수 있는 일은 이미 있는 정신을 상기(想起)시키는 일이 중요하다.

로크는 본유관념론의 주장이 타당하지 않다고 생각하였다. 예를 들어 태어난 아동이 수학이나 논리에 대해 모르는 것으로 볼 때 이미 어떤 정신을 가지고 태어난다는 것은 처음부터 잘못된 생각이라고 하였다. 이와 달리 인간의 이성이나 정신이 채워지는 것은 처음부터 가지고 있는 어떤 정신에 의해서가 아니라 경험을 바탕으로 형성되어진다고 하였다. 즉, 인간이 태어날 때 어떤 정신을 가지고 태어나는 것이 아니라 아무 것도 가지지 않은 백지상태로 태어나며 주위의 환경에 의해 점차 그 형상이나 인격이 형성된다는 것이다.

그러므로 백지설은 무(無)의 상태로 태어난 유아가 주위 환경과의 상호작용에 의해 유(有)의 모습으로 변하는 것을 강조하며 인간의 정체성이 환경에 의해 형성되는 것을 주장한다. 백지상태로 태어난 유아의 모습이 주위 환경의 영향에 의해 어떤 모습으로 만들어지므로 인간의 성향이나 성격의 형성에 환경의 영향을 강조하며 이는 인간정신의 형성에 대한 환경결정론을 의미한다.

환경결정론은 인간의 능력은 주위의 상황에 달려 있으며 인간의 수동성을 부각하므로 인간이 가진 스스로의 능력이나 역할의 발휘보다는 주위의 인물이나 환경의 역할이 중요함을 지향한다. 따라서 유아 주변에 있는 가정이나 사회의 역할이 중요하며 환경에서의 경험 및 경험의 연합과 반복 등을 통해서 정신을 형성하게 된다. 즉, 정신은 이전에 이루어진 경험과 그 경험이 관련하고 있는 사물이나 사건들의 연합을 통해 유아의 정신에 들어오고 이러한 경험의 반복으로 정신이 형성된다는 것이다. 반복은 일상생활에서의 습관적인 모습으로 이루어지므로 결국 정신의 형성은 주어진 외부환경에 대한 경험의 반복으로 이루어진다. 연합과 반복을 통한 인간의 정신 형성은 유아교육에서 이를 어떻게 활용하는가의 문제가 중요하다.

3) 발달예정설

발달예정설은 한 개인의 능력이 시간에 따라 펼쳐진다는 관점이다. 이 관점은 인간이 태어날 때 가지고 태어나는 것이 있으며 그것이 발달의 정해진 시기에 의해 펼쳐진다는 것을 강조한다. 즉, 유기체 속에 발달할 수 있는 여러 가지 능력이나 자질 등이 있으며, 이것이 적절한 시기에 펼쳐지므로 그 시기를 적절하게 맞추면 좋은 발달로 이끌 수 있다고 본다.

발달예정설의 관점은 18세기의 태생학(embryology)에서부터 나오게 되었다. 전성설에 근거하여 인간의 모습을 정자나 난자에서 찾으려고 하던 과학자들이 발달이란 일련의 단계를 거쳐 발생학적으로 이루어짐을 발견하게 되었고 그러한 발달은 항상 같은 순서로 발달하게 됨을 발견하였다. 발달예정설에 따르면 발달은 누가적이고 순서적이며 어떤 특수한 방향이 있다. 이러한 발달은 기초적이고 전체적인 것에서부터 점차 구체적이고 특수한 것으로 나아가는 형태로 이루어지며 그러한 과정에서 적절한 시기에 발달이 이루어진다는 관점이다.

발달예정설은 심리학의 성숙주의와 연결된다. 성숙주의는 인간은 이미 태어날 때 가지고 태어난 내적 기제(mechanism)가 시간의 흐름에 따라 전개된다고 본다. 내적 기제의 발달은 인간이 가지고 있는 보편타당한 발달이며, 어느 누구도 이러한 흐름을 부정할 수 없다. 보편타당한 발달은 어느 특정 시기에 나타나는 발달이 있다는 것이며, 그 발달이 일어나야 하는 특정한 시기는 결정적 시기가 된다. 따라서 유아기에 발달되어야 하는 것, 아동기에 발달되어야 하는 것이 다르며, 이러한 발달은 그 시기에 발달되어야 한다.

발달예정설에 의하면 한 개인이 다른 개인과 다른 발달을 보이는 것은 아직 시기가 되지 않았기 때문이다. 즉, 아직 준비가 되지 않았기 때문이므로 유아기 교육은 유아가 준비될 수 있도록 주위 환경을 조직하고 그 속에서 유아의 내적 발달기제가 준비될 수 있도록 하는 것이 좋다는 것을 주장한다. 서둘러 유아들에게 필요하다고 여겨지는 것을 제공하는 것은 오히려 역효과가 나타날 수 있으므로 유아가 준비되었을 때 교육을 제공하는 것이 좋으며 그럴 때 유아가 가지고 태어나는 내적 능력이 최대한으로 발현될 수 있다고 한다. 따라서 유아의 발달을 조장하기 위해서는 유아의 내적 기제가 잘 펼쳐질 수 있는 외부 환경의 조성이 무엇보다도 중요하다.

발달예정설의 관점은 방임과 다르다. 방임은 유아들이 성장하고 발달할 수 있는 자극이나 조건 및 환경을 제공하지 않는 것을 말한다. 방임으로는 유아가 가지고 태어난 내적 능력이 효율적으로 나타나지 않는다. 그러나 발달예정설에 입각한 환경의 조화로운 제공은 발달적 순서에 입각하여 유아가 최적의 발달을 도모할 수 있도록 필요한 자극과 환경을 제공하는 것이므로 방임과 다르다.

4) 능동적 아동관

능동적 아동관은 유아의 내적 능력으로서 호기심이나 활동 성향 및 흥미를 발현한다고 바라보는 관점이다. 능동(能動)이란 스스로 움직일 수 있음을 의미하는 것으로 유기체의 내적 기제는 기본적으로 활동지향적인 성향을 가지고 있어서 외부로 향하는 에너지를 표현하려고 하고 그러한 외부지향 에너지의 발산이 능동의 표현이다. 그러므로 능동적인 아동관은 유아가 가지고 태어나는 외부지향적이고 활동지향적인 에너지의 외부로 향한 표현을 강조한다.

능동적 아동관은 유아를 이해함에 있어 환경결정론과 다른 관점을 보여준다. 첫째, 호기심과 흥미를 펼치는 존재이다. 태어나는 유아는 외부와의 접촉을 통해 스스로 환경을 헤쳐 나가고자 하는 성향을 가지고 있다는 것이다. 둘째, 환경과 적극적으로 상호작용하는 존재이다. 주위의 환경이 자신의 내적 상태와 다르다고 하더라도 자신의 환경에 적합한 환경으로 변화시킬 수 있는 존재이며 환경과 적극적으로 상호작용한다. 셋째, 내적 능력을 변화시키는 존재이다. 유아는 환경과의 적극적이고 능동적인 상호작용을 통해 주위 환경에 적응하며 이를 통해 자신의 내적 능력을 변화시킨다. 넷째, 성인과 질적으로 다른 존재이다. 유아가 주위 환경을 적절히 변화시키거나 활용하여 발달하는 존재이므로 성인과 질적으로 다른 모습을 보여준다.

능동적 아동관은 오늘날의 아동 중심 교육과정에 활용되고 있다. 아동 중심 관점은 유아가 활동의 주체임을 강조하는 것으로 유아의 활동지향적 성향을 적극적으로 활용하며 이를 교육과정 속에 활용한다.

5) 인격적 존재로서의 아동관

유아를 인격을 가진 존재로 간주하는 것은 유아가 권리를 가진 존재이며 개인으로서의 가치가 있음을 인정한다는 것이다. 인격적 존재의 아동관은 현대에 들어와 유아에 대한 가치와 권리를 인정하면서 나오게 된 것으로 유아의 존재를 성인의 가치나 능력과 동등한 입장에서 바라보자는 관점이다.

유아가 권리를 가진 존재이고 인격체라는 것을 인정하면 한 개인으로서의 능력이나 가치를 발산하고 실현할 수 있는 기회와 자극을 받을 수 있는 권리를 가지고 있음을 인정하는 것이다. 태어나면서부터 성장하여 성인으로서의 역할을 감당하고 스스로 권리와 책임을 다하는 인간으로서의 삶을 살 수 있는 것은 유아의 권리이기도 하지만 성인이 지켜주고 보호해주어야 할 권리이기도 하므로, 유아의 권리는 유아가 스스로 찾는 것의 의미가 아니라 성인이 보장해주고 존중해주어야 할 권리이다.

유아가 가지는 권리의 핵심은 인격체로서 존중받을 수 있는 권리, 놀 권리, 교육을 받을 수 있는 권리이다. 인격체로서의 권리는 성인처럼 생각하고 느끼고 감정을 표현하며 나타낸 아이디어가 존중받아야 함을 의미한다. 놀 권리는 유아가 놀이를 할 수 있는 기회와 시간을 제공하는 것이다. 놀이는 유아들이 가지고 있는 가장 좋은 학습의 도구이자 발달의 방법이며 놀이를 통해 유아는 생존과 행복을 동시에 추구할 수 있으므로 놀 권리는 유아에게 중요한 권리이다. 교육을 받을 수 있는 권리는 인간으로서의 기본적인 권리이기도 하다. 헌법이나 아동복지법, 교육법 등을 보면 교육을 받을 수 있는 권리는 누구도 막을 수 있는 권리가 아니며 어느 국가 어느 사회에서도 이를 권장하고 보장하고 있는 권리이다. 빈부의 차이가 있든, 지역적 차이가 있든, 신체적 장애로 인한 부족함이 있든 교육을 받을 수 있는 권리는 성인이 유아에게 제공해주어야 할 권리이자 책임이다.

이 외에도 유아에게는 기회의 균등을 보장받는 것과 참여를 할 수 있는 권리도 중요하다. 유아가 균등하게 기회를 가지는 것은 현대 사회의 참정권으로부터 출발하지만 기본적으로 인간의 가치가 침해당하지 않아야 한다는 관점에서 기인한다.

인격체로서의 유아를 바라보는 입장은 유아가 가질 수 있는 기회와 사회적 존재로서의 유아의 가치를 인정하는 것이다. 성인이 권리가 있듯이 유아의 권리를 인정하는 것은 성인과 유아간의 동등한 입장을 인정하겠다는 것이다. 이것은 결국 성인지향적인 사회에서 유아의 입장과 태도 및 역할이나 삶을 존중한다는 것과 성인지향적인 관점의 반성이다. 아울러 유아도 사회를 구성하는 중요한 존재이자 유아와 성인이 함께 공존 및 공생함을 지향하는 관점이다.

6) 아동관의 정리

지금까지의 아동관은 성인과 유아라는 이원적 관점에서 바라보고 있는데 이에 의하면 수직적인 아동관과 수평적인 아동관으로 구분할 수 있다. 물론 성인과 유아의 이원적 분류보다 유아가 가지고 있는 능력, 가치, 태도, 역할 등을 바탕으로 구분할 수 있지만 유아는 성인이 어떻게 바라보고 어떻게 대하는가에 의해 이루어지는 부분이 더 많으므로 성인과 유아를 바탕으로 구분하고자 한다.

수직적 아동관은 성인지향적인 아동관으로 성인의 입장을 강조하며 성인의 입장에서 유아를 보호하고 돌보며 가르침을 제공해야 한다고 보는 입장이다. 하지만 수평적인 아동관은 유아는 개인으로서의 능력과 자질이 있으며 또한 인권을 가지고 있고 유아의 가치를 실현할 수 있는 존재임을 인식하는 관점으로 성인과 유아가 동등한 입장에서 서로 상호작용한다는 입장이다.

(1) 수직적 아동관

수직적인 아동관에서는 성인의 입장이 아동의 입장에 비해 훨씬 강조되고 아동의 인권이나 역할 및 가치 등은 중요하지 않다. 서양의 자녀양육 형태를 바라보면 스파르타와 같은 고대 시대에는 영아의 생사유탈권이 성인에 의해 결정되거나 부족장에게 있었다. 이로 인해 갓 태어난 영아의 능력이나 발달상의 성장은 고려되지 않고 성인의 입장에서 현재 상태의 영아를 바라보고 키울 것인지 버릴 것인지를 결정하기도 하였다. 이러한 입장은 시대가 흐르면서 더 이상 영아의 생사유탈을 성인에 의해 결정하지는 않지만 쉽사리 부모로서의 권리를 포기하거나 혹은 버리는 경우가 있기도 하였다.

수직적 아동관은 원죄설에 입각한 성악설이 관점에 의해서도 지탱된다. 즉, 유아는 죄를 지은 존재이자 그 자체로 악한 존재이므로 엄하게 키워야 한다. 따라서 협박 및 매질을 사용하거나 묶어서 기르기도 하였다. 이러한 행동들은 유아에 대한 이해가 부족하거나 유아기를 인정하지 않은 상태이었고 유아의 발달적 측면을 잘 알지 못했기 때문에 나타난 현상들이다.

수직적 아동관은 성인의 이해 부족으로 인해 나타난 측면도 있지만 성인과 유아 간의 관계에서 적응과 생존, 힘의 논리가 작용한 측면도 있다. 즉, 신체 외관상 유아는 성인에 비해 작고 힘도 약하다. 유아로서는 외부의 침입을 막고 생존하기 위해서는 주위의 보호자에게 의존해야 하는데 그 주된 대상자가 부모인 성인이다. 자신의 삶을 영위해야 하는 유아는 생존 때문에 성인에게 의존해야 하는 당위성을 보여주지만 이로 인해 성인은 유아에게 권력을 발휘하여 성인 중심적인 수직적 아동관이 나왔다는 관점이다.

보호자로서 성인은 유아에게 절대적이고 필요적인 존재이지만, 유아를 하나의 귀한 인격체나 능력을 가진 존재라기보다 성인이거나 혹은 성인으로서의 역할을 충분히 감당할 수 있는 존재로 바라보았기에 수직적인 아동관은 사회적으로 통용될 수 있었다.

(2) 수평적인 아동관

수직적인 아동관에서 수평적인 아동관으로의 변화는 아동기에 대한 새로운 발견으로 인해 이루어졌다. 아동기의 발견은 근대와 현대로 넘어오면서 많은 진전을 이루었지만 이러한 변화의 촉매 역할은 프로이트의 정신분석이론이다.

수평적인 아동관은 성인 입장에서 아동의 능력과 역할을 존중하며 성인과 아동의 삶 자체가 질적으로 다르다는 관점이다. 수평적인 아동관에서는 아동을 인격체로서 간주하기 때문에 존중의 원리, 기회균등의 원리, 교육의 기회, 참여의 권리 등이 보장되는 아동관이며 아동 중심적인 교육관으로 연결된다.

부모로서의 성인은 아동을 다룰 때 최대한 아동의 흥미와 능력을 고려하며 잠재적 능력이 무엇인지 찾아내어 그에 합당한 환경이나 자극조건을 제공하고자 한다. 그러므로 유아를 능동적이고 적극적인 존재로 바라보는 관점이기도 하다.

02 아동 중심 교육과정과 유아교육

1) 아동 중심의 의미

아동 중심은 영어의 'child-centered'를 나타내는 말로 유아가 중심적인 역할을 한다는 것을 의미한다. 즉, 유아에게 모든 것이 집중되어 있다는 것으로 행동이나 언어적 표현, 선택하는 것과 반응하는 것, 태도나 가치, 생각 등이 유아에게 우선이 있다는 것이다. 선택과 결정도 유아 우선이고 선택과 결정에 따른 행위의 주도와 그 결과의 책임도 유아에게 있음을 의미한다. 아동 중심이라는 말에는 준비도, 자유로운 선택, 유아의 필요, 놀이, 스스로에 의한 발견이 들어있다(Burman, 1994).

첫째, 준비도는 유아 내면의 동기, 흥미, 호기심이 시간의 흐름에 따라 준비되었다는 것을 의미한다. 자연발생적 흥미와 호기심이 나타나서 유아가 스스로 준비되어 어떤 일을 수행할 수 있다는 것이며 기능과 기술, 이해, 활용 등이 효율적으로 발휘될 수 있음을 말한다. 따라서 준비도에는 유아의 독립성과 주도성, 할 수 있음과 즐길 수 있음을 의미한다. 준비가 되지 않았다는 것은 유아의 내적 체계가 아직 준비되지 않았다는 것이며 내적 동기나 흥미 등이 아직 발현되지 않았음을 의미한다.

둘째, 자유로운 선택은 스스로의 의지를 바탕으로 하여 여러 가지 기회 가운데 하나를 고른다는 것을 의미한다. 자유의지를 바탕으로 선택하는 것이므로 자유선택은 의사결정과 주도성, 흥미와 호기심의 표현 등을 내포한다. 하지만 자유선택에는 몇 가지 제한이 있다. 즉, 주어진 환경과 타인에게 방해가 되지 않는 제한을 통해 자신의 기회를 추구하는 것이므로 환경적 제약과 타인의 존중이라는 제한점이다.

자유로운 선택은 유아의 내적 흥미를 반영하는 것으로 유아교육과정의 운영에서 자유선택활동과 직접적인 관계가 있다. 자유선택활동을 운영하는 것은 아동 중심 교육과정을 운영한다는 것으로 유아가 가진 내적 흥미와 호기심이 효과적으로 펼쳐질 수 있도록 유아를 배려하는 것이다.

셋째, 유아의 필요이다. 필요는 당위성과 정당성을 내포하면서 기준에의 부합정도나 부족함을 나타내는 용어이다. 인간 발달에 있어 필요란 어떤 규준을 당연히 채우는 정도와 내용을 말하는 것으로 외적 필요와 내적 필요로 구분할 수 있다. 외적 필요는 겉으로 드러나는 현상에 대한 부족을 보충하기 위한 것이고 내적 필요는 내부의 발달이나 흥미와 관련되어 있다.

아동 중심에서의 필요는 궁극적으로 내적 필요를 지향한다. 내적 필요는 내부의 발달이 어떻게 전개되는가에 따라 그 내용과 정도 및 속성은 달라진다. 그러므로 필요는 유아가 가지고 있는 독특성을 반영하는 것이며 발달이나 교육의 실질적인 기준을 유아에게 맞춘다는 것이다. 그런데 교육의 측면에서 필요는 성인에 의해 조장되고 이끌어지는 부분들이 많다. 하지만 유아의 필요에 초점을 맞추게 되면 유아 내면의 욕구를 표현하는 것에 초점을 두고 교육해야 함을 의미한다.

넷째, 놀이이다. 놀이는 모든 인간이 즐길 수 있는 활동이지만 유아들의 내적 흥미, 자연성을 가장 잘 표현해준다. 아리즈(Ariès, 1962)에 의하면 과거의 놀이는 사교적인 행위이었지만 현대에는 놀이에 대한 다양한 입장이 존재한다. 특히 놀이에 대한 피아제의 입장은 인지적 동화작용이며, 비고츠키는 상호작용을 바탕으로 하는 인간발달(변화)의 통로이다. 이런 관점에 의하면 놀이는 중요한 유아의 활동이다.

놀이를 통해 유아는 세상의 가치를 실험하고 규칙을 습득하며 정보를 이해하고 즐길 수 있다. 즉, 놀이는 유아의 전부이자 학습의 통로이며 세상의 지혜를 경험하는 장(場)이다. 그러므로 놀이를 유아의 일(Play as the young child's work)로 간주하는 것은 유아에게 부적절한 표현이며, 유아기에 이루어지는 자연발생적인 현상을 놀이이라고 해야 한다. 놀이를 단지 놀이로 바라보는 것이 유아들의 입장에서 필요하며 놀이 속에 들어있는 유아문화를 이해하면서 놀이를 조장해야 한다.

다섯째, 스스로에 의한 발견이다. 발견(discovery)이란 새로움을 창조하는 밑거름이다. 발견을 통해 유아는 스스로의 지식을 구성할 수 있다. 그러므로 성인은 유아의 발견이 이루어질 수 있는 환경을 제공해야 하며 이러한 발견이 이루어지는 맥락은 다음과 같다.

① 차이가 있는 곳에서 발견이 나타난다. 즉, 차이를 느끼는 개인의 판단에 근거하여 발견이 이루어질 수 있다.

② 다양함이 존재하는 곳에서 발견이 나타난다. 빈약한 환경보다 다양성이 있는 곳에서 발견은 보다 잘 이루어질 수 있다.

③ 변화를 추구하는 곳에서 발견이 나타난다. 목표지향적이고 독립성을 강조하는 곳에서 발견이 나타나며 발견이 조장된다.

발견은 유아에게 발견학습으로 적용할 수 있다. 발견학습이 문제가 없는 것은 아니지만 개인의 능력과 성공을 지향하는 모습이 있는 것이므로 아동 중심 유아교육의 적절한 표현이기도 하다.

아동 중심 교육관은 교사 중심 교육관의 상대적 의미로 발전되어 왔다. 교사 중심에서는 유아는 반응지향적이다. 교사가 준비한 것을 유아는 받아들이고 유아의 순응성이 중요하다. 교사는 유아의 변화를 위해 바람직한 것이라고 여겨지는 것을 준비하여 제공하고 목표를 달성하기 위한 교수-학습방법을 사용한다.

하지만 아동 중심은 유아의 독자성과 주도성을 강조하고 유아의 내적 발달을 최대한 존중하고자 한다. 한 개인으로서의 유아의 책임과 권리를 인정하며 나아가 교실의 주체자를 유아로 보고 유아가 교실을 이끌고 운영하는 부분도 나타나게 된다. 즉, 열린 교육의 개념이며 유아의 선택과 결정 및 주도를 제공한다.

2) 아동 중심과 자유선택활동

유아교육에서 아동 중심 교육관이 가장 잘 표현되는 것이 자유선택활동시간이다. 어떤 활동을 할 것인지 계획하여 실행할 때 유아는 자신의 생각과 내적 욕구 및 흥미를 반영할 수 있다. 유아는 자유선택활동에서 다양한 만남을 가지게 된다. 정보, 경험, 자극, 실물, 사건 등의 만남을 통해 순환적인 창조를 가질 수 있으므로 내적 발달의 요구는 자연스럽게 펼쳐질 수 있다. 교사의 통제는 상호작용으로 변하며 상호작용을 통해 유아의 발달을 기대한다.

성인의 입장에서 자유선택활동은 자유선택과 활동으로 구분될 수 있겠지만 유아들 입장에서는 자유와 선택과 활동이 어우러져 있는 공간이며 시간이다. 그러므로 진정한 자유선택활동이란 형식과 제어나 통제는 자유와 연결되며 자유라는 틀 속에서 새로운 만남들을 계속적으로 이끌어낼 수 있다.

Chapter 2

그리스의 유아교육

1. 그리스의 사상적 배경
2. 그리스의 유아교육
3. 그리스의 교육 사상가

01 그리스의 사상적 배경

그리스 시대는 서양 문화의 정신적 고향으로 현대 서양 문화의 근간을 이루는 철학, 과학, 예술, 정치 등의 단초를 제공한다. 그리스 사상의 특징은 다음과 같이 요약된다.

그리스의 도시국가

첫째, 그리스는 인간을 가장 중요한 가치로 설정하고 이를 다양한 방법으로 표현한 인간 중심 사회였다. 이는 그리스 신화를 통하여 확인 될 수 있는 데 그리스 신화에 나타난 다양한 신의 모습은 인간의 삶의 모습을 표현한 것이다. 그리스 신화는 인간이 경험하게 되는 다양한 경험과 정서를 신화에 빗대어 표현한 것으로 절대적이고 권위적인 신의 모습은 찾아보기 어렵다. 그리스 신화는 신의 모습을 인간의 인격을 지닌 모습으로 상징화하는 신인동형설(anthropomorphism)의 기법을 활용하여 프로메테우스적 인본주의(Promethean humanism)를 표현하고 있다.

둘째, 그리스 사회는 이성적 사고와 신체적 건강의 가치를 모두 중요시하는 조화와 균형을 강조한 시대이다. 초기의 그리스인들은 개인주의와 국가주의의 균형, 인간능력의 조화, 인간정신과 신체의 조화를 강조하며 한쪽으로 기울어지지 않았다.

셋째, 그리스 사회는 계급제도를 중심으로 한 사회로 현세 중심의 가치를 지향한다. 그리스는 초월적이거나 영적인 힘에 의지하기보다는 현세의 만족을 중요한 가치로 설정하였다. 따라서 신앙을 중시하는 헤브라이즘(Hebraism) 보다는 이성을 중시하는 헬레니즘(Hellenism)을 중요한 사상으로 생각한다. 또한 다양한 도시국가별로 차이는 있을지라도 귀족과 정치인으로 구성된 통치계급과 경제적 생산기능을 담당하는 피지배계급으로 분화된 계급사회였다.

넷째, 그리스는 지중해 인근에 위치한 지리적 조건에 힘입어, 다양한 문화권과 교류를 이루어 문화적 용광로(melting pot)의 역할을 수행하였다.

이러한 특징을 지닌 그리스 시대의 교육적 이상은 호머의 서사시『일리아드(Iliad)』와『오딧세이(Odyssey)』에 나타난 인간상으로 설명될 수 있다. 즉, 호머가 묘사한 바람직한 인간은『일리아드』에 나타난 아킬레스(Achilles)와『오딧세이』에 나타난 오딧세이(Odyssey)를 모델로 삼은 것이다. 전자는 행동, 용기, 인내, 절제 등의 실천적 덕목을 지닌 인간상이다. 후자는 지혜, 안목, 통찰, 문제해결 등의 지적 덕목을 겸비한 인간이다. 이는 그리스 시대 지배계급으로서 가져야 할 덕목을 대변한다. 그리스의 문무겸비 인간상은 이후 서양교육의 목적으로서 기능을 한다.

그리스 시대를 대변하는 대표적인 교육학자는 소피스트들과 소크라테스, 플라톤, 아리스토텔레스 등이 있다. 각 교육학자들은 고유한 교육의 관점을 지니고 자신들만의 독특한 교육관을 전개하였다. 인간을 만물의 척도라 간주한 프로타고라스를 중심으로 한 소피스트들은 진리의 상대론을 주장하면서 보편적인 진리의 존재에 부정적 관점을 취한다. 보편적 진리에 대한 회의는 진리에 대한 인식론적 회의주의로 변화하게 된다. 따라서 소피스트들을 통칭할 때 '상대주의자', '회의론자', '인식론적 주관주의자' 등으로 부른다.

소피스트들의 인식론적 상대주의에 반해 보편적인 진리의 중요성을 강조한 사람은 소크라테스이다. 그는 진리를 위한 대화를 중심으로 토론 당사자 간의 질문과 대답을 통한 사전 지식의 수정, 수정된 지식의 회의를 통한 새로운 지식의 산출 등을 교육의 과정으로 보았다. 이러한 절차를 기반으로 소크라테스는 하나의 진리에 도달하는 변증법적 과정을 개발하였다.

소크라테스의 제자인 플라톤은 소크라테스가 추구했던 보편적 덕이 인간의 감각을 초월하여 존재하며 이를 '이데아(idea)'라 주장한다. 플라톤에게 20년간 철학을 배운 아리스토텔레스는 스승의 업적을 뛰어넘어 새로운 사상적 체계를 세운다. 그는 정신의 작용을 강조하는 플라톤과 달리 경험의 세계를 포함하는 사상체계를 확립하였다. 이처럼 다양한 사상의 공존이 가능했던 그리스 시대의 유아교육을 살펴보면 다음과 같다.

02 그리스의 유아교육

그리스의 유적

유아교육 사상사의 측면에서 의미 있는 그리스 문화는 현대 유아교육의 시초라 할 수 있는 아테네와 스파르타의 교육으로 구분하여 설명될 수 있다. 고대 그리스의 교육에서 유아양육의 기본적 모델인 '자유로서의 양육'과 '조형으로서의 양육'이라는 두 가지 관점을 찾을 수 있다. 즉, 이상적 양육 환경의 조성을 강조한 아테네의 교육과 단련 중심의 조형 모델을 강조하는 스파르타의 모델이다. 그리스의 교육 전반에서 일차적인 유아교육의 영역을 찾기란 어려운 측면이 있다. 즉, 유아를 위한 특별한 배려나 교육은 명문화되어 있지 않았기 때문에 유아교육적 의미를 찾는 것은 어렵다. 따라서 본장에서 논의되는 그리스의 유아교육은 일정 부분 거시적 교육관에서 유추된 간접적 교육관이라 보아도 무방하다. 이러한 점을 고려하여 먼저 자유로운 인간성의 개발을 목적으로 한 아테네의 유아교육을 살펴본다.

1) 아테네의 유아교육

그리스의 도시국가

아테네는 이오니아족이 솔론(Solon)법을 기초로 세운 도시국가로 이들의 유아교육은 인간의 다양한 능력을 조화롭게 발전시키는 것을 목적으로 하였다. 구체적으로 아테네의 교육은 '지혜로운 사람'과 '실천하는 사람'을 기르는 두 가지 측면으로 발전되었다. 이는 스파르타의 강인함과 인내에 기반을 둔 신체적 단련교육과 구분되는 영혼과 육체의 균형을 강조한다. 조화롭고 균형 있는 인간의 양성이 교육목적이므로 이에 따른 교육은 자유로운 시민을 양성하기 위한 '교양교육(Liberal education)'이 중심이 된다. 솔론법에 나타난 교육조항을 구체적으로 살펴보면 다음과 같다.

① 모든 아테네 시민은 자기의 남아에게 체조와 음악을 교육시킬 의무를 지닌다. 이 법을 위반하는 자는 비난을 받는다.

② 학교는 해가 뜨기 전에 문을 열어서는 안 된다. 그리고 해가 지면 모든 학교는 문을 닫아야 한다.

③ 어린이가 학교에 있는 동안은 학교에 들어가면 안 된다. 이 규정을 위반하는 자는 사형에 처한다.

④ 노예 소년은 김나지움에 있을 수 없다. 또한 체조하는 것을 금한다.

솔론법의 교육 조항에 따르면 아테네의 교육은 귀족 남아에게 한정되었으며, 학교는 일반인의 접근이 통제된 매우 제한된 환경임을 알 수 있다. 아테네의 자유 시민이 되기 위한 기본적인 소양은 유아교육을 통하여 형성되었다. 아테네 유아교육의 특징을 살펴보면 다음과 같다.

첫째, 아테네의 유아교육은 유년기의 정서적 교감의 중요성을 강조하였다. 아테네의 유아교육에서 유년기를 위한 특별한 고려나 형식적인 학교의 흔적은 찾을 수 없다. 그러나 그리스의 수준 높은 문화와 예술, 철학적 분위기는 아테네의 유아들이 올바른 인격체로 성장하는 좋은 환경을 제공하였음을 충분히 짐작할 수 있다. 그리스 신화에 나타난 인간존중 사상과 어머니의 무릎학교를 통한 정서적 공감 등을 고려할 때 아테네 교육에서 정서의 중요성은 충분히 짐작될 수 있다.

둘째, 아테네는 유희를 통한 유아교육의 중요성을 강조하였다. 딜타이는 유년기의 인격 형성(paideia)은 유희(paidia)를 통해서 체득된다고 주장한다. 현대 유아교육에서 유희의 중요성은 별다른 설명이 필요 없는 중요한 유아교육의 기본 원리이다. 아테네의 유아교육의 중요한 특징은 다양한 유희를 통한 인격 형성을 시도한다는 점이다. 구체적으로 애완동물과 인형, 소꿉놀이 도구를 활용하여 유희의 세계에 몰두하였다. 또한 개나 산양이 끄는 수레를 타고 다니거나 투구벌레를 끈에 매어 날리기도 한다. 이 외에 그네, 공놀이, 숨바꼭질, 줄다리기 등과 같은 다양한 놀이를 통하여 유아의 세계를 넓히는 교육을 실시하였다.

셋째, 아테네는 유아의 조화로운 인간성의 개발을 강조하였다. 아테네의 유아들은 신화와 서사를 접하며 그 속에 담긴 다양한 인간의 모습을 상상하며 꿈을 키웠다. 다양한 서사를 통한 상상력의 신장과 창의적 사고의 중요성은 현대 유아교육의 중요한 연구 주제이기도 하다. 아테네의 유아들은 아이소포스의 동화 속에 나타난 다양한 사물과 동물을 상상하고 인간과의 조화로운 관계를 학습하며 자라났다.

이와 같이 아테네의 유아교육은 건전한 시민의 자격을 얻기 위한 교양교육이 이루어지는 정서적 토양을 구축하는 목적이 있었으며, 개인의 교양교육을 통하여 시민의 책임을 다할 수 있는 전인을 양성하는 기반이 되었다. 그러나 유아교육의 대상은 일반시민 계급에 한정되었으며, 다수를 차지한 노예에게 해당되는 것은 아니었다. 따라서 현대의 관점에서 볼 때 특정 계층에 한정된 엘리트 교육이었으며, 직업교육과 거리가 먼 이성 중심, 관념 중심 교육이었다.

2) 스파르타의 유아교육

스파르타의 전사

스파르타는 BC 7세기경 도리아 족이 리쿠르쿠스(Lycurgus) 법을 기초로 세운 도시국가로 그리스의 다른 도시국가에 비해 고립되고 제한된 지리적 환경을 지녔다. 국가의 규모는 소규모였으며, 소수의 귀족이 다수의 노예를 통치하는 구조를 지닌 국가였다. 스파르타는 제한된 환경을 극복하고, 계급구조를 존속시키기 위해 강력한 군사력을 바탕으로 새로운 영토의 획득과 국가질서 확립을 중요한 국가의 책무로 생각하였다. 즉, 무장이 가능한 소수의 귀족이 다수의 농 · 상 · 공업에 종사하는 노예를 통제하는 계급 구조를 유지하는 것이 중요한 국가의 존재 이유이다. 따라서 스파르타는 엄격한 사회통제, 소수귀족의 권익보호 등을 특징으로 하는 폐쇄사회 제도로 귀착된다. 교육이 사회의 공적을 수행한다는 측면에서 스파르타의 교육은 국가의 이익을 충실히 대변하는 하나의 기제로 작용하였다. 스파르타의 유아교육은 다음과 같은 특징을 지닌다.

첫째, 스파르타는 우생학적 기준에 의한 선발적 교육관을 강조하였다. 스파르타에서는 출생과 함께 국가의 심사관에 의해 유아의 가능성을 예측하고 선발된 유아를 대상으로 철저한 엘리트 교육을 실시하였다. 스파르타의 교육목적은 생존과 사회의 현상유지를 위한 보수적 관점이다. 이는 출생과 함께 실시되는 국가공인 기관의 신체검사(Lesche)를 통해 개인의 운명을 결정하는 점에서 알 수 있다. 일단 국가에서 실시하는 신체적 기준에 합당한 유아만 양육이 허락되었다. 신생아 단계에서 이미 선발을 실시하고 그 기준에 부합하지 않은 유아는 교육의 대상에서 제외하는 냉혹한 교육을 실시하였다. 교육의 대상도 지배계급인 스파르티아테스(Spartiates)의 자녀에 한정되고, 참정권이 없고 병역과 납세의 의무만 지닌 시민계급인 페리오코이(Periokoi)나 노예계급인 헬로트(Helots)는 교육의 대상에서 제외되었다. 스파르타의 유아교육은 수태 단계에서 출생 양육의 단계에 이르기까지 국가에 의해 철저히 계획되고 통제되었다.

둘째, 스파르타는 고통과 극기를 통하여 개별적 생존력을 극대화하는 강인한 교육을 실시하였다. 국가의 신체검사를 통과한 유아를 대상으로 7세까지 어머니에 의해 양육된다. 소위 '어머니의 아들' 에 해당되는 시기로 유아에게 단식이나 고통을 주는 강제적 양육을 통하여 유아로서 지니기 힘든 극기와 인내력을 겸비하게 한다. 강인한 신체적 훈련의 방법은 얇은 옷의 착용과 거친 음식의 섭취, 어두운 방에 홀로 두는 훈련, 냉수욕을 통한 면역력 증강 등이며 이를 통해 독립적인 생활습관을 형성하는 것이었다. 유아기를 지나 아동기에 이르면 달리기, 뜀뛰기, 기마, 창 검술, 수영, 던지기, 사냥 등이 중요한 교육 내용이었다. 이러한 교육은 모두 군사적 목적에 의해 계획된 단련 중심의 교육의 전형적 모델이다.

셋째, 단체 중심 교육을 실시하였다. 스파르타에서는 7세 이후 아동은 공적학교인 국가기관(Paidonomos)에서 공적 훈련을 받았다. 이 공적학교는 아동을 군대와 같은 조직체계 속에 편입시키고 그 속의 질서를 내면화하도록 훈련시킨다. 이 학교는 개인보다는 조직, 사적이익보다 공적이익이 우선시하였고 인지적 교육보다 초보적인 읽기, 쓰기와 신체적 훈련과 음악 · 무용이 포함된 교육을 실시하였다. 이러한 단계를 거쳐 아동은 청소년으로 자라나게 되고 이후 국가의 준군사 조직의 구성원인 예비사관(Ephebi)이 될 수 있었다.

스파르타의 유아교육은 좋은 시민이 곧 좋은 군인이라는 국가적 목적에 의해 철저하게 계획되고 통제되었다. 스파르타의 가정은 국가에 의해 구성 · 유지되며, 가정의 구성원들에 대한 통제를 통해 자유보다는 기능의 숙달, 전인적 발달보다는 전투적 능력의 배양을 지향하였다. 따라서 스파르타의 유아교육은 유아의 전인적 발달이라는 측면에서 볼 때 그 실효성이 의심된다. 또한 유아기에 형성되어야 할 정서적 공감, 동정, 사랑 등의 덕목을 간과하여 유아의 정서적 발달에도 부정적 영향을 미쳤다.

03 그리스의 교육 사상가

그리스의 학당

고대 그리스의 사상적 발전은 페르시아 전쟁 이후부터 도시국가를 중심으로 이루어진 정치적 · 경제적 발전과 함께 이루어졌다. 국가적 측면에서는 민주제도의 정당성을 검증 운영하고 다수의 시민에게 알리기 위해 교육을 활용하였다. 즉, 일반시민에게 국가의 정책을 표현하고 이를 논리적으로 설득하여 알리는 교양교육을 실시하였다. 이 교양교육이 다양한 그리스 문화를 잉태하였으며, 현대 서양문화의 산실로 기능하게 되었다. 구체적으로 페리클레스의 문화정책(BC 460~429)을 기반으로 아테네를 중심으로 다양한 학자들이 교양을 가르쳤다. 후대에 이들을 지칭하여 '소피스트'라 한다. 대표적인 사람으로 '고르기아스', '프로타고라스', '소크라테스', '플라톤', '아리스토텔레스' 등이 있다. 이들을 중심으로 그리스의 대표적인 유아교육 사상가를 살펴보면 다음과 같다.

1) 플라톤(Platon, BC 427~347)

플라톤

(1) 사상적 배경

'플라톤 이후의 모든 서양 철학은 플라톤의 저술에 대한 일련의 각주'라는 표현에서 알 수 있듯이 플라톤은 모든 서양 철학의 근간을 형성한 대학자이다. 플라톤은 페리클레스가 세상을 떠난 2년 후인 기원전 427년 아테네에서 태어났으며, 18세에 스승 소크라테스를 만나 그가 사형을 당할 때까지 가르침을 받았다. 소크라테스가 죽은 후 여러 곳을 여행하다 아테네에 돌아와 BC 385년경 아테네의 근교에 아카데메이아(Akademeia)를 개설하고 다양한 청년들을 모아 교육과 연구에 전념하여 자신의 사상을 정리하였다. 소크라테스와 동일하게 그도 인간 존재의 진리를 추구하여 필로소피아(philosophia: 愛知: 철학)를 탐구하였다.

플라톤은 30편에 이르는 저서를 남겼는데 대부분이 현재까지 보존되고 있다. 그의 저서는 소크라테스를 주인공으로 여러 가지 논제(論題)에 대한 철학적 대화를 실시한 것으로 『대화편(對話篇)』이라 지칭된다. 대화편은 간행 순서에 따라 전기, 중기, 후기 대화편으로 나뉜다. 전기 대화편은 소크라테스가 주인공으로 등장하여 '덕(德)이란 무엇인가?' 를 논하는 내용이 주를 이루는 『소크라테스의 변명』, 『크리톤』, 『메논』, 『프로타고라스』, 『고르기아스』, 『라케스』, 『카르미데스』 등이 있다. 중기 대화편은 영혼 불멸의 미토스(mythos: 神話)를 설명하고 이데아론(論)을 주장하는 『파이돈』, 『파이드로스』, 『향연』, 『국가론』 등이 있다. 마지막으로 후기 대화편은 철학의 논리적 방법에 대해 관심을 가진 『파르메니데스』, 『테아이테토스』, 『소피스테스』, 『폴리티코스』, 『필레보스』, 『티마이오스』, 『노모이』 등이 있다.

플라톤은 개인이 행복하게 살기 위해서는 사회적 조건이 개선되어야 하며 이상적인 사회가 실현되어야 개인이 행복할 수 있다고 보았다. 또한 그는 우주에서 영속적이며 불변한 것에 대한 가치를 발견하고 탐구하였다. 이는 우리의 오감을 통해 인식할 수 있는 경험이나 감각을 초월하여 존재하는 것으로 인간의 본질인 영혼에 해당되는 불변의 것이다. 플라톤은 이를 '이데아(Idea)' 라 표현하였다. 이데아는 이성(理性)으로만 파악할 수 있고 영원불변하며 끊임없이 변화하는 현상의 사물과는 구별된다. 세계를 변화하는 현상계와 불변의 이데아로 나누는 이러한 방식을 이분법적 사고라 한다. 변화 생성하는 감각세계의 사물은 이데아를 모방하여 형성되었지만 이는 진리가 아니며, 이데아의 세계만이 진실한 존재 즉, 필로소피아(철학)의 궁극적 목적이다. 따라서 플라톤의 교육목적은 현상계의 변화하는 사물의 법칙 이면에 내재한 사물의 이데아를 파악하는 안목을 기르게 하는 것이다. 그는 다수의 현상계의 시민들을 이데아의 세계를 경험한 철인(哲人)이 대다수의 시민을 통치하는 국가 체제를 주장한다. 플라톤이 지향한 국가의 이상은 '정의'이다. 플라톤은 정의로운 국가를 형성하기 위해서 국가의 계급별로 상이한 덕목을 중심으로 교육을 실시할 것을 주장한다.

(2) 플라톤의 유아교육관

① 플라톤의 교육론

플라톤의 교육목적은 사회의 각 계급에 적합한 능력과 임무에 부합하는 덕목을 교육시키는 것이다. 개인을 천부된 재능에 따라 분류하여 각자의 재능을 최대한 발휘하도록 훈련시키는 것이 이상적인 교육이다. 플라톤은 연령별 계층별로 다른 교육 내용과 방법을 주장하였다. 이는 그가 인식한 인간 영혼의 구분 때문이다. 플라톤에 따르면 인간의 영혼은 '이성(Reason)', '기개(Spirit)', '욕구(Appetite)'로 구성된다. 이성은 '지혜', 기개는 '용기', 욕구는 '절제'가 필수적 덕목이다. 이 세 가지 덕목이 조화될 때 정의는 실현될 수 있다. 따라서 국가의 세 계급 즉, 금의 계급인 정치가, 은의 계급인 군인, 동의 계급인 평민은 각각의 덕에 적합한 의무를 다해야 한다. 국가는 각 개인의 덕을 실현하기 위해 각 개인의 계급에 적합한 교육을 실시해야 한다. 따라서 플라톤의 교육은 각 계급에 따라 다른 교육을 강조하고 교육의 기회 또한 제한되는 소수의 지적 엘리트 중심 교육이라는 비난을 받기도 한다.

② 플라톤의 교육대상과 단계

- 무릎학교기(0~6세): 가정교육의 단계로 신화와 동화, 서사가 주된 교육 내용이 된다.
- 1도야기(7~14세): 국가에서 주도하는 학교교육을 실시하고 놀이, 유희, 음악과 체육, 문예교육이 주된 교육 내용이다.
- 2도야기(15~20세): 초기 도야기를 통과한 학습자 중 우수한 자를 선발하여 문법, 문

학, 음악 등의 이론 학과와 체육 군사훈련을 병행한다.

- 3도야기(21~30세): 철인으로 키워질 후보자들을 대상으로 10년간 자유교육을 실시한다. 교육 내용은 산수, 기하, 천문교육이다. 실제적 목적의 교육보다는 정신능력, 과학 자체보다는 과학의 토대가 되는 추상적 진리를 주로 교육했으며 모든 교육이 이데아의 파악을 위한 것이다.
- 4도야기(31~35세): 3도야기에서 선택된 우수한 학습자를 대상으로 절대적 진리의 관조, 변증법을 학습시킨다. 통치계급이 되기 위한 준비기간이다.
- 5도야기(36~50세): 15년간 국가의 정치에 참여하여 국가 정치, 군사적 실천에 관한 경험을 누적시킨다.
- 50세 이후: 국가의 지도자로 활동을 시작하는 시기이다.

③ 플라톤 유아교육의 특징

플라톤이 직접적으로 유아교육을 논의한 자료를 찾기란 어려운 일이다. 다양한 저서 속에서 간접적으로 유추된 내용을 기반으로 유아교육적 의미를 살펴보면 다음과 같은 특징을 보인다.

첫째, 플라톤은 조기교육의 중요성을 강조했다. 플라톤은 가능한 일찍 교육을 실시하는 것이 좋다고 생각하였다. 그는 유아기 즉 출생에서 5세까지의 경험이 인간발달의 절반을 이루는 중요한 요인으로 파악하였다. 유아기는 다른 어떤 시기보다 바람직한 모델을 모방하기 쉬운 시기로 보았다. 이때 유아는 성인들이 형성한 아름다움, 조화로움, 우아함 등을 모방하고 학습해야 한다. 모방이 주된 교육 방법이므로 유아기 때 비합리적이거나 비속한 것은 금지해야 한다. 또한 유아의 감정이나 정서를 즉각적으로 만족시키는 것은 곤란하다. 왜냐하면 유아는 쾌락이나 고통의 상태보다 온화한 분위기에서 자라야 하기 때문이다. 그러나 플라톤이 강조한 조기교육은 출생 이후 교육을 통해 인간됨의 변형을 이루는 것이 아니라 유전적으로 타고난 바를 발견하고 키우는 것이다. 인간 본성에 내재한 이성을 잘 발견하고 적절한 교육을 통하여 길러주면 바람직한 덕목인 선의 이데아가 유아의 삶 속에서 발현될 수 있다고 보았다. 선의 지혜가 개인 내에 쌓여가고 선행이 형상화되는 도덕적 사회화를 통하여 개인과 국가가 번영할 수 있다고 믿었다.

둘째, 플라톤은 유희를 기반으로 한 음악과 체육 활동 중심의 유아교육 내용을 주장하였다. 플라톤에 따르면 출생에서 10년간의 교육 활동의 중점은 체육이다. 모든 학교는 체육관과 운동장을 갖춰야 한다. 놀이와 체육은 유아교육과정의 중요한 부분을 차지한다. 초기 유아의 체육 활동은 유목화된 종목이 아니라 유희, 놀이에서 수반될 수밖에 없는 신체 활동으로 구성된다. 유아는 다양한 신체 활동을 통하여 평생 건강의 기반이 되는 체력을 축적하게 된다. 그러나 체육 활동만으로 온전한 인격체가 될 수 없다. 그는 온전한 성격을 지닌 사람을 양성하기 위해 음악의 중요성도 강조하였다. 플라톤이 의미하는 음악은 음악 본래적 활동과 문학, 서사, 여타 예술 활동을 포괄하는 광의의 음악으로, 일종의 종합 교양교육의 모델이라 파악해도 무리가 없다. 음악적 활동은 다양한 눈과 귀의 자극을 통한 심미적인 가치를 영혼에 전달하는 역할을 담당한다. 음악과 선율은 영혼과 육체를 건전하게 한다. 체육과 음악은 어느 한쪽의 극단적 강조보다는 상호 균형을 이룰 때 가치를 발한다. 신체적 능력의 극대화에 치우치면 전투적 군인에 불과하고 음악에 치우치면 감정적이고 유약한 인간이 되기에 두 가지 부분을 통합적으로 전수하고자 하였다. 현대 유아교육의 통합적 접근은 이미 플라톤 시대에 시도되었던 것이며 다양한 가치의 맥락적 접근을 통하여 전인적 발달을 시도했음은 플라톤 유아교육의 중요한 특징이다.

셋째, 플라톤은 유아교육에서 다양한 유희와 서사의 역할을 강조했다. 플라톤은 6세 이하의 유아들에게 적합한 교육은 동화와 신화를 통한 상상력의 발전이라 보았다. 또한 유아에게 유희는 인간의 궁극적인 관조의 기능을 풍부하게 발전시키기 위해서 절대적으로 필요한 것이라 보았다. 인간에게 필요 불가결한 유희에 몰두할 때 유아의 인품이 가감없이 나타나게 된다. 따라서 부모나 교사는 각 유아의 놀이 방법을 살펴보고 각자의 개성을 정확하게 파악하여 유아를 지도하는 데 유용하게 활용할 수 있어야 한다. 인간의 가장 기본적인 가치인 아름다움과 추함을 구분하는 것, 선과 악을 구분하는 것 등의 덕목이 다양한 유희 속에서 형성되게 된다.

플라톤은 서사의 중요성 또한 강조하였다. 고대 그리스 시대의 서사는 매우 다양한 형태로 존재하였다. 그리스 시대의 아동은 신화와 동화를 기반으로 서사를 경험하고 성장하였다. 다양한 우화와 서사 속에 등장하는 다양한 인물들의 사고나 행동, 삶을 대하는 태도, 가치, 성향 등은 발달의 초기 단계의 유아에게 다양한 삶의 모델을 제공한다.

> 모방 행동은 어릴 때부터 하게 되며, 점차 습관이 되고 장차 사고와 언어와 행동의 형성에 영향을 미친다는 것을 확실히 알아야 하네…. 아동은 무엇이 비유적이고 무엇이 비유적이 아닌가를 구별할 수 없네. 그러나 어떠한 생각이 마음에 자리하게 되면 잊거나 바꾸는 것은 불가능하다네. 우리가 그들에게 처음 들려주는 이야기가 덕에 관한 학습이 이루어지도록 형성되었는지의 여부에 관심을 가져야 하는 것은 그 이유 때문이네.
>
> 플라톤, 『국가론』

플라톤은 어떠한 아동이든 영혼 속에 아름다움과 선함의 이데아가 내재해 있고 유아는 그러한 이데아를 따르는 본성이 숨겨져 있다고 본다. 이데아는 경험에 의하여 획득되는 습득관념(習得觀念)과는 구분된다. 천부적으로 내재해 있지만 출생과 함께 곧 관념으로서의 현실태(現實態)가 되는 것이 아니라 숨겨진 잠제태(潛堤態)의 관념으로 이데아는 존재한다. 따라서 관념 형성 능력이나 경향으로 존재하여 적합한 조건이 되어야 비로소 현실의 관념이 된다. 따라서 다양한 서사와 놀이 등을 통하여 삶의 양태들을 경험하게 하고 바람직하지 못한 모델을 지적해주는 활동을 경험하면 유아의 바람직한 이데아의 발현 가능성은 높아지게 된다.

이상에서 플라톤이 주장한 유아교육관을 살펴보았다. 플라톤의 유아교육 이론은 현대 유아교육 현장에 유용한 긍정적인 측면이 분명 존재한다. 조기교육의 강조, 각 발달 단계에 따라 다른 교육 내용의 적용, 유희와 서사의 강조, 인지와 신체 활동의 조화의 강조 등은 그 대표적인 예이다.

(3) 플라톤 유아교육관의 비판점

플라톤의 유아교육론은 다음과 같은 점에서 비판을 받을 수 있다.

첫째, 플라톤의 유아교육론은 사회의 특정계급에만 해당되는 소수의 엘리트교육이라는 점이다. 교육 기회의 균등은 과정의 균등, 결과의 균등 등의 다양한 관점에서 논의될 수 있지만, 기본적인 교육대상의 제한과 소수 엘리트 위주의 교육이라는 측면은 논의의 대상이다. 또한 플라톤 철학에서 중요한 개념으로 인식되는 진리, 이데아, 이성 등의 용어는 지식인 즉 특권적 관점에서만 기능한다. 보편적인 진리를 찾기 위한 다양한 시도가 특정 계급에 의해 독점된다면 교육이 그들의 권익을 옹호하기 위한 수단으로 사용될 수도 있다.

둘째, 모든 교육의 정점이 국가의 공적이익이라는 점도 고려해 보아야 한다. 즉 유아교육 활동의 목표가 개인의 이데아 발견이지만, 이데아라는 것이 보편적인 선을 의미하고 교육을 통하여 지향하는 목표도 국가의 공적이익과 다르지 않다. 각 교육 단계는 선발을 목적으로 이루어지는 과정이며, 이 선발과정은 국가의 통치자를 길러내는 역할을 담당한다. 선발에 낙오된 학습자는 각자의 위치에서 최선을 다함이 국가의 공적목적에 부합하는 것이라는 사고를 주입한다. 플라톤이 주장한 공적이익의 주입은 교육의 자율성이라는 측면에서 볼 때 문제의 소지가 있다.

셋째, 플라톤이 생각한 자유로운 유희와 놀이를 실행하는 구체적인 전략은 훈련 위주의 엄격한 주입식 방식을 따랐다. 일반적으로 놀이는 유아의 자유의지를 존중하고 자유로운 분위기에서 이루어져야 한다. 그러나 플라톤이 주장한 놀이는 국가가 유아의 경험을 조직하고 통제하는 방식으로 이루어졌고 이는 훈련과 구분되지 않는 비판의 대상이 될 수 있다.

2) 아리스토텔레스(Aristoteles, BC 382~322)

아리스토텔레스

아리스토텔레스는 트라키아의 스타게이로스에서 출생하였다. 그의 아버지는 마케도니아 왕의 담당의사로 귀족 지위에 있었다. 그는 18세쯤 플라톤이 세운 아카데미아에 입문하여 20년 동안 공부하였다. 플라톤이 죽은 뒤 트로아주의 아소스에 있는 아타네우스의 헤르미아스 군주에게 가서 플라톤 학교의 분교를 세웠다. 그러나 3년 뒤 학교를 포기하고 BC 342년 알렉산더의 개인교수가 된다. 그는 3년 동안 그 지위를 유지하다가 아테네로 돌아와 자신의 학원(Lykeion)을 세운다. 이 학원은 아카데미아와 비슷하게 뮤즈의 신을 경배하는 일종의 종교적 단체였다. 후일 사람들은 그 학교를 '소요학파(Peripatiker: 逍遙學派)'라 부른다. 이는 공부를 할 때 학생들과 교수가 이리저리 걸어다니는 모습을 보고 지은 이름이다. 그가 학교를 세웠을 때 수많은 학생들이 찾아와 복잡한 학칙을 만들지 않으면 통제할 수 없을 정도가 되었다. 그는 학생들의 자치규정을 만들고 학생들 스스로 관리위원을 선출하도록 하였다. 그의 학교는 엄격한 규칙에 따른 무거운 분위기의 학교가 아니라 스승과 식사, 산보 등을 같이 하며 배우는 학교였다. 이 학교는 플라톤의 아카데미와 다른 형태로 운영되었다. 즉 플라톤의 학교가 기하학, 사변 철학 중심으로 운영되었다면 그의 학교는 자연과학과 생물학 등의 실증과학을 중심으로 운영되었다. 그의 철학은 플라톤의 이상주의를 벗어나 실재의 세계에서 존재의 본질을 찾고자 하였다. 아리스토텔레스의 사상과 교육관 등을 살펴보고 이에서 유추되는 유아교육관은 다음과 같다.

(1) 아리스토텔레스의 사상

아리스토텔레스는 '인간 삶에서 유용한 능력이 무엇인가?', 이 능력은 '여타 능력보다 상위의 능력이 무엇인가?' 의 문제를 고민하였다. 이러한 문제에 대한 의식구조는 사회에서 만들어 가는 것이며 사회의 의미부여에 따라 달라진다. 아리스토텔레스는 플라톤의 관념론을 배격하고 존재의 근원적 기반을 현실 세계에서 찾았다. 즉, 실재하는 것은 현실 속의 사실이라고 보았다. 플라톤이 개인의 능력을 천성적으로 부여된 것으로 보고 그 자체로 인정한 것과 달리 아리스토텔레스는 구체적 사물 속에서 본질이나 원리를 찾고자 하였다. 누구나 인정하는 보편성에 관해 플라톤의 입장은 개별 사물을 초월한 것으로 각 사물을 사물이게 하는 'idea' 가 있다는 연역적(演繹的) 관점을 견지한다. 그러나 아리스토텔레스는 개별 사물 속에 실재가 있다는 현실주의(realism)적 입장을 따른다. 그는 실재(reality) 속에서 사물의 법칙을 발견하는 것이 가능하다는 귀납적(歸納的) 입장으로 본질은 삶 자체에 내재하는 것이다. 진리를 발견하는 방법론에 있어 플라톤은 신비적, 사변적, 직관적이지만, 아리스토텔레스는 객관적, 과학적, 논증적이다. 아리스토텔레스는 자연의 객관적 사실, 인간생활의 객관적 상황에 대한 분석을 중요한 가치로 보았다.

아리스토텔레스는 보편성을 중요시했지만 이는 개별자의 본질이다. 즉, 보편은 개별 속에 내재되어 있다. 개별자의 실재는 형상과 질료로 성립된다. 이때 형상은 플라톤의 초월적인 것이 아니라 개별자의 한 부분이다. 실재를 구성하는 요소로 형상과 질료라는 메타포를 도입한다. 질료는 어떤 특수한 대상이 아니라 특수한 형태로 배열될 수 있게 하는 원리에 해당된다. 따라서 질료는 어떠한 것도 될 수 있다는 점에서 비결정적이다. 세상의 모든 사물은 질료와 형상의 결합으로 배열되어 있다. 각 사물의 재료적 속성이 구체적으로 실현되는 것이 형상이다. 하나의 형상은 다른 사물의 질료이기도 하다. 각 사물은 여타 사물의 수단이기도 하고 목적이기도 하다. 예를 들어 나무는 책상의 질료이다. 책상은 나무가 구체화된 형상이다. 그러나 책상은 교실을 구성하는 질료이며 그 질료가 구체화된 형상인 교실이 존재한다. 아리스토텔레스는 모든 사물을 구성하는 순수질료의 존재를 인정하며 가장 순수형상은 궁극적 원리인 신(神) 또는 원리(理)라고 본다. 사물은 항상 자신의 순수형상을 추구하게 되고, 순수형상이 곧 덕(德)이다.

아리스토텔레스는 지식의 종류를 본질, 법칙, 이론적 지식 · 지혜와 같은 순수과학(theoria), 생활 판단, 정치, 윤리, 교육에 해당하는 실천(praxis), 가장 하급지식으로 기술(techne)로 구분하였다. 이러한 아리스토텔레스의 인식론은 현상의 관찰에서 시작된다. 그의 인식론은 경험론으로 시작하나 보편적 진리를 인식하는 부분에서는 합리론을 따른다. 즉, 귀납과 연역의 통합을 시도한 것이다. 감각적인 귀납의 한계는 연역으로, 연역론의 한계는 귀납으로 보완하는 것이다. 이때 이성의 작용은 가장 중요한 것이며 이는 동물과 인간을 구분짓는 기준이다.

귀납과 연역의 통합을 이루는 사유로 도달하고자 한 인간상은 행복한 인간이다. 모든 생명은 식물, 동물, 인간의 영혼으로 구성되어 있다. 이는 목적론적인 변화과정을 통하여 하위 단계에서 상위 단계로 발전해간다. 인간의 가장 보편적인 최고선은 이성이며, 이의 실현이 인간의 최고의 행복이다. 행복의 실현은 곧 인간본질인 덕에 가까이 가는 것이다. 인간을 인간이게 하는 것은 이성이며, 이성의 실현은 덕에 의한 것이고, 이는 중용에 의해 가능하다. 이때 중용은 가치가 내재된 합리적 사고와 판단을 관장하는 것이다. 이 중용의 실현을 위해 교육과 정치는 존재한다. 즉, 중용의 관념을 적용하여 정치를 할 경우 국가는 인간의 최고선을 획득하는 데 도움을 준다. 다음으로 아리스토텔레스의 교육관을 살펴보자.

(2) 아리스토텔레스의 교육관

아리스토텔레스의 교육론은 주로 그의 저서 『정치학』에서 나타난다. 그는 교육을 국가 유지를 위한 공적인 활동으로 파악하고 국가에 봉사하는 시민의 양성을 위해 적극적인 교육을 강조한다. 즉, 한 국가가 발전하기 위해서는 도덕성이 담보되어야 하며 국가의 도덕성은 각 개인의 도덕성의 기반 위에서 존립이 가능하다. 각 개인의 도덕성은 이성에 의해 본능과 습관을 통제함에서 길러질 수 있다. 아리스토텔레스의 교육관은 다음과 같이 정리된다.

첫째, 아리스토텔레스의 교육목적은 이성적 능력의 개발을 통한 덕의 획득이다. 인간을 다른 사물과 구별하는 본성이 이성이며 타 동물이 갖지 않는 속성을 실현하는 것이 자아실현이고 이는 행복과 연관된다. 즉, 도토리가 참나무가 되는 자기실현이 곧 행복이며 인간은 다양한 능력을 개발하되 이성적 능력이 가장 우선적으로 개발되어야 한다. 그렇다면 어떠한 능력을 키워주는 것이 자아실현인가? 아리스토텔레스는 다른 조건이 동일한 한 인간은 복잡한 기능이나 다양한 교육에서 행복을 느낀다고 보았다. 즉 인간의 본성은 간단한 것보다도 복잡한 것, 쉬운 문제보다는 어려운 문제의 해결과정에서 행복을 느낀다. 어려운 문제를 숙고와 이성적 사고에 의해 해결할 때 생기는 행복을 통해 인간의 능력은 발휘되고 이러한 과정을 통해 합리적 인간이 된다.

둘째, 아리스토텔레스의 교육은 능력심리학(faculty psychology)에 기초를 둔 형식도야론(formal discipline theory)이다. 능력심리학은 플라톤 이래로 가장 오래된 교육이론이라 볼 수 있다. 즉 인간의 마음은 각각의 국소능력의 집합이며, 분리된 능력의 집합이다. 즉 마음에 기억력, 추리력, 상상력 등을 담당하는 부분이 따로 존재한다는 가설을 구성하고 이를 재현하는 것이 곧 교육이 된다. 이때 인간의 마음은 하나의 가정적 구성물로 실체적인 것이 아니다. 따라서 교육은 정신능력의 개발이며 각각의 능력 개발에는 그 능력에 적합한 재료가 있다. 예를 들면 언어능력은 기억력의 개발을 통하여 길러질 수 있는데 시 외우기를 통해 언어능력을 훈련시키면 그 능력은 삶의 상황에서 여러 가지 능력으로 전이가 가능하다. 따라서 형식적 정신 능력을 도야해서 전이시키는 것이 올바른 교육 방법이다. 예를 들면 수학의 기초공식의 이해는 기본적 수학의 형식을 도야하는 것이다. 그러나 수학의 형식을 이해하면 물리나 여타 학문의 영역으로 전이가 가능하다. 따라서 가르치는 내용 자체가 아니라 내용이 가져오는 형식적 능력이 중요한 것이다. 이는 일종의 심근설(心筋說)로 마음의 각 근육을 가정하고 각 근육을 훈련시키는 기본적 능력을 교육을 통해 길러주어야 한다는 입장이다.

셋째, 아리스토텔레스는 지식을 이론적 지식과 실천적 지식 두 가지로 나눌 수 있지만, 사물의 네 가지 원천에 의해 구분될 수도 있다고 본다. 먼저 질료인은 이론과학에 의해 자연현상을 탐구하는 것과 관련된다. 다음 목적인은 이론적 지식을 통하여 진리 도달에 사용된다는 것이다. 형상인은 논리적 필요의 특성이 있고, 효과인은 지적 능력을 의미한다. 이상의 네 가지 원인으로 구성되는 지식은 실제의 사물을 탐구하는 과정을 통해 확인될 수 있다. 사물을 객관적으로 탐구하기 위한 수학 · 형이상학 등의 이론적 교과와 지성적인 사교능력을 개발하는 교과가 가치 있는 것이 된다.

넷째, 아리스토텔레스의 교육은 행복한 생활(eudaimonia)을 이루는 것이다. 그는 '니코마코스 윤리학'에서 인류가 달성해야 할 최고의 선(善)이 무엇인가의 문제를 제기하고 그 대답으로 행복을 주장하였다. 즉 최고선은 곧 행복이다. 아리스토텔레스의 행복은 중용의 덕과 이성적 행위의 실천을 통하여 얻어질 수 있다. 그는 덕 있는 행동, 즉 조화된 중용의 행위를 습관화하는 과정을 통하여 교육의 목적을 달성할 수 있다고 본다. 즉 이성적이 되기 위해 다양한 습관 형성의 과정을 통하여 행복을 달성하는 것이다. 이 습관화의 과정은 절충형의 과정이 아니라 스스로 깨닫고 적합한 행동양식을 찾아가는 과정이다. 따라서 아리스토텔레스는 중용의 덕을 실천적 이성과 결부하여 행위하는 것을 중요한 교육의 목적으로 보았고, 이를 이룰 때 인간은 행복하다고 보았다.

다섯째, 아리스토텔레스의 교육대상은 플라톤의 특정계급이 아니라 도시국가의 대부분을 차지하는 일반 시민이다. 도시국가는 개별 시민이 모여 하나의 공동체를 이루기 때문에 각 시민에 대한 공동 교육을 통하여 국가의 힘을 키워야 한다. 그러나 국가가 교육을 관리한다는 것이 국가가 각 개인의 교육을 계획하고 감독을 실시하는 플라톤식의 국가 교육론을 의미하는 것은 아니다. 오히려 국가의 책임 하에 시민 스스로 사회적 삶의 규범이 되는 덕을 개발하여 행복해지는 것이 올바른 교육의 이상이 된다. 따라서 현실적 교육은 개인의 순수형상인 덕을 실현시켜 주는 것으로 이는 곧 '자아실현' 에 비유된다. 아리스토텔레스의 교육은 바람직한 자아의 실현이며 사회적으로 수용되는 도덕적 자아의 실현이다. 따라서 국가는 개인이 자신의 능력을 실현하는 것을 방해하지 말고 도와주어야 한다. 이는 정치의 교육적 기능을 강조한 것으로 국가정책의 원리로서 교육을 정치에 적용시킬 때 국가는 안정과 유지를 이룰 수 있다고 본다. 즉 국민이 선을 실현하여 행복한 생활을 영위하도록 하기 위해 이성이 필요하며, 이성적 국가를 만들기 위해 교육이 필요하다.

(3) 아리스토텔레스의 유아교육관

아리스토텔레스가 주장한 교육 대상은 도시국가 자유시민의 일반 남아였다. 이는 국가가 유아의 양육을 책임지는 공공양육의 이념을 표현하는 것이고 모든 시민의 남아에게 동일한 교육을 시켜야 한다는 것이다. 아리스토텔레스는 다음과 같은 몇 가지 중요한 유아교육 사상을 주장하였다.

첫째, 신체적 단련을 중요시하는 교육 단계를 주장하였다. 아리스토텔레스는 출생 이후 각 사회마다 요구되는 교육관을 다르다고 보았다. 자신의 사회에서는 켈트인들과 같이 교육시키는 것을 권하고 있다. 켈트(Celts)인들은 출생과 동시에 찬 강물에 몸을 씻고 얇은 내의를 입힌다. 출생과 동시에 단련시키면 추위를 이기고 체온을 유지하는 법을 익히게 된다. 이는 훗날 강건한 군사양성이라는 목적으로 단련 중심의 유아의 양육을 주장하는 것이다. 유아의 출생 이후 5세까지 점진적 단련을 중요한 유아교육 과정으로 도입하였다. 5세 이후는 성장에 방해가 되는 어떠한 공부나 노동을 강요하지 말아야 한다. 단, 몸이 무기력해지지 않기 위해 충분한 운동을 해야 한다. 이때 운동은 다양한 놀이를 통하여 이루어져야 한다. 그러나 놀이 내용으로 천박한 것은 피해야 한다. 이후 7세까지는 가정에서 양육되어야 한다. 이처럼 아리스토텔레스는 유아기의 교육은 이성적 사유보다는 신체적 건강과 단련을 중심으로 이루어져야 함을 주장하였다.

둘째, 유희의 중요성을 인정했다. 아리스토텔레스는 유희가 유아의 본성에 가장 적합한 활동이라 생각하고 일정 시기에 이르기까지 이론적 교과를 배제하고 유희를 통한 건전한 발달을 옹호했다. 그는 유희 자체의 중요성을 인정하고 유희는 자기 목적적 활동이라 생각했다. 유아에게 놀이와 육체적 활동의 기회가 제공되어야 하며 성인이 되기 전 도덕적 가치관을 개발시켜 주어야 한다. 도덕적 이상을 개발하기 위한 기본적 준비 과정이 유희를 통한 건전한 신체 및 정서 발달을 이루는 것이다.

셋째, 음악의 가치를 인정하였다. 그리스 시대의 음악은 현대의 음악과 매우 다르다. 일종의 이야기를 구전하는 방편으로 사용된 그리스 시대의 음악은 각 음악의 가사들이 역사적 · 우화적 이야기로 구성되어 있다. 따라서 유아들은 음악을 모방, 반복 학습함으로써 자신들이 살아가는 사회의 역사와 문화를 학습할 수 있었다.

넷째, 모든 교육 단계에서 가정교사의 감독을 강조한다. 정치학 8권 1장에 따르면 '조기교육과 훈련은 재능과 기술의 교육과 덕의 실행에도 필요하다. 그리고 국가 전체가 하나의 목적을 가지고 있으므로 교육은 누구에게나 동일하게 행해져야 한다…. 교육은 사적으로 할 것이 아니라 공적으로 해야 하는 것으로 공적 이익에 관한 교육은 공적 감독 하에 실시되어야 한다' 라고 진술되어 있다. 또한 7권 15장에서는 '유아에게 동화와 옛이야기를 들려줄 때는 가정교사라 불리는 관리가 입회해야 한다' 라고 기술되어 있다. 이상의 내용을 분석하면, 유아를 대상으로 한 교육은 국가의 통제권에 있는 교사가 관리 감독한 것을 알 수 있다. 비록 유아에게 이성적 사고를 기르는 기초과정에 속하는 신체적 단련이나 기본교과의 학습이라 할지라도 필수적으로 가정교사의 입회를 요구한 것은 아리스토텔레스의 교육관의 독특한 특징이라 하겠다.

4) 아리스토텔레스의 비판점

이상에서 살펴본 아리스토텔레스의 사상과 교육관은 다음과 같은 측면에서 비판받을 수 있다.

첫째, 아리스토텔레스가 주장한 행복을 실현할 구체적 방법과 그 실체를 확인하기 어렵다. 아리스토텔레스는 지성능력을 키우는 것이 행복이 되는 주지주의(主知主義)적 입장을 따른다. 그러나 행복이 과연 교육목적으로 적합한가의 문제는 논의의 대상이다. 즉, 행복은 실체가 없고 구체적 대상이 없는 마음의 상태이다. 따라서 구체적 교육목표로 진술되기에는 어려움이 있다. 또한 이성을 통한 행복이라는 덕목이 인간 생활의 유일한 덕목이라 보기 어렵고 감정과 정서의 부분도 인간의 중요한 특징임에도 불구하고 고려하지 않았다. 인간의 한 가지 요소만을 지나치게 강조하는 것은 인간의 전인적 발달을 저해할 수 있다.

둘째, 아리스토텔레스의 교육관은 비민주적이다. 그는 여성경시, 인간불평등설, 노예제도 옹호 등의 비민주적 관점을 지지하였다. 특히 그는 여성교육에 비판적 입장을 취한다. 아리스토텔레스는 여성과 남성의 관계는 주인과 노예의 관계와 같다고 보았다. 즉, 여성은 낮은 발달 단계에 있는 미성숙된 남자이다. 이는 선천적이고 생득적인 계급관을 나타내는 것이다. 여성은 남성의 지배를 받기 마련이고, 미약한 의지로 독립적인 사고와 행동을 할 수 없다. '남자의 용기는 명령에 있고, 여자의 용기는 복종에 있다…. 침묵은 여자의 영광이다'(정치학). 아리스토텔레스는 여성을 남성의 부속물로 파악하였으며, 이러한 관점은 로마 시대를 거쳐 중세에 이르기까지 서양의 여성관을 형성하는 데 기여하였다. 또한 결혼에 있어서도 여성과 남성의 사랑보다 생식 능력에 중점을 두어 결혼을 국가에서 감독 · 관리하라는 관점을 취한다. 즉 국가가 결혼 연령, 임신 최적기, 인구 증가율 등의 문제를 통제해야 한다는 입장이다.

셋째, 교육의 통제권을 국가에 두라는 것이다. 아리스토텔레스는 교양교육을 주장하였지만 교육의 통제권은 분명 국가에 두는 이중적 관점을 주장한다. 즉, 학교는 국가의 관리에 의해 통제하고 배출되는 학생을 국가의 필요한 산업에 배치시키는 것 또한 국가에 의해 주도되어야 한다. 시민들에게 법과 규칙의 준수를 훈련시키고 국가의 감독을 자연스럽게 받아들이도록 해야 한다. 사유재산을 인정하지만 각각의 재산을 공적 용도로 활용할 수 있도록 교육을 통하여 훈련시켜야 한다. 따라서 기존에 존재하는 사회계급 제도는 정당한 것이며, 인간의 사회적 정치적 본성의 실현 정도에 따라 구분되는 것은 당연시 되었다. 이는 국가주도의 통제된 교육관을 초래했고 플라톤의 계급주의 교육관과 주장하는 바가 상이하지만 지향하는 목적은 유사하다는 비판을 받을 수 있다.

Chapter 3

로마의 유아교육

1. 로마 시대의 유아교육

2. 로마 시대의 유아교육 사상가

로마는 BC 753년 건국되어 AD 476년 서로마 제국이 멸망하기까지 약 1,000년을 존속한 대제국이다. 로마 시대는 정치와 문화적 특징에 따라 3가지 시대로 구분하고 유아교육 사상사의 입장에서도 그 구분을 따른다. 로마를 구분하는 시기는 BC 753~509년 사이의 왕정기, BC 509~27년 사이의 공화정기, BC 27~AD 476년의 제정기로 나뉜다. 로마의 사회는 실용적 · 실리적 · 공리적 사회였으며 이를 뒷받침할 정치, 제도, 법의 정비가 잘 이루어진 사회였다. 이와 대비해 그리스는 사변적 · 심미적 · 정신적 가치를 강조한 사회였다. 법이 지배하는 곳에서 더욱 윤리적 의무가 부과되는 속성에 따라 로마 사회는 더욱 강한 도덕적 윤리적 덕목을 강조하였다. 그러나 도덕과 윤리가 한 번 붕괴되면 그 사회체제의 위험을 초래하게 된다. '로마는 자살했다' 라는 유명한 금언처럼 초기의 강력한 제도와 법의 실천으로 이상적 국가 형태를 갖춘 로마는 후기로 갈수록 타락한 사회의 모형이 되었다. 역사적으로 가장 위대한 영광과 자멸을 동시에 경험한 로마 사회의 특징을 그리스 사회의 특징과 비교해 살펴보면 다음과 같다.

첫째, 로마인은 실제적 · 현실적 · 공리적이었다. 그리스인들이 추상적 관념을 중심으로 이데아의 발견을 교육목적으로 설정한 데 반해 로마인들은 이상을 실현하는 구체적 수단과 제도의 구축에 관심을 가졌다.

둘째, 로마인들이 강조한 실생활의 가치는 제도가 실생활에 적용되었을 때의 유용성과 실효성에 관련된 것이다. 그러나 그리스인들의 가치는 이상적인 인간의 합리성, 예술적인 조화와 균형 등에 있었다. 따라서 그리스인들의 기준에서 로마는 경박한 문화이며, 로마의 기준에서 그리스는 비실제적이었다.

셋째, 로마는 엄격한 법과 도덕의 적용을 강조하였다. 그리스의 법과 도덕이 이상적 윤리와 이데아의 탐구와 같은 관념적 성격을 가진 반면 로마의 법과 도덕은 실제생활을 영위하는 것과 관련된 강건하고, 국가와 남성의 권위를 절대시하며, 실제 생활에서 요구되는 정직과 분별을 강조하는 것이었다.

넷째, 로마인은 그리스와 유사하게 정치, 사회 전반에서 토론의 문화를 중요시하였다. 그리스 사회의 중요 교육 내용이었던 웅변, 수사의 중요성이 로마 시대에도 강조되었다.

이러한 시대적 특징을 지닌 로마교육은 그리스 시대의 교육보다 실천적 측면을 강조함을 특징으로 한다. 로마의 교육목적은 강한 의지와 실천력을 가진 인간을 기르는 것이었다. 따라서 교육에서는 인내, 신중, 용기, 의무감 같은 덕목이 중요시되었다. 로마 시대의 유아교육을 살펴보면 다음과 같다.

01 로마 시대의 유아교육

로마의 유적

유아교육사의 입장에서 로마의 교육을 설명할 때 로마의 정치적 구분을 꼭 따르는 것은 아니다. 로마의 왕정기에는 비형식적 교육이 이루어져 특별한 교육적 기여가 없지만 남아를 대상으로 아버지의 행동을 모방한 습관을 형성하고, 실제적 도덕성과 사회 구성원으로서의 덕목 학습 등을 중요한 교육 내용으로 삼았다. 여아는 어머니에게 교육이 일임되어 온화한 성품을 기르는 정서의 교육을 강조하는 교육이 이루어졌다. 로마의 교육은 구체적인 교육 내용이 존재하는 공화정과 제정기를 대상으로 살펴볼 수 있는데 공화정 시대의 유아교육을 먼저 살펴본다.

1) 공화정 시대의 유아교육

로마의 동전

공화정기는 로마가 BC 135년 그리스를 정복하기 이전까지의 시기를 말한다. 공화정 시기는 초기 로마사회로 가장 순수한 로마적 사회로 볼 수 있다. 이 때 로마에서 기르고자 한 인간상은 조화롭고 건전한 '덕(Virtue: 德)'을 지닌 전인으로 가정과 사회 모두가 교육적 기능을 담당하였다. 공화정 시대의 교육 목적은 선한 인간의 양성이지만 실제로 이루어진 교육은 실제 생활의 훈련이었다. 공화정 시기는 로마가 그리스를 비롯한 주변 국가들과의 대립에서 아직 자유롭지 못한 사회였기에 군사적 훈련도 중요한 교육의 내용이 되었다. 공화정 시대의 가장 실제적 교육목적은 자신의 책임과 의무를 다할 수 있는 시민이자, 전시에는 용감하고 순종적인 군인의 양성이었다. 따라서 경건, 복종, 순종, 국가에 대한 존경심 등이 중요한 교육적 덕목이 되었다. 공화정 시대의 로마 유아교육의 특징을 정리하면 다음과 같다.

첫째, 부모에 의한 가정교육이 유아교육의 중심이었다. 아버지는 자녀교육의 절대적 권한을 가졌다. BC 450년에 제정된 로마기본법인 12동판법(the laws of twelve tables)에 따르면 아버지는 자식의 생사여탈권을 가졌고 자식을 노예로 팔거나 거래의 대상으로 삼을 수 있었다. 그러나 부권의 절대성을 인정한다는 것이 유아를 학대했다는 의미는 아니다. 아버지는 일상생활을 통하여 다양한 방법으로 유아를 양육하였다. 종교행사와 종교생활에 공동참여를 통하여 신성함을 체득하게 하고 승마, 격투, 검술 등을 시범보이고 연습시켰다. 또한 기본적인 독, 서, 산을 학습시키기도 했다.

로마 시대의 어머니를 뜻하는 'Matrona'는 존경, 고귀, 유덕함의 의미로 사용된다. 이는 로마교육에서 어머니의 위치를 말해주는 것이다. 어머니는 가정교육의 중심에서 국가에 대한 봉사, 가사, 방직 등을 자녀들에게 교육시켰다.

둘째, 공화정 후기부터 형식적인 유아교육제도가 등장하였다. 초기 공화정 시기가 가정교육 중심의 비형식적인 교육이었던 것에 반해 후기 공화정 시대에 이르러 가정교사와 노복(paidagogos)을 고용한 형식적 교육이 시작되었다. 또한 초보적인 독, 서, 산을 교수하는 루두스(ludus)가 설립되었다. 이때 교육을 담당하는 교사를 독서교사(grammaticus, literatus)라 지칭하였다. 이들은 가정교육의 부족한 점을 보완하기 위한 보조적 역할을 담당하였고, 실제적 교육의 주도권을 확보하지는 못했다.

셋째, 상류층을 중심으로 그리스 문화 중심의 교육이 성행하였다. 공화정 후기가 되면서 그리스의 문화가 로마로 침투하였다. 특히 귀족의 자녀를 중심으로 변론술, 수사, 문법 등의 3학을 내용으로 대중을 지도하고 설득하는 정치교육을 실시하였다. 그러나 그리스 문화의 유입에 대한 경계의 우려를 반영하여 귀족이지만 로마식 가정교육에 중점을 두는 사람들도 있었다.

2) 제정 시대의 유아교육

로마의 콜로세움

제정 시대는 BC 27년 아우구스투스가 로마를 통치하던 시대부터 AD 476년까지 약 500년 간의 시기이다. 이 시기는 로마의 황금기였으며 수많은 전쟁에서 벗어나 평화를 유지하던 시기이다. 그러나 지나친 평화가 사치와 향락, 쾌락에 도취한 결과를 가지고 오기도 했다. 이 시기는 로마가 정복한 그리스에서 수많은 학자와 저서가 유입되었다. 문화적인 측면에서 상대적으로 빈약했던 제정 로마는 그리스 문화의 영향을 받아 이른바 그리스적 로마 시대(Greco-Roman)를 열게 되었다. 제정 시대는 가정교육과 사회교육이 분리되어 각 기능별로 분화되던 시기였다. 이때 교육을 통해 길러야 할 바람직한 인간은 수사적 능력을 갖춘 웅변가(orator)의 양성이었다. 이러한 제정 시대의 유아교육의 특징은 다음과 같다.

첫째, 제정 시대 로마의 유아교육은 가정교육의 역할이 쇠퇴하고 형식적인 학교교육이 발전되었다. 가정교육의 중심이었던 양친 중심의 교육에서 그리스식 학교교육으로 전환되었다. 따라서 학교교육의 내용은 문법, 수사, 논리 등의 그리스식 교과로 대처되고, 12동판법 대신 그리스식의 서사시가 교육 내용이 되었다. 이는 국가차원의 교육제도의 확충과 장학제도의 수립, 교육에 대한 지원 확대 등의 영향이 있지만 일차적 원인은 개별 부모의 교육열 감소로 볼 수 있다.

둘째, 언어적 숙달을 중요한 교육목적으로 설정하였다. 제정 시대는 공화정 사회보다 문화적 다원성과 복잡한 사회구성이 특징인 사회이다. 따라서 형식교육을 통하여 공적인 내용을 전달하기 위해 언어적 숙달이 강조되었다. 따라서 철학가, 정치가, 군인, 법률가의 소양을 모두 갖춘 웅변가의 양성이 요구되었다. 이에 따라 제정 시대의 교육은 여러 가지 덕성과 실제적인 시민으로 살아가기 위한 교양의 주입이 주요한 내용이 되었다.

이상에서 살펴본 로마 시대의 유아교육은 특별한 유아교육 이론이나 원리가 존재하는 것이 아니었다. 일반적인 교육이론으로 보아도 무방한 수준의 이론으로 아직 유아를 위한 특별한 고려나 교육 방법이 발전되지 않았다는 모습을 보여준다.

02 로마 시대의 유아교육 사상가

1) 키케로(Cicero, BC 106~43)

키케로

키케로는 공화정 시대 제1의 웅변가로 성선설을 기본 이념으로 다양한 사상을 주장한 정치가, 철학가이자 교육학자이다. 키케로는 인간이 타고난 소질을 발견하고 개발하여 이성적 덕성을 발휘하는 존재로 살아가도록 이끄는 것을 교육목적으로 보았다. 그는 교육을 통하여 행복한 삶을 영위하는 것이 덕(virtus)이라 보고, 행복한 생활(beata vita)은 인생 최대의 목적이며, 이 행복한 생활에 도달하는 길이 덕이라는 '유덕론(有德論)'을 주장했다.

키케로가 주장한 유아기 발달 특징은 다음과 같다.

첫째, 신생아는 매우 약하고 이성적 정신을 가지지 않았다. 약간의 힘이 생기는 단계가 되면 손발과 감각을 훈련하기 시작한다.

둘째, 서는 것과 함께 손을 활용하기 시작하고 주변 사물에 호기심을 가지기 시작한다.

셋째, 사고와 학습을 시작하며 주변 사물과 사람의 이름에 흥미를 가진다.

넷째, 또래집단과 경쟁을 하고 승패에 따라 희비의 감정을 느끼게 된다.

키케로가 생각한 발달은 일정한 단계가 있으며 각 단계별로 덕목이 발견된다. 이러한 덕은 특별한 노력이 없더라도 모방과 소극적인 학습을 통하여 발현된다. 이는 인간 내부에 내재한 행동, 사고, 정서 등에 관련된 본능이 있기 때문이다.

이러한 본능적 덕을 유지하고 발견하기 위해 키케로가 생각한 교육은 인문적 교양을 지닌 웅변가 양성을 통해 실천될 수 있다. 그의 저서 『웅변론』은 후기 인문주의 시대에 절대적 가치를 지닌 고전으로 인정되었다. 그의 웅변론에 대한 인문주의 시대의 집착은 교육 내용을 암기하고 이를 재생하는 방식의 암기식 교수법을 유행시키기도 하였다.

키케로 교육의 가장 큰 특징은 교육환경의 중요성을 강조한 점이다. 즉, 유아의 주변 환경의 영향에 의해 유아의 올바른 용어 사용과 사상의 표현 여부가 결정된다고 보았다. 또한 상벌의 공평한 부과를 중요한 덕목을 생각하였다. 동일한 죄에는 동일한 벌을 부과하여 일관성을 유지해야 함을 주장하였다.

키케로는 유아에 대한 관심이 전무하던 로마 시대 유아기의 특징을 설명하고 발달에 대한 기초이론을 정립한 교육학자로 평가받고 있다.

2) 퀸틸리안(Quintilian, 35~95경)

퀸틸리안은 제정 시대 로마 교육의 대표적 사상가이다. 그는 로마에서 법률과 수사학을 공부하고 수사학교의 교사가 되어 황제에게 인정받아 집정관의 칭호와 국가의 봉급을 받은 최초의 공교사이다. 그의 대표적 저서인 『웅변가 교육론(Institutes of Oratory)』은 로마의 지도자를 양성하기 위한 로마 유일의 교육서이며 세계 최초의 교육저서로 평가된다. 웅변가 교육론에 나타난 그의 교육 사상을 간략하게 정리하면 다음과 같다.

퀸틸리안

첫째, 인간은 천부능력으로 자연적 능력을 지니고 있고 적절한 훈련으로 개발될 수 있다.

둘째, 타고난 능력은 충동적 행동, 수동적 인지, 추론이다.

셋째, 충동의 방향을 결정하는 것은 수동적 인지이며, 진리와 선을 추론하는 능력은 이성이다.

넷째, 세 가지 능력의 발전은 개인별로 차이가 심하다.

다섯째, 인간 능력의 차이는 상대적 차이로, 교육을 통해 적당한 수준까지 개발이 가능하다.

웅변가 교육론에 나타난 퀸틸리안의 교육관은 인간은 누구나 스스로 학습할 수 있는 능력을 지니고 태어나며 이러한 선천적 능력을 개발하는 일이 교육의 목적이다. 그리고 기교와 형식에 치우친 웅변가 양성교육을 개혁하는 과정을 통하여 교양을 기반으로 하는 선한 인간을 양성하는 구체적 목적을 이룰 수 있다고 본다. 퀸틸리안은 웅변가 양성의 교육목적을 이루기 위해 '가정교육의 시기', '문법학교 시기', '전문적 수사학교 시기' 라는 3단계의 교육과정을 주장했다.

현대 유아교육에서는 유아의 자유를 존중한다. 그러나 자유의 존중이 과보호나 방임으로 연결되는 경우라면 진정한 유아의 자유는 상실된다고 볼 수 있다. 로마의 유아는 부모의 권위에 종속된 존재였다. 이는 12동판법에 유아의 생사를 결정할 권리가 부모에게 있는 것으로 기록된 것에서 유추된다. 로마 시대는 유아를 성인과 질적으로 차이가 없는 일종의 축소판(miniature)으로 생각했으며 유아와 성인의 차이를 양적 차이로 보고 이를 어려운 내용이나 교과를 주입할 수 있는 근거로 활용한 것이다. 이러한 시대적 흐름과 반대로 퀸틸리안은 유아와 성인의 질적 차이를 인정하고 유아는 그 자체의 특성이 있음을 인정하였다. 따라서 유아에 대한 별도의 교육적 고려가 필요함을 주장하였다. 퀸틸리안이 주장한 유아교육의 특징을 정리하면 다음과 같다.

첫째, 가정교육을 통한 유아의 조기교육을 강조하였다. 가정에서 유아는 양친의 온정적인 분위기와 도덕적 훈육 등을 기반으로 유희와 오락을 통하여 교육받게 된다. 유아가 원할 경우 교육의 수준을 올리는 것도 허용되었다. 퀸틸리안은 가정에서 부모가 올바른 언행을 사용하여 유아가 악(惡)에 물들지 않게 할 것을 주장하고, 유아의 기억력을 신뢰하여 조기 언어교육을 중요시하였다.

둘째, 유아의 학습에 있어 체벌을 반대하였다. 당시 로마에서 체벌은 일상적인 교육방법이었다. 그러나 퀸틸리안은 유아에 대한 체벌이 유아를 모욕하는 것으로 보았고 계속된 체벌로 인한 체벌의 공포가 유아들에게 악영향을 미친다고 보았다. 체벌은 교사의 무능함의 표현이며 유아기를 벗어난 아동을 대상으로 하는 체벌의 효과에 의문을 제기한다. 즉, 교사의 체벌이 통하지 않을 경우 학습자의 훈육은 매우 곤란한 상황이 된다. 만일 유아가 체벌을 받게 된다면 체벌에 대한 공포와 고통의 직감 등에 의해 열등감이나 다른 부정적 상태로 인도될 위험이 있다. 따라서 체벌은 유아에게 긍정적이 않고 오히려 교사의 자질을 의심케 하는 것이다. 유능한 교사는 체벌에 의지하지 않고 다양한 방법으로 유아를 효율적으로 교육시킬 수 있다.

셋째, 퀸틸리안은 교사의 중용적 태도를 중요시하였다. 퀸틸리안은 교사가 유아에게 지나친 엄격함이나 지나친 관대함에서 벗어나 중용적 태도로 대할 것을 주장하였다. 또한 교사는 유아의 행동을 교정할 때 비난해서 안 되며, 성적을 칭찬함에 있어 너무 과도해도 안된다. 교사는 유아의 마음에 오래 남을 교훈과 다양한 서사를 제시하여 직접적 지식의 교육보다 인간적인 유대를 강화하는 교수법으로 임해야 한다. 그러나 이러한 교수법은 유아기에 해당되는 것이며 상위학교로 올라갈수록 정확한 언어사용과 논리적인 사고의 훈련도 중요한 교육적 요소가 된다.

이상에서 살펴본 퀸틸리안은 체벌을 부정하고 유아의 흥미와 놀이 중심의 조기교육을 강조했다. 그의 개성존중, 아동존중, 중용의 교사론, 학교교육론 등은 후대 인문주의 교육과 현대 아동 중심 유아교육 사상의 이론적 기반을 제공하였다.

Chapter 4

중세와 르네상스 시대의 유아교육

1. 중세와 르네상스 시대의 사회문화적 특징

2. 중세와 르네상스 시대의 교육

3. 중세와 르네상스 시대의 유아교육

01 중세와 르네상스 시대의 사회문화적 특징

1) 중세의 특징

중세는 정치 측면에서 봉건제도를 바탕으로 하는 지방분권 시대이고 경제 측면에서 장원제도, 사회윤리적 지침이나 정신적 측면에서 기독교 문화를 지닌 사회이다. 중세는 전체적으로 다음과 같은 특징이 있다.

첫째, 기독교 문화이다. 게르만족의 교화와 교황권의 구축을 통해 기독교가 사회 전반에 영향을 미쳤고 수도원이 교육기관의 역할을 하였다.

둘째, 봉건국가의 성립이다. 봉건국가의 영주는 봉건제도와 장원 제도를 바탕으로 성 안의 농민들을 보호하면서 세금을 받는 작은 국가와 같은 역할을 하였다.

셋째, 사라센 문화의 유입이다. 아시아에서 나타난 사라센 제국과의 교류로 문화가 발달하였다.

넷째, 시민계급의 형성과 세속교육의 팽창이다. 십자군 원정으로 교황권이 실추되었다. 성직자와 귀족의 권한도 약화되었고 동방과의 문화 교류를 통해 상인들이 자본을 축적하고 조합(길드: guild)을 형성하면서 새로운 시민계급이 나타났다.

(1) 봉건제도(feudalism)

봉건제도는 특정한 봉사에 대해 보수로 지급되는 것을 바탕으로 이루어지는 관계를 말하는데 유럽에서는 11세기에서 13세기 사이에 왕성하였다. 봉건제도는 영주와 농노 사이의 경제체제이며 국가 형성과정에서 나타난 사회제도이다. 기사는 영주에게 복종하였고 평민들은 수확의 일정량을 영주에게 바쳤다. 이로 인해 영주는 작은 국가와 같은 힘을 가지게 되어 국가가 출현할 때까지 작은 국가의 기능을 하였다. 이 시대의 봉건제도는 첫째, 영주로부터 봉토(封土)를 통한 주종관계를 가리키는 좁은 의미의 봉건제도 둘째, 장원제도 혹은 영주제도인 사회경제적 측면의 봉건제도 셋째, 사회 전체를 지칭하는 봉건제도의 의미가 있다(안상원, 1988).

(2) 수도원 제도

로마에서 기독교의 세속화 문제가 나타나면서 혼란한 세상으로부터 떠나고 싶은 충동, 그리스도의 명령 등으로 인해 고립된 은둔 생활을 추구한 자들이 있었다. 이들이 수도사(monks)들로 이들은 금욕생활을 하고 기도와 명상을 하였고 수도원에 모여 생활하면서 청빈, 순결, 복종을 맹세하고 인격적 성화(聖化)를 추구하였다.

수도원은 3세기 말 이집트의 안토니우스(St. Antony: 250~355) 수도원을 시작으로 5세기경 유럽으로 퍼졌으며(Painter, 1993) 베네딕트(St. Benedictu: 480~543)가 73계율을 마련하면서 정착되었다(조규남, 1991). 수도원 생활은 묵상과 고행, 신학, 철학, 과학 등을 공부하였는데 이는 중세 문명의 발전에 기여하였다.

수도원은 다음과 같은 세 가지 특징을 보인다.

첫째, 개인의 신앙 훈련이다. 수도사는 그리스도를 따르면서 하나님의 사랑을 실천하고자 하였다. 이들은 육체의 욕구를 거부하고 고난 훈련 등을 통해 개인의 신앙을 완성하고 세속과 자신을 구별하여 신앙의 승리를 얻고자 하였다.

둘째, 교육과 연구이다. 수도사들은 자유 7과목을 공부하였다. 문법, 논리학(변증법), 수사학은 필수였고 기하학, 산수, 천문학, 음악은 선택이었고 신학, 철학, 과학도 공부하였다. 이로 인해 수도원은 당대의 위대한 인물들을 많이 배출하였다.

셋째, 사회봉사이다. 수도원은 자급자족의 공동체 의식과 육체적 노동을 중요하게 생각하여 일을 하였다. 또한 수도원은 사회의 중요한 기관의 역할을 하면서 시계 제조 기술이나 음악 등과 같이 중세 문명의 발달에 기여하였다. 그리고 정신이상자들의 치료에서도 수도원은 중요한 역할을 하였다.

안토니우스 수도원

전동성당 내부

2) 르네상스 시대의 특징

르네상스(renaissance)는 14세기부터 16세기에 유럽에서 나타난 문화 재생 혹은 부활 운동이다. 르네상스 당시에는 새로운 개화기, 혹은 암흑에 대한 광명의 승리라는 말을 사용하다가 18세기쯤 르네상스라는 용어가 사용되었다(Schwobel, 1971).

르네상스는 중세 말엽의 봉건제도의 몰락, 성직자와 교회의 부패 및 가톨릭의 정신적 기반이 약화되면서 태동하였다. 이러한 사회적 상황에서 교회제도의 맹목적 복종과 권위주의에 대한 추종에서 벗어나 인간의 선천적인 모든 능력을 최대한 발전시켜 인간 중심 문화를 이룩하려는 운동이 전개되었다.

인문주의(humanism)는 중세의 억압적이고 예속적인 인간상에서 벗어나 만족과 행복을 추구하고 상실되었던 인간성을 회복하고자 하는 운동으로(Hay, 1988) 인간성을 존중하고 문학적 교양의 발전을 지향하였다. 인문주의는 문학, 미술, 건축, 철학, 과학, 종교 등의 다양한 분야에서 나타났는데 본래 의도했던 목적과 달리 고전 문학의 학습 그 자체가 목적인 경우가 많았고 라틴어 학습을 목적으로 하는 폐단도 낳았다. 이로 인해 실학주의에서는 반언어주의적 교육 운동이 나타나기도 했다.

02 중세와 르네상스 시대의 교육

1) 중세의 교육 철학

(1) 교부 철학

교부 철학은 기독교 신학의 형성 시대에 교회 지도자들인 교부(教父)들이 논의한 것으로 2세기부터 7세기 사이에 수립된 철학이다. 교부 철학은 기독교가 다른 지역으로 전파되면서 기독교의 진리성을 철학적으로 해명하고 교회를 변호해야 할 필요에 의해 나타났다. 교부 철학을 통해 기독교 교리가 확립되었고 교리 문제에 대한 신학적 체계화를 연구하여 신앙과 이성의 조화를 꾀하려고 하는 신학이 구성되었다.

(2) 스콜라 철학

스콜라 철학은 기독교 교리의 우위성을 확보하고 기독교 신앙의 정당성을 입증하기 위한 학문적 움직임이다. 스콜라 철학은 11~15세기까지 위세를 떨친 지적인 삶과 교육 형태에 붙여진 명칭으로 수도원에서 승려가 받은 교육에 기원을 둔다. 스콜라 철학의 교육목적은 신앙과 이성의 일치를 구하는 것이고 이론을 통해 신앙을 변호하고, 교회를 옹호하며, 이단을 없애는 논리를 세우고자 했다.

스콜라 철학의 교육 방법은 강의형식이었고 교수 방법은 내용의 분석적 방법과 명제에 대한 다양한 해석 가운데 가장 좋은 것을 선택하는 방법이었다. 하지만 교육 내용이 추상적이고 비물질적이었으며 형식 문제에 지나치게 집착하였고 개인의 창의성이나 개성의 존중에 관심을 기울이지 않았다.

2) 중세 교육의 실제

중세 교육은 기독교 교육과 길드제도에 의한 도제교육이 있었다. 기독교 교육은 문답학교, 고등문답학교, 교회 지도자 양성을 위한 사원학교, 수도원 학교 등이 있었다. 도제교육은 상공업에 종사하는 상인들이 자신들의 후계자를 양성하기 위한 교육이었다. 그리고 상인들이 귀족이나 교회에 맞서는 신흥 세력으로 등장하면서 현실적 교육을 필요로 하여 조합학교(guild school)를 형성하였다.

중세에는 경제적으로 부유한 자제들을 위한 라틴 학교(중학교 과정)와 빈곤한 가정의 자녀들이 다니는 직업학교도 있었다. 중세의 대학은 학자와 학생의 조합이라는 말에서 나왔으며 국가나 교회의 제약을 받지 않고 순수한 학문단체나 조합 성격으로 자연스럽게 발달하였다. 가장 오래된 대학은 1088년의 볼로냐 대학이며 이 외에 파리 대학, 캠브리지 대학 등이 세워졌다. 중세의 대학은 지적 활동의 중심부가 되었고 고전 문화의 계승자 역할을 했으며 문예부흥 운동의 선구적 역할을 했다.

3) 르네상스 시대의 교육

르네상스 시대의 인문주의는 인간성을 존중하고 문학적 교양의 발전을 지향하며 기독교 중심 사회에서 종교에 의해 속박당하고 억압된 인간성의 해방을 목표로 하는 사상이다. 따라서 교육을 통해 인간 내부에 숨어있는 잠재력을 일깨워내고자 하였으며 이를 위해 플라톤, 아리스토텔레스 등의 사상이 교육 사상의 배경이 되어 폭넓은 고전 교양학습이 이루어졌다.

르네상스 시대의 교육은 자유교육으로 다음의 3가지 형태로 구분된다.

첫째, 자유교양교육으로 인문주의를 이념으로 하는 교육이다.

둘째, 고전교육으로 고전어 교육을 강조하는 교육이다.

셋째, 키케로주의 교육으로 언어 중심의 형식주의 교육을 강조하는 교육이다.

03 중세와 르네상스 시대의 유아교육

중세의 대표적인 교육 사상은 기독교 사상이다. 인간본성은 악한 존재이므로 악한 본성을 없애기 위해서는 신체적 처벌이 필요하다고 생각하여 어려서부터 훈련을 실시하였다. 중세는 아동기에 대한 관념이 없어 아동을 유기하거나 돌보지 않는 일이 있었다. 또한 아동을 성인의 축소판처럼 생각하여 신체 크기나 부피에서만 성인과 다를 뿐 성인처럼 취급하였다. 이로 인해 유아들이 일을 하는 것은 이 시대의 일반적인 모습이었다.

르네상스 시대의 교육은 공동체로서 가문의 명예와 재산의 유지, 운영 및 후계자 육성을 위한 인간개발과 교육이 주된 것이었다. 이를 위해 유아기부터의 교육이 강조되었다. 르네상스 시대의 유아교육 방법으로는 공포심을 없애고 유아에 대한 애정과 이해를 강조하였다. 특히 중세의 강압적인 양육법은 활기와 자발성의 성향을 억누르는 것이라고 하여 지양하고 유아 심신의 건강한 발달을 중시하였다.

1) 토마스 아퀴나스(Thomas Aquinas, 1225~1274)

(1) 생애

토마스 아퀴나스

토마스 아퀴나스는 이탈리아 아퀴노 부근의 로카섹카 성에서 귀족의 아들로 태어났다. 그는 초등교육을 받기 위해 1231년부터 몬테까시노의 수도원의 오부라(수도지원자의 자격으로 수도원에 거주하며 교육을 받는 아동)가 되었다. 1239년 나폴리 대학의 인문학과에 입학하여 아리스토텔레스 철학을 공부하였으며 그리스와 아랍 세계에 대해 흥미를 가지고 연구하였다(Gutek, 2001).

1245년에 파리에서 아퀴나스는 신학을 공부하였고, 1256년에 신학 교수가 되어 파리 대학에서 가르쳤다. 1274년부터 나폴리 대학에서 강의를 하다가 교황 그레고리오 10세의 부름을 받아 리옹에 가는 도중 포사노바의 치스테르치엔스 수도원에서 1274년 3월에 사망하였다. 저서로 『신학대전(Summa Theologiae: 神學大全)』, 『대이교도대전(Summa de Veritate Catholicae Fidei Contra Gentiles: 對異教徒大全)』, 『성서주해』 등이 있다.

(2) 교육 사상

아퀴나스는 신과 결합된 인간을 강조하였다. 즉, 인간은 영혼을 위해 존재하고 삶의 최종 목적은 무한한 선(善)인 하나님 안에서 찾아야 한다고 했다. 하나님은 인간과 자연의 창조주이므로 교육은 자연에서 나타나는 삶의 과정에서 하나님과의 결합을 통해 이루어진다. 아퀴나스는 아리스토텔레스 철학을 바탕으로 이성적인 자연 지식 및 피조물 세계에 대한 연구가 신학적 지혜에 접근하는 정당한 방법이라고 하여 이성교육을 주장하였다. 그에 의하면 이성교육은 '자연'이라는 매개체를 통해 이루어진다. 신은 자연계를 창조했고 인간은 자연을 통해 신에게 접근할 수 있으므로 자연 지식 및 피조물에 대한 연구는 하나님에게 접근할 수 있는 좋은 방법이다. 이러한 생각은 신앙이 이성보다 우위에 있음을 보여주며, 인간의 교육은 자연적인 진리에 관한 것이고 진리는 하나님에 의해 이루어지는 것을 보여준다(Gutek, 2001).

아퀴나스는 교육의 목적은 성인(聖人)이 되는 성화(聖化)라고 하였다. 진리는 어떤 형상으로 자연에 이미 존재하고 있으며, 그것을 교육으로 이해해야 하지만 하나님의 내적 작용을 통한 인간의 외적 조력이 결부되어 이루어져야 한다. 즉, 지식은 학습자의 마음에 진리의 빛을 비추는 하나님의 작용에 의해 형성된다. 따라서 완전한 교육은 하나님에 의한 교육이고 진정한 교사는 하나님이다(안인희, 1973).

아퀴나스의 이러한 생각은 진리를 획득할 수 있도록 외부에서 도와주는 것과 교육이 하나님에 의한 것이라는 점을 의미한다. 또한 인간의 교육과 하나님의 교육을 구분하고 있지만, 교육의 주체는 하나님이고 교사는 학습자인 인간과 하나님을 연결해주는 역할을 한다는 것을 의미한다(Donahoe, 1968). 즉, 교사는 하나님의 도움으로 가르칠 수 있는 신의 도구 혹은 대행자이며 학습자의 지식이 현실에서 실행될 수 있도록 도와주는 역할을 해야 한다.

아퀴나스는 지식은 감각에서 오는 것이라고 생각하여 교육의 방법으로 감각 훈련과 직접적 · 경험적 방법을 주장하였다(Gruber, 1973). 지식은 기호에 의해 발생하는 것이 아니라 사물의 지식을 통해 이루어진다. 기호를 통해 배운 사물은 어느 정도까지만 이해할 수 있기 때문에 실제적 의미를 알기 위해서는 사물의 직접적인 경험을 통해 지식이 이루어져야 한다. 아퀴나스의 교육 사상을 정리하면 다음과 같다.

첫째, 교육관점은 철학적 관점과 종교 사상 및 도덕 교육과 관계하고 있다.

둘째, 교육의 목적은 하느님과의 관계를 설정할 수 있는 성화(聖化)이다. 교육은 하나님의 내적 작용을 통한 인간의 외적 조력이 결부되어야 한다.

셋째, 교사의 역할은 신과 인간 사이에서 중재하는 역할이다.

넷째, 기호에 의한 교육 방법보다는 실제적 경험을 통한 교육을 강조하였다.

다섯째, 가정을 다스리는 것처럼 교사는 학생들을 엄격하게 지도해야 한다.

여섯째, 가부장적 가족제도가 인간 교육의 기초이다. 가족관계의 분리는 사회적 혼란을 야기할 수 있으므로 이혼으로 인한 가정의 붕괴를 반대하였다.

2) 에라스무스(Desiderius Erasmus, 1466~1536)

(1) 생애

에라스무스

에라스무스는 1466년 네덜란드의 로테르담에서 태어났다. 아홉 살 때 수도원 학교에 다녔고 18세에 어거스틴 수도원의 수도사가 되었다. 23세에 사제로 서품받고 1495년에 주교의 승낙을 얻어 파리에서 공부하다가 스콜라 철학을 접하였다.

영국과 네덜란드에서 수학한 후 파리와 영국에서 체류하다가 이탈리아에서 박사학위를 받았고 유럽을 여행하면서 집필 활동을 하였다. 에라스무스는 언어를 올바르게 이해할 때 성경의 참된 의미를 이해한다고 생각하여 그리스어를 통달하려고 노력하였다. 1516년에 신약성경과 몇몇 책들을 출판하였고, 지적 교만과 완성되지 못한 인격으로 거드름을 피우는 지식인들의 지적 교만과 어설픈 지식주의가 무지(無知) 못지않게 사회에 악영향을 미친다는 것을 지적하면서 『우신예찬』을 저술하였다(Thompson, 1996). 에라스무스는 『우신예찬』에서 가톨릭교회의 몇 가지 문제점을 지적하고 루터와의 친분으로 인해 종교개혁자라는 비판을 받았다. 하지만 루터가 로마 교황청을 비판하고 대항하자 1524년 『자유의지론』을 통해 루터를 비판하고 루터와 결별하였다. 그렇지만 가톨릭 교회를 무조건 지지하지는 않았다.

에라스무스는 신학자와 가톨릭교회의 병폐에 대한 비판과 옹호라는 태도로 인해 종교개혁 진영과 가톨릭 진영에서 공격을 받았다. 그는 이들의 화해를 모색하는 회의에도 참석하지 않고 지내다가 1536년 7월에 생을 마감하였다(Gutek, 2001).

(2) 교육 사상

에라스무스의 교육 사상은 후머니타스(humanitas) 개념과 연결되어 있다. 후머니타스는 기독교적 인문주의로 에라스무스 사상의 전체를 보여줌과 동시에 인문주의의 핵심 개념이다(김명신, 1996). 후머니타스는 태어날 때부터 인간의 존엄성에 어울리는 가치가 있는 거동이나 태도로 인간이 성취해야 하는 것을 뜻한다. 그리고 종교적 측면에서 인간의 완성을 높이고자 하므로 정신적 도야와 종교적 경건성을 서로 합하여 진리로 나아가는 것을 강조한다.

후머니타스의 형성을 위해서는 고대 문화와 문학 및 철학을 탐구하고 고대 언어를 학습해야 한다. 특히 인간 내면에 들어있는 내면성 및 개인의 책임을 느끼고, 그리스도의 말씀 안에서의 정신적인 도야를 통해 후머니타스에 도달할 수 있다.

유아에 대한 에라스무스의 관점은 다음과 같다(Erasmus, 1990).

첫째, 유아는 왁스와 같이 변형될 가능성이 많은 존재이다. 유아는 휘기 쉬운 나무와 같고 더 이상 휘어지지 않고 부러지기 전에 교육을 해야 한다. 즉, 유아에 대한 조기교육의 중요성을 강조하였다.

둘째, 유아는 선한 존재이며 가공되지 않은 재료이고 가소성이 풍부하여 무엇이든 될 존재이다. 유아의 본성은 좋은 밭처럼 나쁜 열매를 맺을 수 없고 무한한 가능성을 가진 재료이며, 교육과 환경의 영향으로 미래가 결정된다(양금희, 1999). 따라서 초기 경험은 유아의 마음에 심상을 형성할 수 있으므로 조기교육은 중요하다.

셋째, 유아는 모방능력이 뛰어난 존재이다. 어린 시기는 어느 시기보다 모방과 이에 따른 학습능력이 뛰어나며 유아들은 말을 잘 하지 못해 학습능력이 떨어지는 것처럼 보일 뿐 학습능력은 다른 어느 시기보다 뛰어나므로 좋은 교육과 모범이 되는 생활환경을 제공해야 한다.

넷째, 성인과 다른 존재이다. 에라스무스는 유아의 특수성을 주장하였다. 유아는 그 자체로 개성 있는 존재이며, 성인과 달리 도덕적으로 덜 타락한 존재이며, 세례를 받지 않았기에 종교적으로도 덜 타락한 존재이다. 그리고 신체훈련이나 언어교육은 유아들이 따라갈 수 있는 속도와 내용으로 이루어져야 한다.

(3) 교육 내용과 방법

에라스무스가 말하는 교육이란 단순한 지식수업이라기보다 인간의 완성을 도모하기 위한 교육이다(양금희, 1999). 교육 내용은 신체교육, 도덕교육, 언어교육, 예절교육, 음악교육, 종교교육이며 인간성과 경건의 함양을 강조하였다. 교육 방법은 주지주의와 언어 중심의 교육이었다. 하지만 단순히 지식위주의 가르침이 아니라 신체, 도덕, 경건, 언어, 음악, 문화교육 등을 포괄하면서 실천도 강조하였다. 에라스무스의 주된 교육 방법은 다음과 같다.

첫째, 모방을 통한 학습 방법이다. 에라스무스는 유아들은 모방능력이 있으므로 모방을 통한 교육을 행해야 한다고 강조하였다. 예를 들어 유아가 교회에서 무릎 꿇고 손을 모으고 머리를 숙이는 것 등을 배워 경건해지는 것처럼(Erasmus, 1990) 외적인 태도의 습득을 통해 내면이 경건해질 수 있다고 생각하였다.

둘째, 실제 능력과 자질을 통한 학습이다. 유아들이 읽고 이해하는 수준에서 교육이 이루어져야 한다. 아직 이해할 수 없는 유아들에게 지식과 내용을 강요하는 것은 곤란하며 모두에게 동일한 것을 강요하기보다 개별화된 내용이 좋다.

셋째, 습관화를 통한 교육을 강조하였다. 에라스무스는 경건의 한 방법으로 습관 형성과 연습의 중요성을 강조하였다. 또한 행위의 관찰과 이의 반복을 통해 행동을 습득하고 이를 통해 다른 것도 학습할 수 있다.

에라스무스가 주장하는 교사의 역할과 자질은 다음과 같다.

첫째, 유아의 자연적인 능력, 한계 등을 바탕으로 유아가 잘 학습할 수 있는 환경을 조성하는 것이다. 수업은 가장 본질적인 것에 국한하고 가능하면 단순화시켜 분명한 것을 설명하고 수업을 놀이처럼 해야 한다(김명신, 1996).

둘째, 유아를 사랑하는 마음을 가져야 한다. 교사와 학생은 기능적이거나 권위적인 관계가 아니라 사랑으로 맺어진 관계이기 때문이다.

또한 에라스무스는 교육에서 부모의 역할을 강조하였다. 부모는 본능적으로나 자연적으로 하나님의 명령을 수행하는 가장 최우선적인 교사이며 유아에 대한 교육적 의무를 수행해야 한다고 하였다. 자식은 태어나서 자연적으로 인간이 되는 것이 아니라 인간으로 교육을 해야 한다. 자식을 그대로 방치하는 것은 어리석음과 무지, 악에 방치하고 영혼을 죽이는 것이므로 부모의 교육 참여를 주장하였다. 또한 조부모나 친척 등과 같은 혈육들도 교육에 참여할 필요가 있다고 하였다.

그러나 자녀 교육을 가정교사에게 위탁하는 것은 좋지 않다고 하였다. 가정교사는 남의 손에 있는 사람들로 자유인의 품성을 가지고 있다기보다 남의 힘과 권력에 예속된 교육받은 시종들로 자녀의 품성함양에 도움이 되지 않는다고 하였다.

3) 종교개혁과 유아교육

종교개혁은 독일을 중심으로 중세의 부정과 로마 가톨릭 교회의 부패에 대한 도덕적, 종교적 혁신운동으로 루터가 로마 교회의 면죄부 판매행위에 대해 항의문을 제시함으로써 시작하였다. 르네상스가 상업 자본가를 중심으로 일어났다면, 종교개혁은 종교적 각성을 통해 일반 민중의 교양을 함양하고자 하는 운동으로 일반인도 글을 읽을 수 있는 보통교육을 낳았고 일반인의 교양을 함양하는 역할을 하였다.

종교개혁은 생산업에 종사하는 시민계급의 지지를 받았다. 이들은 지나친 세금 부과에 불만이었고 이성이나 개인의 자율성 및 주관성을 강조하면서 교회의 반성을 촉구하였다. 그리고 면죄부 판매 등은 일반 서민에게 경제적 불만을 제공하였고 이러한 불만은 종교개혁으로 연결되었다. 이로 인해 교회 개혁의 필요성을 인식하고 실천하려는 개인과 그룹들이 나타나 교황 중심의 사회체제에 대한 변화를 지향했다. 또한 1492년 콜럼부스의 신대륙 발견으로 인해 전통적인 사고와 상징들이 무너지게 되었고 사람들은 새로운 정보와 지식을 추구하였다. 이로 인해 근대 국가가 탄생하여 교황의 지배로부터 벗어나게 되었다.

종교개혁 시대의 유아교육은 평등한 교육과 교육에 대한 국가의 역할이 강조되었다. 교육 운영의 주체는 교회가 아니라 국가라고 보았고 남녀가 평등하게 교육받아야 함이 강조되었다. 특히, 재세례파는 어릴 때 세례받은 것은 무효라고 보고 성인이 되어 세례를 다시 받아야 한다고 하였다. 이로 인해 유아는 5~6세까지 '작은 학교'에 입학시켜 양육하고 체벌을 금지하고 사랑으로 교육하여야 함을 강조하였다.

(1) 루터(Martin Luther, 1483~1546)

① 생애

루터

루터는 1483년 11월 10일 독일에서 태어났다. 엄격한 가톨릭 신앙의 소유자이자 자녀 교육에 관심 많은 부모에게 성경과 찬송을 교육받았다. 초등학교에서 문법, 수사학, 논리학, 라틴어 및 독일어를 배웠으며, 1501년 에르푸르트 대학교에 입학하여 문리과 대학을 졸업하였고 1505년에 법과에 입학하여 법학 공부를 하였다.

삶과 구원 문제에 관심을 가졌던 루터는 친구의 죽음을 계기로 에르푸르트의 아우구스티누스 수도원에서 수도생활을 하여 1507년에 사제가 되었다. 1512년 에르푸르트 대학교에서 신학교육을 받아 신학 박사학위를 받았으며, 수도원과 비텐베르크 대학에서 중책을 맡았고 1513년부터 성서학을 강의하였다(Bainton, 1978).

루터는 1513년부터 1517년까지 시편, 로마서, 갈라디아서 등을 강해하다가 로마서 1장 17절 '복음에는 하나님의 의가 나타나서 믿음으로 믿음에 이르게 하나니 기록된 바 오직 의인은 믿음으로 말미암아 살리라 함과 같으니라'와 로마서 3장 28절 '그러므로 사람이 의롭다 하심을 얻는 것은 율법의 행위에 있지 않고 믿음으로 되는 줄 우리가 인정하노라' 라는 성경을 읽고 하나님은 예수를 통해 인간에게 은혜를 베풀고 구원하며 인간은 하나님을 믿음으로 구원에 이르게 됨을 깨닫고 종교개혁을 마음에 가지게 되었다(Singmaster, 1939).

루터는 성 베드로 성당의 재건축 등에 필요한 재원을 충당하기 위한 면죄부 판매와 교회의 부패에 분개하여 '95개 논조' 를 1517년 10월 31일에 발표하였다. 교황청은 반발하여 루터를 파문하였고 루터의 모든 저서는 금서목록이 되었다. 루터는 친구의 도움으로 피신하는 동안 신약성서를 독일어로 번역하여 1522년에 출간하였다(Bainton, 1978). 루터는 에라스무스에게 도움을 요청하였지만 에라스무스가 교황청을 지원하자 루터는 에라스무스를 비겁한 평화주의자로 간주하고 결별하였다.

루터는 42세에 수도원 제도와 독신제도를 거부하는 의미로 수녀였던 보라와 결혼하였다. 결혼생활을 통해 루터는 가정생활이 아주 중요한 사회적 질서임을 알게 되어 가정생활의 중요성을 주장하였으며 1546년 2월 18일에 세상을 떠났다.

② 교육 사상

루터는 기독교 학교를 호소한 글과 부모가 자녀를 학교에 보내야 하는 의무에 관한 글에서 자신의 교육관을 나타내고 있다(Harold, 1975). 그는 교육이란 가정의 과제이며 부모가 이 과제를 잘 감당하지 못하면 국가나 통치자가 대신 맡아야 한다고 하였다. 교육에 대한 루터의 생각은 다음과 같다.

첫째, 교육의 기초는 누구나 성서를 읽는 능력을 지니는 것이다. 성서는 교육의 중요한 교육 내용이자 교재이며 성서를 가르치지 않는 교육기관에는 자녀를 보내지 말아야 한다. 루터는 소교리 문답서와 대교리 문답서를 만들어 성서를 가르쳤다.

둘째, 조기교육으로서의 정규교육을 강조하였다. 루터는 하나님과 교회, 사회, 국가에 공헌할 수 있는 자녀의 교육을 부모가 해야 함을 주장하였다. 자녀교육을 등한시하는 것은 죄악이며 자녀를 학교에 보내는 것은 자녀를 부모로부터 빼앗는 것이 아니라 사회와 부모의 유익을 위한 일이다.

셋째, 루터는 시민을 위한 학교를 설립해야 하며 초등학교, 라틴어 학교, 대학교의 체제로 구성되어야 함을 주장하였다. 초등학교는 독일어를 읽고 쓸 수 있도록 교육해야 한다. 라틴어 학교는 라틴어, 수사학, 역사, 수학 등을, 대학교는 신학, 법률, 음악, 의학, 성서 등을 가르쳐야 한다(장종철, 1993).

넷째, 부모의 자녀교육을 강조하였다. 결혼은 유아교육의 책임을 담당하는 일이며 부모는 자녀에게 복음을 전하는 교사의 역할을 해야 한다. 루터의 이러한 생각은 일반인들의 자녀교육에 대한 생각의 변화에 영향을 미쳤다(지원용, 1983).

다섯째, 교육의 평등화를 강조하였다. 일반 대중들을 위한 대중교육과 언어교육을 강조하였다. 또한 책을 읽을 수 있는 도서관을 설립하도록 권장하였고 책을 읽을 기회를 남자 아이뿐만 아니라 여자아이에게도 주는 교육의 평등화를 지향하였다.

여섯째, 아동의 능력을 고려한 교육을 강조하였다. 아동들의 학습 결실을 위해 잘 설명할 필요가 있으며 이해할 수 있는 충분한 시간이 필요하다고 하였다. 이를 위해 배우는 내용을 잘 이해하고 인식할 수 있도록 문답식 방법을 교육 방법으로 이용할 필요가 있다.

일곱째, 학습에서 본보기나 규범이 언어나 권고보다 효과적이다. 부모가 자녀들에게 나쁜 행동을 보이지 말고 부모 행동이 자녀의 습관이 되므로 주의해야 한다.

③ 루터의 영향

종교 개혁가이지만 교육가로서의 역할도 했던 루터의 영향은 다음과 같다.

첫째, 초등학교와 같은 일반인을 위한 학교를 강조하는 등 교육의 체계를 형성하는 기초를 마련하는 데 영향을 미쳤다.

둘째, 국가가 의무교육을 실시할 것을 강조하였다. 부모가 가정에서 교육하지 못하는 경우 국가가 이를 대신할 필요가 있다.

셋째, 유아들을 위한 조기교육을 강조하였다.

넷째, 조기교육의 방법으로 유아의 능력에 따른 교육 방법과 문답식 교육 방법을 강조했다.

Chapter 5

실학주의와 유아교육

1. 실학주의

2. 코메니우스

01 실학주의

실학주의(realism)는 현실과 밀접한 관계가 있는 자연과 과학으로 사람들의 관심이 옮겨가면서 추구한 실용적이고 실제적인 움직임을 의미한다(Monroe, 1933). 실학주의는 16세기 초반에 일어났던 사고의 합리화 및 교육의 과학화 운동으로 인문주의와 종교개혁에 대한 반동이다(Wilds & Lottich, 1970). 인문주의는 고전 탐구와 형식주의 및 암기와 훈련 위주였기에 개성을 실현하고 진리 탐구의 정신을 추구하는 르네상스 정신은 상실되었고, 종교개혁은 사회적이고 정치적이었다. 이러한 분위기에서 르네상스 정신을 되찾고 개성을 실현하고 진리의 자유로운 탐구를 통해 새롭게 출발하려는 움직임이 실학주의이다.

실학주의는 개인의 자유로운 정신을 바탕으로 진리를 파악하고 사물에 대한 지식과 실용성, 자연과학적 교과와 기술을 통해 지식을 습득하며 이를 실제 생활에 활용하는 것에 역점을 두고 있다(Good & Teller, 1969). 이러한 실학주의는 첫째, 사회제도나 자연현상을 통한 인간의 도야를 강조하고 둘째, 현실생활에 대한 구체적이며 실제적인 학습을 통한 실질 도야를 중요시하며 셋째, 지식은 감각을 통해 얻어지므로 교육은 감각기관의 훈련에 의존해야 한다는 특징을 지니고 있다.

실학주의는 실제적이고 구체적인 직접 교육과 실용성을 교육목표로 한다. 실학주의는 실물(경험적 사물)에 의한 교육(Good & Teller, 1969)을 강조하고 인간과 관계된 사물과 실물을 통한 교육을 지향한다. 현실생활에 대한 실제적이고 구체적인 학습을 통한 개념의 학습을 강조하며 사물(교육 내용)과 감각(교육 방법)을 핵심요인으로 한다. 즉, 실학주의 교육은 관념보다는 사물을, 고전문학보다는 자연과학적인 사물교과를 중시하였고, 자연의 직접적인 경험을 통한 탐구정신, 실용성, 실물교육과 자국어 등을 강조하였다. 교육과정의 주된 내용은 구체적인 사물에 대한 지식인 자연과학과 근대 외국어, 모국어 등이다. 교육 방법은 암기나 기억보다 이해와 경험, 시청각 교육이나 여행, 관찰, 실험 등이며 표본, 지도, 지구의 등과 같은 시각적 교구를 활용하였다.

실학주의는 인문적 실학주의, 사회적 실학주의, 과학적 실학주의로 구분된다. 인문적 실학주의는 고전의 중심 사상을 배워 실생활에 사용하고자 하며, 사회적 실학주의는 사회에 필요한 신사생활을 준비하고 인간을 도야하고자 사회생활의 경험, 사교나 여행을 강조하였다. 과학적 실학주의는 감각적 실학주의라고 하는데 자연과학의 지식과 연구 방법을 통해 인간 생활을 향상시키려고 하며 실물의 관찰과 경험 및 실험을 통한 학습과 자연의 질서에 따르는 교육을 강조한다.

1) 인문적 실학주의

인문적 실학주의(humanistic realism)는 삶의 내용과 현실을 고전에서 찾는 것으로 르네상스 후기에 나타난 자유교육의 결과이다. 인문적 실학주의는 고전을 배우고 연구한다는 점에서 르네상스 인문주의의 교육 내용과 같지만 고전을 실제 생활에 이용한다는 점에서 르네상스 인문주의와 다르다(Wilds & Lottich, 1970).

인문적 실학주의의 교육목적은 인간의 인격이나 실제 생활인으로서의 능력을 함양하는 것이다. 교육 내용은 체조, 유희, 과학, 역사, 수학 등이며, 고대의 권위 있는 서적이나 라틴어, 희랍어 등을 중요시하였다. 고전의 강조는 근본적으로 고전이 인간 정신을 잘 나타내며, 인간 지성의 산물이고 인생을 보다 폭넓게 이해할 수 있다고 믿었기 때문이다.

2) 사회적 실학주의

사회적 실학주의(social realism)는 시민생활에 필요한 사회 · 도덕적 품성의 형성을 목적으로 하여 개인이 가진 신념을 실천하는 지식과 행동의 합일을 지향한다(Wilds & Lottich, 1970). 따라서 사회적 실학주의는 글을 통한 사회생활의 교육보다 여행을 통한 세상 및 인간과의 접촉 등과 같은 사회적 경험을 통한 교육을 강조한다.

사회생활의 경험은 여행을 통해 풍속, 습관, 예의 등을 배우고 견문을 넓히고자 하였다. 즉, 자연과학뿐만 아니라 실물을 바탕으로 하는 직관주의, 호기심과 흥미의 이용, 여행을 통해 다양한 풍습이나 습관을 알고 견문을 넓히려고 한다. 이것은 단순 기억을 통한 지식 습득보다 이해와 판단을 강조하며 누가 더 많은 지식을 가지고 있느냐의 문제보다 세상을 누가 더 현명하게 살아가느냐의 문제를 지향한다.

3) 감각적 실학주의

감각적 실학주의(sense realism)는 감각을 통해 지식을 형성하고자 하며 자연 현상의 탐구와 자연과학적 지식을 존중하고 자연법칙을 통해 현실생활을 향상시키고자 하는 교육운동이다. 감각적 실학주의는 인문적 실학주의의 고전 탐구나 사회적 실학주의의 사회적 접촉과 경험을 통한 지식의 획득과는 다른 것을 추구하였다. 지식 습득에 감각적 직관을 강조하였고 실물이나 표본, 그림 등 실제 사물이나 교구를 통한 감각 형성이 실제적인 교육이라는 것이 감각적 실학주의이다.

감각적 실학주의는 교육의 원리를 자연 속에서 발견하려고 하였고 자연으로부터 나오는 구체적인 사물을 보거나 관찰하고 만져보는 것과 같은 감각적 인상이 사물의 인상을 획득하는 주된 원리이자 방법이라 한다. 사물에 대한 인상은 개인의 정신적 인상을 형성하게 하고 이러한 인상은 그 사물에 대한 정신을 형성하게 한다.

감각적 실학주의의 교육 방법은 감각이나 직관을 위주로 하며 실물의 관찰과 이를 통한 실험 정신을 통해 규칙이나 법칙을 찾아내고 자연의 질서와 감각을 통해 지식을 습득하고자 한다. 따라서 특정 개념을 획득하는 과정으로 사물을 통한 이해와 모국어의 사용, 사고 방법으로 귀납법을 강조한다. 감각적 실학주의는 과학적 지식을 현실생활에 적용시키려고 하는 과학적 운동의 시초가 되었으며, 현대의 교육 방법 원리인 직관교육이나 시청각 교육에 영향을 미치기도 하였다.

02 코메니우스 (Johann Amos Comenius, 1592~1670)

1) 생애

코메니우스

코메니우스는 1592년 보헤미아의 모라비아 형제교단의 가정에서 태어났다. 어려서 부모를 잃어 백모의 가정에서 자랐다. 16세 때 라틴어 학교에 입학하였고 목사가 되기 위해 헤르본 대학과 하이델베르크 대학을 다녀 신학, 라틴어, 그리스어, 철학을 공부하였다. 대학 졸업 후 고향으로 돌아와 교사와 교회 지도자로 활동하다가 24세에 모라비아 형제단의 성직자가 되어 폴넥에서 목회를 하였다.

1618년에 시작된 30년 전쟁(1618~1648)으로 합스브루크 왕가가 보헤미아를 지배하고 페르디난드 2세가 가톨릭으로 개종시키려 하자 다른 성직자들과 함께 망명하였다. 오랜 망명생활 후 1628년에 동포교단 사람들과 폴란드의 레슈노에 정착하여 성직자와 저술가로 활동하였다.

코메니우스는 교육을 통한 사회개혁을 열망하였다. 30년 전쟁 초기에 현실 부정 사상으로 정치, 학문, 종교를 부정하였으나, 인간과 사회 원리를 새롭게 포착하고 청소년 교육과 민중계몽의 방법을 '범지학(pansophia)' 으로 체계화하였다. 1642년 스웨덴 정부의 초청을 받아 교육개혁 운동에 참여한 후 1648년 폴란드로 돌아가 모라비아 교단의 주교가 되어 저술 및 교회 활동에 전념하다가 1670년 11월 세상을 떠났다. 주요 저서로 1632년의 『대교수학(大教授學: didactica magna)』과 1658년 유아의 감각발달과 라틴어 교육을 목적으로 한 『세계도회(orbis pictus)』가 있다.

2) 교육관

코메니우스의 교육관은 범지학에 기초한다. 범지학은 '모든 사람에게 모든 것을 모든 방법으로' 라는 것으로 이를 통해 우리 주변에 존재하는 실재를 파악하는 것이다(이숙종, 1996). 코메니우스에 의하면 사물은 물리적 세계 및 형이상학, 자연학, 초자연학(hyperphysica) 등이 있다. 형이상학은 사물의 지적 측면, 자연학은 사물의 감각적 측면, 초자연학은 사물의 영적 측면인데 이를 하나의 전체로 파악하는 것이 범지학이다(Comenius, 1659; 김은권 · 이경영 편역, 1998).

코메니우스의 범지학은 신학적 입장에서 출발한다. 자연과 정신은 하나님이 직접 만들었으며 하나님의 세계인 성경 세계와 일치하는 통일성을 보이며 조화롭고 질서 있는 세계이다. 이 세 가지 세계를 이해하는 것은 감각의 눈, 이성의 눈, 신앙의 눈이며 이 눈은 하나님이 인간에 심어둔 지식, 도덕성, 신앙의 씨를 발아시킨다. 이것을 어떻게 발아시킬 것인가의 문제가 코메니우스의 교육론이다(정일웅, 2003).

코메니우스의 범지학은 범교육을 지향한다. 인종, 성별, 사회 계층, 국적, 신체적 장애 등을 불문하고 모든 인간이 자유로운 교육과 교육을 받을 균등한 기회가 있다. 그리고 교육은 지혜에 도달하는 수단이므로 모든 사람들이 지혜에 도달할 수 있다. 세상에 존재하는 것은 하나님이 창조한 것이므로 인간이 배우는 것은 인간의 세계인 정신의 책, 사물의 세계인 자연의 책, 성경에서 나온다. 즉, 모든 사람들이 배울 수 있는 교육적인 내용과 지식을 획득할 수 있는 보편적이고 효율적인 방법을 통해 지혜에 도달할 수 있다.

3) 유아교육관

(1) 아동관

코메니우스는 유아를 자연의 법칙에 비유하였다. 즉, 어린 초목일 때에는 다양하게 변화될 수 있지만 큰 나무가 되면 변화가 불가능하므로 어릴 때의 교육이 중요함을 강조하였다. 유아기는 인성 형성이 절대적으로 필요한 시기이며 유아는 온전한 인격이 아직 형성되지 않았다. 유아의 정신은 자기 모습을 아직 그려 넣지 않은 백지와 같은데 백지 상태란 능력이 없다는 것이 아니라 세상을 살아가는 데 필요한 방법 즉, 행동하는 방법, 말하는 방법, 이해하는 방법이 아직 없는 상태이다. 이러한 상태는 교육을 통해 형성되어야 하며, 지적으로 이상적이고 도덕적인 인간으로 성장하기 위해서는 교육을 받아야 한다.

(2) 유아교육의 목적

유아교육의 목적은 궁극적으로 인간과 하나님과의 합일 상태에 이르게 하는 것이다. 교육은 지식, 도덕성, 신앙교육으로 구분된다. 지식교육은 자연에 나타나는 하나님의 활동을 이해하는 것이며, 도덕성 교육은 인간 상호관계의 조화를 추구하는 것이고, 신앙교육은 하나님과 인격적인 관계를 형성하는 것이다. 교육은 하나님과 인간을 인격적인 관계로 회복하는 유일한 길이며 유아교육도 이와 같다. 즉 유아에게 사물에 대한 지식, 도덕성, 신앙을 가르쳐 유아기부터 하나님을 알고 하나님의 피조물로서 완전한 발달을 이루도록 하는 것이 유아교육이다.

(3) 조기교육의 강조

코메니우스는 조기교육을 강조하면서 인생의 초기에 이루어지는 교육을 중요하게 취급하였다. 유아기는 쉽게 교육되는 시기이며 인간답게 성장하기 위해 필요한 시기이다. 유아기에 뿌린 씨앗과 추구한 것으로 장년기에 인생의 열매를 맛보고 만족을 누릴 수 있다. 다 자란 다음에는 변화시킬 수 없는 것처럼 성인이 되면 이미 형성된 것을 버리거나 바꾸기 어렵다. 즉, 잘못 교육된 사람이 이전 상태로 되돌아가는 것은 어려우며, 유아기에 흡수한 것은 지속적이므로 유아기의 교육은 중요하다.

(4) 부모교육의 강조

코메니우스는 유아교육의 책임자는 부모라고 강조하였다. 특히 신앙적 가르침과 기도를 강조하면서 열심히 기도하며 하나님을 경외하는 사람으로 자녀를 지도하도록 해야 한다고 하였다. 이를 위해 가정은 교육의 장(場)이어야 하고, 가족 공동체는 교육의 중요한 모델이어야 한다(정확실 역, 1987).

코메니우스는 자녀를 모유로 키우지 않고 유모가 기르는 것에 대해 비판하면서 어머니가 모유로 직접 키울 것을 주장하였다. 모유를 먹는 유아는 부모의 덕성에 더 가까워질 수 있으며, 유아의 습관 형성에 부모의 역할은 절대적이라 하였다.

4) 교육 내용과 방법

(1) 교육 내용

코메니우스는 모든 사람이 다닐 수 있는 학교제도를 주장하고 이를 인생의 발달과 관련지어 다음과 같은 교육학제를 제안하였다.

첫째 학교는 어머니의 무릎학교이다. 이 시기는 생후부터 6세까지로 가정에서 어머니가 행하는 교육을 말한다. 건강, 일상의 언어, 기본생활습관, 신앙의 기초, 사물과의 접촉, 감각적 훈련 등과 같이 인간 생활에 필요한 기초를 가정에서 어머니가 교육한다. 무릎학교는 입문반, 신생아반, 젖먹이반, 옹알이와 첫걸음을 시작하는 반, 지각 사용의 반, 도덕성과 신앙을 배우는 반, 첫 공동적인 실제학교로서 어머니 품의 반으로 구분된다(정일웅 역, 1996).

둘째 학교는 7세부터 12세까지의 모국어 학교이다. 코메니우스는 외국어를 배우기 전에 모국어를 배워야 하며 읽기, 쓰기, 셈하기, 측정, 음악, 교리 문답, 성서, 도덕, 정치, 역사, 지리 등을 모국어로 배우는 학교교육을 주장하였다. 당시 귀족들의 자녀는 모국어 학교를 거치지 않고 라틴어 학교에서 공부하였는데, 이것은 우열감을 심어주고 비교육적이며 개성을 무시하는 것이라고 비판하였다(정일웅, 2003).

셋째 학교는 13세부터 18세까지의 라틴어 학교이다. 이 시기는 오성과 판단력의 훈련을 행하는 시기로 고전어, 자유 7과목, 물리학, 지리학, 역사, 도덕, 종교 등의 교과목을 학습한다(Lois Le Bar, 1987).

넷째 학교는 19세부터 24세까지의 대학 및 여행이다. 이 시기는 의지를 형성하는 시기로 성경, 신학, 신체 조직 등의 공부를 통해 교회, 학교, 국가의 지도자를 양성함을 목적으로 하였다.

표 5-1 코메니우스 학교제도

연령	대상	학교명	장소	교육 내용	우리나라
1~6세	유아기	모친학교 (Schola Materna)	가정	감각훈련, 구별학습, 언어, 도덕성 및 신앙의 기초, 자연계의 사실과 진리	유치원
7~12세	아동기	모국어 학교 (Shchola Vornacula)	마을	상상력, 기억력 훈련, 모국어, 종교, 산수, 역사, 지리, 미술, 물리	초등학교
13~18세	소년기	라틴어 학교 (Shchola Latin)	도시	이해와 판단력 훈련, 모국어, 라틴어, 그리스어, 히브리어. 자유7과(문법, 수사학, 변증법, 기하, 산수, 천문학, 음악). 물리학, 지리학, 역사, 도덕, 종교	중등학교
19~24세	청년기	대학 및 여행 (Academia)	국가	특수한 교과학습, 자기 전공 분야의 신학, 철학, 법학, 의학 그 외 모든 방면에 필요한 지식, 여행과 고전	대학교

(2) 교육 방법

17세기는 새로운 과학정신과 인간생활 영역의 변화와 개혁을 강조하던 실학주의 사상이 태동한 시기이다(이숙종, 1996). 이 시기에 코메니우스는 신분이나 성별에 관계없이 모든 유아에게 학교교육을 어릴 때부터 실시해야 하고, 자연의 원리와 법칙의 순서를 따르는 교육 방법을 강조하였다. 코메니우스의 교육 방법은 다음과 같다.

첫째, 자연을 통한 교육 방법을 강조하였다. 자연을 통한 교육은 유아에게 흥미를 주고 유아의 마음을 자극하므로 유아교육의 방법은 자연에 따른 것이어야 한다. 코메니우스에 의하면 하나님의 질서가 있고 하나님의 지혜를 표현하므로 자연의 질서를 통한 학습은 인간의 정신 및 지혜를 성숙하게 한다. 자연의 질서를 바탕으로 교육이 이루어져야 하는데 자연의 질서는 몇 가지 원리가 있다(Heidebrecht, 1987).

① 내부에서 외부로의 원리이다. 내장이 먼저 생기고 외부가 발달하듯이 유아는 사물에 대한 이해가 먼저이고 다음으로 기억, 언어로 지도해야 한다.

② 일반에서 특수로의 원리이다. 자연의 형성과정은 일반적이고 보편적인 것에서 특수한 것으로 이루어진다. 학습을 시작하는 처음 시기는 간단한 것을 가르쳐 전체적인 개관을 익힌 후 법칙과 구체적인 현상을 익혀야 한다.

③ 쉬운 것에서 어려운 것으로의 원리이다. 라틴어보다 모국어를 먼저 배워 사물에 대한 지식을 얻은 후 라틴어 학습으로 나아가야 한다.

④ 단계적 학습의 원리이다. 하나님이 천지를 창조할 때 단계적으로 했듯이 유아를 교육할 때 연령뿐만 아니라 유아의 단계적인 발달속도를 고려해야 한다.

⑤ 발달의 원리이다. 발달의 원리는 자연의 원리를 따르는 것이다. 코메니우스는 인생의 각 단계에 적합한 내용과 교수법으로 교육해야 함을 강조하였다.

둘째, 실물을 통한 교육 방법을 강조하였다. 실물은 유아가 감각적으로 경험하고 관찰하며 모방하고 즐거워할 수 있는 대상이다. 사물에 대한 인식은 감각기관을 통해 직접적이고 능동적으로 사물 자체를 지각하여 이루어지므로 실물을 통한 교육은 중요하다. 실물이 없을 경우 모사품이나 모형을 제시하지만 가능하면 실물을 직접 관찰하고 감각적으로 경험하는 것이 유아에게는 분명하고 실제적인 교육이다.

셋째, 감각을 통한 교육 방법을 강조하였다. 코메니우스는 유아기의 지적 발달은 감각기관을 통해 사물 자체의 감각을 느끼는 것으로 출발한다고 하였다. 외부 감각에 의해 새겨진 사물의 상을 내부 감각으로 표현하는 습관을 들여야 하며, 이를 통해 정신기능이 작용하고 정확한 사고를 하게 되어 대상을 비교하고 인지하는 능력을 가지게 된다. 실물을 통한 감각교육은 모든 교육의 기초이며 학습은 감각을 통하여 가장 잘 성취된다. 유아에게 놓여있는 것은 실물이지 실물의 그림자는 아니므로 감각적 직관을 바탕으로 하는 직접적인 감각체험의 학습 방법은 중요하다.

넷째, 그림책을 통한 교육 방법을 강조하였다. 그림책은 ① 유아에게 사물의 모양을 마음에 새기는데 도움이 되며, ② 유아에게 책이 재미있는 것이라는 생각을 가지게 하고, ③ 그림책을 통해 유아가 자연스럽게 책을 읽도록 하기 때문에 효과적이다. 이러한 생각 때문에 코메니우스는 『세계도회(orbis pictus)』를 저술하였다.

『세계도회』는 유아들이 그림을 좋아하고, 그림으로 제시된 것을 보며 즐거워 한다는 것과 지식이 감각이나 실물에 의한 방법으로 이루어진다는 것을 보여준 세계 최초의 그림책이다. 이 책은 세상에 존재하는 주요한 사물과 인간의 제반 활동을 그림으로 나타내고 이름을 붙였다. 또한 언어와 사물의 대응 관계를 통해 둘 사이의 직접적인 관련성을 이해하고 유아들의 감각적 기능과 지각력을 중시하여 사물로 향하는 유아들의 주의력을 자극하여 이해하는 데 도움을 주었다.

『세계도회』는 감각주의와 사물주의의 교육 사상이 잘 접목되어 있으며 자연과 인간 및 신에 대한 모든 것을 총괄한 통일적 보편적인 지식 체계를 정리한 그림책이다.

다섯째, 놀이를 통한 교육 방법을 강조하였다. 놀이는 유아의 내면 정신을 발달시키는 첫 단계이며 놀이를 통해 유아의 내적 충동을 옳은 방향으로 나아가게 한다. 유아는 본래 자유롭고 자발적이며 즐겁고 쉽게 배우려는 요구를 가진 존재이며, 놀이는 유아의 이러한 특성을 발휘하게 하며 유아의 잠재능력을 발달시키는 방법이다. 팔과 다리 등과 같은 신체를 움직여서 정신과 언어를 발달시키는 유아들에게 움직임을 제공하는 것은 중요한 교육의 방법이다.

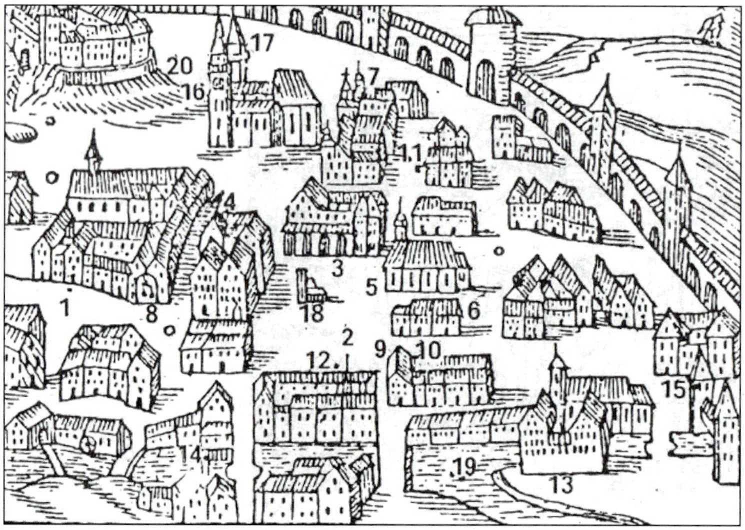

『세계도회』에 있는 그림들

출처: 김은권 · 이경영 편역(1998, 원저. J. A. Comenius, 1659)

(5) 유아교육에 미친 영향

코메니우스가 현대 유아교육에 미친 영향은 다음과 같다.

첫째, 발달 단계에 근거한 교육의 기본적인 틀을 제공하였다. 코메니우스는 연령에 따라 4단계의 학교 단계로 나누고 각 단계에서 어떤 내용과 방법으로 공부해야 하는지를 제시하였다. 이는 오늘날의 발달에 적합한 실제(DAP)로 연결된다.

둘째, 실물을 통한 관찰교육을 강조하였는데 이는 오늘날의 현장견학, 관찰학습 방법 등과 직접적으로 연결된다.

셋째, 놀이를 통한 유아교육의 강조는 오늘날 유아교육과정의 놀이를 통한 교육과 밀접하게 연결된다. 코메니우스는 유아교육이 즐겁고 재미있어야 하며 배움은 놀이처럼 신나야 한다고 주장하면서 실물을 통한 직관적 감각교육과 놀이를 통해 유아의 내적 충동을 옳은 방향으로 이끄는 것을 강조하였다.

넷째, 가정과 부모의 역할을 강조하였다. 코메니우스에 의하면 가정에서 부모가 자녀에게 행하는 것은 교육의 기본이다. 코메니우스의 이러한 주장은 가정의 역할이 약화되어 있는 현대 사회에 가정의 역할에 대한 시사점을 제공한다.

다섯째, 조기교육을 강조하였다. 조기교육에 대한 코메니우스의 주장은 그의 학교제도를 통해 살펴볼 수 있다. 특히 자연법칙의 비유를 통한 조기교육의 강조는 발달하는 유아에게 적기성과 기초성, 누적성, 불가역성과 같은 발달의 원리를 추론할 수 있고 유아기가 다른 어느 시기에 비해 중요함을 알려준다.

여섯째, 자연을 학습의 장(場)으로 생각하여 오늘날 자연체험 유아교육 혹은 생태적인 유아교육과 연결된다. 코메니우스에 따르면 인간에게는 인간, 사물, 자연이라는 세 가지 교사가 있다. 이 가운데 자연은 하나님이 관리하며 자연에서의 직접적인 체험을 통한 학습은 하나님의 정신을 체험하고 인간이 가지고 있는 내적 정신의 발아에 기초를 제공한다. 이러한 자연의 학습은 질서와 정신을 배우는 것이며 자연의 정신을 배우는 자연체험 유아교육 혹은 생태적인 유아교육과 연결된다.

Chapter 6

계몽주의 시대의 유아교육

1. 계몽주의의 출현
2. 계몽주의의 특징
3. 존 로크
4. 장 자크 루소

01 계몽주의의 출현

계몽주의(啓蒙主義: enlightenment)는 일반 사람들의 정신을 깨닫게 하여 생활이나 학문, 종교, 도덕 등에 대한 비판적, 합리적인 태도를 가지게 한 정신운동이다. 합리적이고 이성적인 지성을 존중하고 개인의 자유의지를 강조한 계몽주의는 18세기 유럽의 시민계급 성장에 영향을 미친 사상으로 15세기의 인문주의(humanism), 16세기의 프로테스탄티즘(신교주의: 新教主義), 17세기의 실학주의(realism)로 연결된다(Cahn, 1970). 계몽주의는 실제 생활에서의 경험을 통한 지식의 획득, 이성의 자각, 지성의 획득을 강조하였기에 실학주의적인 정신과 자연과 더불어 생활하는 것을 강조하여 자연주의적인 성격을 띠기도 하였다.

계몽주의의 배경에는 교회의 절대주의와 절대 왕권주의가 있었다. 중세 봉건체제에서 근대적 민주체제로 옮겨가는 과도기 시대인 절대 왕권 시대(Gutek, 2001)에 성직자와 귀족들은 불합리하고 불평등한 제도로 서민들을 괴롭혔다. 서민들은 사회의 불합리한 모순과 정치적, 사회적, 종교적인 속박에서 벗어나고자 교회와 국가 및 사회의 계급제도와 정치에 반항하면서 경제생활의 개선을 원하는 운동을 벌여 정치, 사상 및 사회의 변화를 꾀하고자 하였다. 이 과정에서 일반인들은 그동안 깨닫지 못한 것들에 대한 미자각(未自覺) 상태에서 이성의 자각을 통한 정신적 자각 상태로 향한 움직임이 있었는데 이 움직임이 계몽주의 사상으로 연결되었다(Boyd & King, 1975). 따라서 계몽주의는 교회의 절대주의와 절대 왕권주의로 인해 일반인들이 종교적, 국가적 속박을 벗어나려고 하는 시민들의 정신 운동이다.

계몽주의 사상의 출발은 영국의 베이컨이라고 볼 수 있다. 경험적 귀납법을 강조한 베이컨은 일반인들로 하여금 실제 사회 현상에 대한 경험의 중요성을 일깨워 사회적 실학주의를 이끌었고 로크나 흄 등과 같은 사상가들은 계몽의 사상적 체계를 형성하게 하였다. 계몽주의는 프랑스에서 꽃을 피우고 독일로 파급되었으며 일반 서민들의 사상과 이성에 영향을 미쳐 프랑스 대혁명과 같은 운동을 이끌어내었다.

02 계몽주의의 특징

계몽주의는 자연법(自然法)을 중심으로 하는 자유주의적인 정신과 인간의 자유의지 및 자유적인 주권 등을 강조한다. 이것은 종교적인 계시나 감정적인 것이 아니라 인간의 합리적이고 이성적인 추리를 강조한다. 계몽주의는 이성이 판단과 행동의 핵심임을 강조하여 신앙과 양심의 자유, 주권, 기회 균등, 자유로운 시민정신, 이성적 합의, 교육의 기회균등 등이 사회 전반에 영향을 미쳤다. 또한 자연과학적 탐구를 통해 현실에 필요한 것을 추구하여 과학의 발전을 가져왔다(Wilds & Lottich, 1970).

계몽주의는 미자각(未自覺) 상태의 인간 정신을 자각 상태로 이끄는 것이며, 전통의 구속에서 벗어나 선입견에 구애되지 않는 사고방식과 학문, 종교, 도덕 등에 대한 비판적이고 합리적인 태도를 일반화시켜 서민들의 지적 수준을 높이고자 한다(손인수, 1985). 계몽주의 정신은 원죄설, 비과학적 세계관, 비합리적 사고에서 탈피하여 인간 이성에 의한 진리 탐구와 과학적 및 합리적 사고 등이 강조되었다. 이러한 계몽주의의 일반적인 특징은 다음과 같다.

첫째, 합리주의적 이성과 지성을 존중하였다. 전통의 구속이나 억압, 종교적 계시 등을 떠나 현상을 이성적으로 비판하고 모든 문제를 이성으로 해결하려 하였다.

둘째, 사상적 측면에서 전통보다 개인의 행복을 추구하고 존중하며 개인의 자유의지를 강조하는 개인주의적 경향을 보였다. 인간은 차별 없이 평등한 존재이므로 모든 사람은 독립적인 권리를 강조하였고, 개인의 권리를 옹호하기 위해 정치나 경제가 이루어져야 한다는 경향을 보여주었다.

셋째, 반민족적이고 초국가적인 경향을 보였다. 계몽주의는 영국에서 시작하여 프랑스와 독일로 전파되어 초국가적인 성격 및 반민족적 성격을 지니고 있다.

넷째, 자연주의적 성격을 띠고 있다. 인간은 본래 평등하며 자연적인 인권과 주권을 가지고 있으며 자연의 질서에 순응하는 존재라고 보고 있다.

다섯째, 문화적인 면에서 실증적이고 과학적인 탐구를 통해 세상을 바라보는 관점의 변화를 가져왔다. 계몽주의 이전에는 종교의 영향으로 신비적 세계관을 가지고 있었으나 실질을 주장하는 계몽주의에서는 이성의 판단을 중요하게 생각하는 관점의 변화를 가져와 세계관이 보다 실질적으로 변모하였다.

계몽주의는 교육과 과학을 가장 가치 있는 것으로 간주하였다. 교육은 일반인들의 미자각된 정신을 일깨우기 위한 방법이자 계몽의 수단이었다. 실제로 계몽주의는 인간상의 참된 모습을 형성하기 위한 노력으로 교육을 강조하였다. 계몽주의의 교육 내용은 철학, 과학, 정치, 경제, 미술, 문학 등과 관계하여 이루어졌으며 특히 교육 방법에서는 감각을 통한 학습을 강조하여 교육이 보다 실제적인 측면으로 나아가는 데 영향을 미쳤다.

03 존 로크(John Locke: 1632~1704)

1) 생애

존 로크

로크는 1632년 8월 29일 영국의 소머셋쉬어(Somerset-shire)에서 출생하였다. 어릴 때 아버지에게 배웠던 로크는 14세에 런던의 웨스트민스터 학교에 입학하여 라틴어, 그리스어, 문학을 공부하였다. 20세가 되던 1652년에 옥스퍼드의 그리스도 교회 대학에 입학하여 화학, 철학, 수사학, 문법, 기하학, 물리학, 역사, 라틴어, 그리스어, 히브리어를 공부하여 1656년에 학사학위를, 1658년에 석사학위를 받았고(Smith, 1979), 1660년에는 그리스어, 수사학, 철학 등을 가르쳤다.

로크는 의학도 공부하였으며, 학위를 받지 못했지만 의사로서 인정을 받아 영국 대법관인 앤소니 쿠퍼(Anthony Cooper)를 치료하여 인연을 맺었다. 그러나 로크가 인정받는 것은 정치 철학이었다. 쿠퍼는 로크를 고문과 비서, 아들과 손자의 튜터로 고용하였고(Garforth, 1966), 이로 인해 로크는 1667년에 영국의 정치에 입문하였다. 1668년 로크는 영국 왕립학회(Royal Society)에 선임되었고 『인간 오성에 관한 에세이』를 집필하였다(Smith, 1979).

앤소니 쿠퍼가 대법관이던 1672년부터 1674년까지 로크는 여러 관직을 수행했지만 쿠퍼가 관직에서 물러나 있을 동안 네덜란드로 추방되어 망명생활을 했다. 로크의 망명생활은 쿠퍼가 주도하던 영국 왕 찰스 2세를 반대하던 위그(Wig)당의 모임과 관련이 있었다. 망명 생활동안 로크는 사촌의 남편이자 친구인 에드워드 클락의 아들인 에드

워드 2세의 교육에 대한 조언을 하는 편지를 쓰게 되었다. 이 편지들은 『교육에 관한 몇 가지 생각(Some thoughts concerning education)』이라는 책으로 편집되어 교육에 대한 자신의 견해가 세상에 알려지게 되었다.

1688년 영국 명예혁명(가톨릭을 강요한 군주였던 제임스 2세의 폭정에 반란을 일으키고 윌리엄 메리 부처가 왕위에 오른 시민혁명)으로 윌리엄 메리 부처가 왕위에 오르자 로크도 1689년 런던으로 돌아와 고등 법관직을 맡았으나 지병인 천식으로 인해 1700년에 관직에서 물러났고 1704년 10월에 세상을 떠났다.

2) 교육 이론

(1) 백지설

백지설(Tabula Rasa)은 인간은 태어날 때 선하거나 악하지도 않은 아무 것도 없는 백지의 상태를 의미하는 것으로 당시 유럽의 관점과 다른 관점이다. 당시 유럽의 아동관은 기독교의 원죄설에 근거한 아동관과 본유관념론적 아동관이 지배적이었다. 원죄설에 근거한 아동관은 인간은 이미 죄를 지은 악한 본성을 가지고 태어나는 존재이며 악한 본성을 다스리고 죄에서 벗어나며 신과 교통할 수 있기 위해 엄격한 훈련, 금욕, 교육이 강조되었다. 본유관념론(本有觀念論; innate ideas)은 인간의 정신은 태어나면서부터 이미 내재해 있으며 아동은 무늬만 다를 뿐 성인과 같은 생각과 정신을 가지고 있다는 관점이다. 태어날 때 이미 정신을 가지고 태어났기 때문에 유아가 하는 것은 성인이 하는 것과 같으며 유아와 성인은 신체적 크기의 차이 외에 다른 것이 없다.

그러나 로크는 인간의 정신은 태어날 때 아무 것도 쓰여 있지 않은 석판을 의미하는 '백지 상태(Tabula Rasa)' 이며 감각적 인상(印象)을 통해 석판이 각인된다는 백지설을 주장하였다. 백지설에 의하면 인간의 정신은 태어날 때부터 악한 존재가 아니라 깨끗한 백지의 상태이고 태어난 이후에 유아의 다양한 경험으로 정신을 형성하고 인간의 모습을 갖추게 된다.

백지설은 오늘날의 교육에서 환경적 영향을 강조하는 경험주의(empiricism)와 연결된다. 교육은 경험을 통한 학습(Cleverley & Phillips, 1986)이며 성인이나 사물, 환경에 대한 감각적 인상이 지식이나 마음의 기초를 이루는 데 필수적이다.

(2) 신사 양성과 습관 형성

교육의 궁극적인 목적은 신사 양성이다. 신사(紳士)가 되기 위해 가장 필요한 것은 도덕적 도야와 자기통제이며 이를 위해 습관의 형성이 필요하다. 도덕적으로 습관이 형성된 사람은 기억이나 암기가 없어도 자신을 잘 통제하여 신사가 될 수 있다. 또한 형성되어야 할 습관은 기회가 있을 때마다 연습에 의해 익숙하게 하는 것이 필요하며 습관 형성은 교육의 중요한 기초이다.

로크는 '건전한 정신은 건전한 신체로부터 나온다(A sound mind in a sound body)'라는 주베라르의 고어(古語)를 인용하여 건강을 통한 교육의 중요성을 강조하였다. 특히 유혹에 빠지지 않도록 자기 극복의 힘, 자제의 힘, 이성에 따라 행동하는 마음을 키우는 것이 필요하다. 신사는 어릴 때부터 길러져야 하며 자기 극복과 자제의 힘이 없는 성인은 이것을 키워주지 않은 부모의 책임이라고 하였다.

(3) 체육, 덕육, 지육

습관 형성을 통한 신사의 양성은 궁극적으로 신체적(체력), 도덕적, 지적 요소를 구비한 인간으로서의 발달을 의미하는데 이는 각각 체육, 덕육, 지육을 말한다.

첫째, 체육은 건강한 신체의 형성이다. 건강한 신체는 건전한 건강생활의 습관화를 통해 발달되므로 건강한 신체를 육성하기 위해 일찍부터 습관화시키고 단련시켜야 한다. 또한 인간의 행복을 위해서는 체육을 먼저 발달시켜야 한다고 하였다.

둘째, 덕육은 자신의 욕망을 억제하고 이성에 따라 행동하는 정신을 기르는 것이다. 인간의 도덕적 품성은 자신의 욕구를 거부하고 자연적 성향을 제거하는 것을 통해 형성됨을 강조하였다. 로크는 아동의 체면을 존중하고 아동이 부끄러움을 인식하며 아동의 자존심에 호소하여 아동이 자신을 선한 경지로 이끌 수 있어야 한다고 주장하였다. 이를 위해 이론보다 실제, 암기보다 실천과 훈련으로 아동의 도덕적 품성을 형성하는 것이 바람직하다고 하였다. 아동들이 복잡한 작업이나 하고 싶지 않을 때 하게 하는 것보다 의욕이 생겼을 때 하게 하면 도덕적 품성을 효율적으로 형성하고 작업의 능률을 올릴 수 있다고 주장하였다.

셋째, 지육은 감각적 경험을 통해 이루어진다. 사고와 지식의 모든 소재는 감각과 반성(反省)을 통한 직접적 혹은 간접적 경험에서 이루어지므로 감각적 경험은 학습에서 중요하다. 경험으로 지식을 형성하며 사려 깊은 인간이나 덕 있는 신사가 되기 위한 수단으로 감각적 경험은 필요하다. 인간은 오관(五觀)에 의한 감각작용으로 외적 지식을 형성하며, 의식적인 반성작용을 통해 내적 지식을 형성하므로 책보다 경험을 제공하는 것이 더 좋다.

로크는 체육을 우선으로 강조하였고 다음으로 덕육과 지육의 순서로 강조하면서 체, 덕, 지의 조화로운 교육을 통한 신사의 양성을 역설하였다. 신사의 기본은 체육과 덕육, 지육을 골고루 갖추는 것이지만 지혜와 덕을 갖추지 않은 사람이 지식이 있는 것은 문제라고 했으며, 학식이 풍부한 사람이라도 덕이 없으면 사회적으로 존경받지 못하기 때문에 덕육은 신사에게 중요하다고 하였다.

(4) 환경의 영향

로크는 신사 양성의 방법으로 유아의 주변 인물을 강조하였다. 유아는 주변의 인물을 보고 배우므로 주변 인물은 신사가 되는 중요한 통로이다. 특히 로크는 아버지의 영향을 강조하여 아버지가 유아를 가르치는 것을 주장하였다. 그리고 언행일치와 올바른 몸가짐, 필요한 지식과 예의범절을 보일 것을 강조하였다. 부모는 유아의 좋은 습관 형성을 위해 가정에서 언행을 조심하여 유아에게 모범을 보여야 한다.

3) 교육 내용과 방법

(1) 교육 내용

로크가 말하는 교육의 목적은 신사(紳士)를 양성하는 것에 있다. 신사란 신체적으로 건강하고 정신적으로 건전한 습관을 지녀 자기 극복과 자제의 힘을 가진 사람이다. 신사는 지, 덕, 체의 조화로운 발달을 통해 이루어진다.

첫째, 강건한 신체는 건전한 건강생활의 습관화를 통해 발달되며 이를 위한 교육 내용은 무용, 수영, 승마와 펜싱, 레크리에이션 등이다.

둘째, 덕육은 자신의 욕망을 억제하고 이성에 따라 행동하는 인간을 기르는 것이다. 이를 위한 교육 내용으로 실제, 실천을 통한 학습과 작업, 유희 등이다.

셋째, 지육은 감각적 경험을 통한 지식의 축적이다. 감각을 통한 학습이 지식의 통로이며 이를 위한 교육 내용은 읽기, 쓰기, 모국어, 외국어 등이다. 그리고 언어를 이해하면서부터 물리, 역사, 수학, 자연 철학, 의학, 법학, 수사학, 논리학 등을 습득하고 무용, 취미, 오락 등과 같은 실제적인 과목도 배우는 것이 필요하다.

로크가 주장하는 교육 내용은 지식이 감각으로부터 나온다는 경험주의 지식론에 근거하고 있다. 즉, 인간의 의식은 관념에 근거하기보다 경험으로 각인된다고 생각하였으며 지식도 경험으로부터 얻어진다는 것이다.

(2) 교육 방법

로크의 교육은 과학적 방법을 통해 교육하는 실학주의(實學主義)를 표방한다. 당시 과학적인 방법이란 암기나 추리를 통한 내성적 방법으로 학습하는 것이 아니라 오관(五官)을 통한 감각적 학습과 사물을 통한 실제 학습이다. 이러한 실학주의를 감각적 실학주의라고 한다. 로크가 말하는 구체적인 교육 방법은 다음과 같다.

첫째, 감각적 훈련을 통한 학습이다. 로크는 감각적 훈련을 통해 유아들의 감각을 개발하고자 하였다. 따라서 읽기, 맛보기, 냄새 맡기, 만져보기 등의 감각훈련 방법들을 교육 방법으로 제시하고 있다.

둘째, 습관 형성을 통한 학습 방법이다. 로크에 의하면 습관은 제2의 삶을 결정하기 때문에 엄격한 규율을 통한 습관 형성 훈련은 어려서부터 일찍 시작되어야 한다. 특히 어릴 때부터 유아가 훌륭한 습관을 형성할 수 있도록 가정에서부터 주의를 기울일 것을 강조하였다. 그러나 습관이 어느 정도 형성되면 부모의 위엄을 통한 엄격한 학습 방법을 강조하였다. 로크는 궁극적으로 이상적 인격 형성에 관심을 두고 자연적 기질에 따라 엄격한 규율 속에서 습관화시키는 방법이 좋다고 하였다.

셋째, 칭찬과 존중을 통한 학습 방법이다. 로크는 당시 유행하던 체벌은 좋은 교육 방법이 아니라고 하였다. 체벌은 유아들에게 열등 의식을 갖게 하고 체벌과 관련된 일을 싫어하게 한다. 체벌은 호전적인 심성을 일으키기 때문에 체벌보다는 칭찬이나 존중을 통한 학습을 강조하였다. 칭찬과 존중은 유아들로 하여금 습관을 효과적으로 형성하는데 필요한 방법이라고 하였다.

넷째, 부끄러움이나 수치심을 학습 방법으로 강조하였다. 로크는 훈련을 통해 유아들은 체면을 존중하게 되고 부끄러움을 스스로 인식하여 자신을 선한 경지로 이끌 수 있다고 주장하였다. 그러므로 유아가 나쁜 행동을 하였을 때 야단치기보다 그것이 나빴다고 유아가 뉘우치고 깨닫게 하는 방법을 사용하는 것이 좋다. 부끄러움을 통해 자신을 올바르게 세우고 수치심을 통해 스스로를 교화하게 된다.

다섯째, 구체적인 경험을 통한 학습 방법이다. 유아들은 외부 환경에 의해 많은 영향을 받으므로 구체적인 사물을 통한 경험학습이 바람직하다. 주변 사물의 직접적인 조작을 통해 유아는 자발적이고 창의적이며 스스로 문제를 해결할 수 있는 능력을 기른다고 하였다. 특히, 이미 만들어진 물건을 제공하기보다 주변에 있는 것을 작은 돌, 종이 등으로 사물을 직접 만들어보게 하는 것이 더 필요하다고 하였다.

여섯째, 인간의 자연적 본성에 따른 학습을 강조하였다. 유아들이 하고 싶지 않을 때에 하라고 하기보다 마음에 하려는 의욕이 있거나 그런 마음이 일어났을 때 하게 하면 효과가 있다고 하였다. 또한 기질에 따라 좋아하는 유희를 택하는 것이 좋다.

4) 시사점과 비판점

(1) 시사점

첫째, 학교교육보다 가정교육을 더 강조하였다. 로크는 유아 교육의 책임을 사회보다 가정에게 더 많은 강조점을 두었다. 학교에서 아동들은 교사가 보지 않는 곳에서 나쁜 장난을 하거나 교활한 짓을 할 수 있어서 신사를 양성하는 데 역기능을 초래할 수 있다고 하였다. 로크는 가정에서의 개별교육을 통해 신사를 양성할 수 있다고 보았다. 특히 가정에서 올바른 습관을 키우는 것은 부모의 책임이라고 하였다. 즉, 자기 극복과 자제의 힘이 없는 인간은 올바른 습관을 가지지 못한 것이며, 자녀의 양육과 교육에 부모의 역할을 제대로 수행하지 못한 것이다.

둘째, 조기교육을 강조했다. 태어날 때 백지의 상태인 인간 정신은 주변의 영향에 의해 어떤 모습을 갖추어 나간다. 이를 위해 어렸을 때부터 좋은 습관을 형성하면 좋은 습관을 가진 신사가 될 수 있으므로 어렸을 때부터의 교육은 중요하다. 특히, 반드시 형성되어야 할 습관은 기회가 있을 때마다 연습에 의해 익숙하게 하는 것이 좋으며, 이렇게 형성된 습관은 기억하지 않고서도 혼자서 쉽게 할 수 있는 것이라고 하여 습관 형성이 중요한 교육의 기초로 간주하고 있다.

셋째, 아동을 존중하는 관점을 보였다. 당시 아동을 존중하지 않았던 성인의 태도를 문제 삼았던 로크는 아동을 있는 그대로 받아들이고 이해하며 아동이 받아들이는 흡수적인 성격을 성인이 이해할 필요가 있다고 하였다. 또한 개별 유아가 가지고 있는 인간으로서의 특성은 다르며, 발달하면서 그 모습이 달라지므로 이러한 특성에 적합하게 유아를 교육할 필요가 있다고 주장하였다.

넷째, 신체적 훈련을 강조했다. 유혹에 빠지지 않고 자기 극복이나 자제의 힘과 이성에 따라 행동하는 마음을 어릴 때부터 길러야 하는데 이것의 첫째 요소가 신체적 건강이다. 신체적 건강은 신사가 되는 습관 형성에도 필요하며 지적 및 도덕적 건강을 갖추기 위한 선결 조건이다.

다섯째, 지, 덕, 체의 조화로운 발달을 강조했다. 로크는 건강하고 지적이며 도덕적인 신사의 육성을 위해 체육을 강조했지만, 이 세 가지의 조화로운 발달을 통한 신사양성은 교육이 지향해야 하는 것이라고 주장하였다.

(2) 비판점

첫째, 로크는 교육 이론을 전체적으로 펼치고 있지만 주로 상류계급을 위한 교육을 강조하였다. 신사는 당시 영국 상류계층의 일반적인 모습이었는데 이것을 교육의 목적으로 간주한 것은 모든 사람을 위한 교육은 아니었음을 의미한다.

둘째, 학교를 좋지 않게 간주하였다. 학교는 유아들에게 나쁜 습관을 심어줄 수 있는 것으로 인식하여 학교에 대한 부정적 이미지를 보여준다.

(3) 현대 교육에의 의미

교육적으로 로크는 실학주의의 맥락과 연결되어 있다. 17세기의 교육은 실학주의의 실험과 더불어 시작하였다. 로크는 감각적 경험과 구체적 사물을 통한 학습 등을 강조하면서 감각적 실학주의 정신을 보여주었고, 코메니우스의 실학주의에 경험을 추가하여 코메니우스의 영향을 직접 받았음을 보여준다(Cordasco, 1976).

로크의 교육 이론은 현대의 경험론과 연결된다. 백지설과 습관 형성을 위해 영향력 있는 인물이 유아 주변에 있어야 한다는 것을 통해 경험주의 교육관을 엿볼 수 있다. 그리고 로크의 주변인물 영향론은 관찰학습 이론을 설명해준다. 모델의 행동을 관찰하여 실제 행동에 옮기게 하는 것은 모델링을 통한 현대의 학습 이론으로 연결된다. 이러한 경험주의적 교육관은 베이컨의 교육관처럼 관념은 생득적이 아니고 감각경험에서 생긴다고 주장하는 경험론적 철학에 기초하고 있다(Smith, 1979).

04 장 자크 루소(Jean Jacques Rousseau: 1712~1778)

1) 생애

장 자크 루소

루소는 1712년 6월 28일 스위스 제네바에서 태어났다. 어머니가 일찍 사망하여 아버지와 숙모의 보살핌으로 루소는 성장하였다. 10세 때 랑베르세 목사가 루소를 돌보았고 13세 때 공증인 사무실의 서기로 취직했지만 곧 해고당하고 도제 봉공을 하였다. 16세 때에 스위스, 이탈리아, 프랑스를 여행하는 방랑생활을 하면서 루소는 가톨릭 신부를 만나 가톨릭으로 개종하고 급사생활을 하고 통역을 맡기도 하였다.

1731년 루소는 와랑 부인에게 경제적 지원을 받아 고전과 음악을 공부하였고 23세 때인 1735년에 어릴 때부터의 지병인 뇨폐증이 악화되자 죽음이 가까이 왔다고 생각하고 여생을 교육에 헌신할 것을 정하고 독학을 하게 된다. 28세 때인 1740년에 와랑 부인을 떠나 리용의 마블리 가(家)의 가정교사가 되었지만 자신이 가르치는 것을 싫어하고 교사의 소질이 없음을 알게 되어 그만두었다.

루소는 1741년에 파리로 가서 작곡생활을 하면서 계몽주의 철학에 심취하였다. 1742년에 루소는 자신이 공부한 음악을 바탕으로 고안한 '음악신기보법' 에 심취하여 살롱을 출입하면서 디드로, 달랑베르, 구리무 등과 교류를 하였고 이후 루소는 파리의 지성사회에 중심인물로 성장하였다. 이 과정에서 루소는 자기가 머물던 호텔의 종업원인 테레즈와 결혼하여 5명의 자녀를 두었으나 모두 보육원으로 보냈다.

1753년에 『인간 불평등 기원론』을 저술하여 디종 아카데미에 당선되었다. 이 논문에서 루소는 인간의 불평등을 인위적 불평등과 자연적 불평등으로 나누고 인위적 불평등은 사유재산으로 인해 나타난다고 하여 당시 사회의 구조적인 문제와 부정을 비판하였다. 1755년에는 디드로가 편집을 맡고 있던 『백과전서』에 '정치경제론' 을 기고하여 일반 대중의 의지를 중요하게 생각하는 정치론을 주장하였다. 1756년에 데삐네 부인의 권유로 파리 근교의 에르미타쥬에서 전원생활을 하면서 집필 활동을 하였다. 그러나 1756년 말경 인근의 몽모랑으로 옮기면서 데삐네 부인 및 당시 계몽 사상가들과의 만남을 끊고 사상적으로 독립하게 된다.

1762년에 『사회계약론』과 『에밀』을 출판하였다. 『사회계약론』에서 루소는 인간 불평등이 잘못된 계약 때문이라고 생각하여 올바른 계약을 통해 자유를 되찾을 수 있다는 신념을 나타내었다. 『에밀』에서는 계시나 교리에 얽매이지 않는 개인 종교를 제시하였다. 루소의 이러한 내용은 프랑스 정부로부터 박해를 받는 계기가 되었고 『에밀』은 금서(禁書)가 되어 불태워졌다. 이로 인해 루소는 스위스로 도망하였지만 스위스에서도 『사회계약론』을 문제 삼고 금지처분을 내려 다른 나라로 떠돌았다. 이 과정에서 흄

(David Hume, 1711~1776)의 도움을 받았으나 영국인들이 자신을 조롱하고 있다고 느껴 정신분열 증세를 보이기도 하였다. 그러나 1776년 이후 박해 망상에서 벗어나 체념 속에서 자연의 관상에 깊이 빠지게 된다. 루소는 자서전 『참회록』을 통해 자신에 대한 탐구와 자기 분석에 의한 인간성의 진실 탐구를 보여 근대 소설의 발전에 영향을 미치기도 하였으며, 1778년 7월 2일 66세로 파리에서 약간 떨어진 에머논빌에서 생을 마감하였다.

2) 교육 사상

(1) 자연주의 교육

① 자연의 의미

루소는 자연의 의미를 꼬집어 말하지 않았지만 그가 말하는 자연은 다음과 같다.

첫째, 반사회적인 것으로서의 자연이다. 자연은 인위적으로 꾸며지거나 만들어진 것이 아니라 자발적이고 진솔한 마음에서 우러나오는 것이다. 사회의 구속적 상황은 부정과 불평등 및 불합리한 점들이 있기 때문에 참된 인간의 형성은 불가능하다. 불평등한 사회 상태보다 평등의 상태가 자연의 상태이다. 이로 인해 루소는 시민이 주권자가 되어 시민의 의지에 의해 결정되는 자유와 평등의 사회계약을 강조하였다. 그러므로 자연인이란 눈으로 보고, 자기감정으로 느끼고 이성에 비추어 판단하고 행동하는 인간의 모습이며, 부조리와 불합리 및 부정과 부패로 가득 찬 사회에 있지 않은 인간이자 사회로부터 영향을 받지 않은 인간을 의미한다.

둘째, 내부로서의 자연이다. 이것은 이미 정해져 있는 내적 발달로서의 자연으로 심리적 발달이나 감각 및 신체의 발육을 말한다. 내적 발달로서의 자연은 인간의 감각기능과 내적 기관을 계발하여 서로 조화를 이루는 것이다. 감각기관이 정상적으로 기능하기 위해서는 적절하게 발달되어야 하며 조화를 이루어야 한다. 즉, 자연적인 것은 내적 기관들의 발달이 서로 조화를 이루는 것을 말한다.

셋째, 자연 상태로서의 자연이다. 이것은 신이 내려준 자연으로 있는 그대로의 모습이며 진실하고 선(善)한 모습이다. 있는 그대로의 자연은 본래 가지고 있는 인성으로서의 자연이며 인간이 타고난 능력이자 본성이고 사회관습과 습관 등에 의해 변하기 이전의 상태이다. 이러한 자연은 사회적으로 때묻지 않은 순수한 모습이다.

② 자연주의 교육의 의미

자연주의 교육은 부패나 불합리가 없는 자연에서의 교육과 발달 단계에 의한 교육을 의미한다. 이를 보다 구체적으로 살펴보면 다음과 같다.

첫째, 자연주의 교육은 자연의 상태에서 자연인을 교육하는 것이다. 자연인은 신이 내려준 자연 속에서 자신이 느끼고 눈으로 보고, 자기의 감정으로 느끼고 이성에 비추어 판단하고 행동하는 인간이다. 그러나 사회는 부조리와 부패, 불합리로 가득 차있기 때문에 이러한 사회 속에서 교육받는 것은 자연인을 망치게 한다. 그러므로 부패나 부조리가 없는 자연에서 교육받는 것이 자연주의 교육이다.

루소의 자연은 정신적인 측면과 물질적인 측면이 혼합되어 있다. 물질적인 측면은 눈에 보이는 자연이며, 정신적인 측면은 인간의 자유 의지에서 기인하는 선천적인 능력이자 순수함이다. 이러한 자연을 부패하고 부조리한 사회가 교육한다는 것은 자연의 오염이다. 그래서 루소는 사회에서 격리된 교육을 강조한다.

둘째, 자연주의 교육은 발달 단계에 근거한 교육이다. 발달 단계에 근거하는 것은 자연의 원리를 따르는 것이다. 자연의 원리를 따르는 교육은 신이 인간에게 내려준 능력과 성향을 인위적으로 변형하지 않은 교육이다. 즉, 인간 내부의 자연적 발달순서를 따르는 것으로 자연의 원리를 따르는 교육이다. 그리고 자연주의 교육은 자연에 의한 교육, 사물에 의한 교육, 인간에 의한 교육의 조화를 통해 이루어지며 사물과 인간에 의한 교육을 자연의 교육에 일치시키는 것이다.

(2) 발달 단계에 따른 교육

루소는 인간이 태어나서 성장하고 결혼할 때까지를 다섯 발달 단계로 나누었다.

첫째, 1단계는 영아기로 출생에서부터 5세까지의 시기이다. 이 시기의 유아는 즐거움과 고통의 감정이 명확하지 않고 무력하기 때문에 모든 것이 유아를 위해 이루어져야 한다. 유아가 움직일 수 있게 하되 다치지 않게 하고 자유를 주어 근육이 발달하게 하여 강하고 건강한 육체를 기르도록 해야 한다. 또한 유아가 사물을 구분하는 것을 배우고 감각을 통해 사물을 경험하고 사물을 통해 즐거움과 고통을 경험하게 해야 한다. 특히 어머니의 영향을 통해 자녀의 일반적인 도덕적 성향이 나타나기 때문에 어머니의 역할이 중요하다. 자녀를 신체적, 정서적으로 압박하지 않고 가능하면 안전한 환경 속에서 많은 자유를 제공하고 사랑해야 한다.

둘째, 2단계는 5세에서 12세에 이르는 아동기로 신체의 여러 기관들이 성장하는 시기이다. 아동들의 신체는 강해지고 혼자 힘으로 더 많은 것을 할 수 있다. 이 시기에 아동들은 자기애(amour de soi)와 이타애(amour proper)의 도덕개념을 발달시킨다. 자기애는 자연적이고 본능적인 개인의 흥미에서 나오며 이타애는 다른 사람과 관계하며 타인 지향적인 사회적 관계에서 나온다(Gutek, 1997).

아동들이 12세가 되면 도덕적이고 합리적이게 되므로 추론하게 하고 명령하고 지시하는 것은 시간 낭비이다. 또한 설교를 통해 도덕성을 불어넣거나 선과 악, 옳고 그름을 언어적으로 가르치려는 것은 좋지 않다. 아동은 읽을 준비가 되고 읽을 필요가 있게 되면 자연적으로 읽기 때문에 독서를 강요하지 말 것을 권하였다.

셋째, 3단계는 12세에서 15세에 이르는 소년기이다. 이 시기는 이성이 눈뜨고 감각적 대상에 호기심을 가지는 시기이다. 이 시기에 주변에서 일어나는 자연현상을 관찰하고 질문하며 숲을 걷고 정원에 식물을 심고 기하학을 배운다. 지도와 지구본을 통해 현상을 관찰하고 경험하여 학습한다. 목공과 같은 수작업을 배우며 정신적 노동과 육체적 노동의 조화를 만드는 것을 배우게 된다.

넷째, 4단계는 15세에서 18세에 이르는 청소년기이다. 이 시기는 성적 호기심이 발산되므로 특별한 안내가 필요한 시기이다. 성적 호기심으로 질문하면 대답을 상징적으로 하기보다 직접적으로 하는 것이 좋다. 또한 사회적 관계에 대해 학습하게 되고 타인의 관심과 필요를 이해하게 된다. 그리고 자기보다 좋지 않은 환경에 있는 사람들의 고통을 이해하여 그들에게 덜 민감해지지 않도록 여행하는 시기이다.

다섯째, 5단계는 18세에서 20세에 이르는 청년기이다. '인간성의 시기(the age of humanity)'로 불리며 주변 환경에서 보다 넓은 환경으로 나아가는 시기이다. 역사를 연구하여 인간의 기본적인 선과 사회의 부패 현상을 이해하며 도덕 문제에 대해 이해하게 된다. 이 시기에는 가족, 사회, 국가에 대해 이해하게 된다.

(3) 아동 중심적인 교육

루소는 인간은 태어날 때 선하다는 성선설을 주장하였다. 즉, 유아들을 위한 교육은 인간이 가지고 태어나는 성선(性善)을 보존하는 것이며, 이는 유아를 위한 교육이고 자연법칙이라 하였다. 루소에 의하면 유아는 성인도 아니고 동물도 아니라 유아이어야 하고, 유아이기 때문에 유아를 위한 교육은 자연적 경향성을 존중하고 자연적 성장과 발달이 이루어지도록 해야 한다. 교육은 유아의 현재를 중요시하는 교육이어야 하고 지식 위주의 교육보다는 감성 위주의 느끼는 교육이어야 하며, 유아의 흥미와 욕구 및 자연적 경향성을 반영하고 존중하는 교육이어야 한다. 교사가 교육의 주인이기보다 유아가 교육의 주인이 되며, 자연적으로 나타나는 흥미와 호기심에 따른 교육을 통해 아동의 성장을 도와주는 것이 유아를 위한 참된 교육이다.

루소는 인간은 선천적으로 선하지만 문명사회의 편견, 권위 등과 같은 나쁜 사회 제도가 인간의 자연성을 말살하여 유아의 옳은 발달을 방해하고 있다고 한다. 그리고 유아도 자유와 권리가 있기 때문에 유아가 유아답게 살아갈 권리를 보장하는 것이 교육임을 강조하였다. 유아가 가지고 있는 자연적 경향성으로서의 흥미와 호기심을 반영하는 루소의 교육은 곧 자연으로 돌아가자는 것으로 연결된다. 그리고 소극적인 교육의 개념과도 연결되어 있다.

(4) 소극적인 교육

소극적인 교육(negative education)은 교사 중심의 적극적인 교육과 다른 개념이다. 그 당시 유럽에서는 암기 위주의 전통적인 지식 지향 교육이었다. 전성설과 원죄설의 아동관은 아동에게 금욕을 강조하고 자기 정진을 이끌어내기 위해 엄격한 훈련과 끊임없는 자아성찰의 방법 등의 성인 지향적 교육 방법을 적용하였다. 아동은 전통적인 생활을 실천할 의무를 가지고 성인 위주의 윤리적 행동규범을 따르도록 강요받았고 교사가 준비한 교육 내용과 방법에 따라 교육받았다.

사회의 가치나 도덕 및 사고가 교사에 의해서 강조되고 교사가 교육 내용을 전달하는 형태는 적극적인 방식의 교육이다. 적극적인 교육에서는 성인의 가치관이 그대로 아동에게 주입되고 교육은 지식 위주로 이루어졌다. 지식 위주의 교육은 유아의 입장에서는 강제적인 교육이자 수동적인 교육이다. 따라서 루소가 주장하는 유아가 가지고 태어난 자연적 발달 단계에 따른 교육은 이루어지지 않는다.

그러나 자연인을 육성하기 위해서는 감각을 통해 스스로 보고, 느끼고, 자신의 이성으로 판단하는 행동의 주체로서 성장할 수 있는 교육을 제공해 주어야 한다. 즉, 유아에게 내면의 자연적인 발달 단계에 따른 발달을 보장해야 한다. 이것이 자연의 교육이며 이를 통해 자연인을 기를 수 있으며, 이는 소극적인 교육이다. 그러므로 소극적인 교육은 유아의 내적 발달에 따른 흥미나 호기심을 바탕으로 교육 내용과 방법이 결정되며 그것의 궁극적인 목적은 자연인의 양성이다.

루소는 『에밀』에서 인간의 타락과 부패함을 지적하면서 이것은 사회의 타락과 불평등한 계약이 원인이라고 한다. 이러한 사회에서는 자연스러운 발달을 조장할 수 없으므로, 인간을 기존 사회로부터 격리시켜 자연 속에서 교육할 필요가 있다. 즉, 소극적인 교육이란 교사에 의한 직접적인 교육이 아니라 주위 환경, 특히 감각을 통한 경험과 사물을 통한 교육을 의미한다.

(5) 가정교육의 중요성

가정은 가장 자연적인 사회로 사랑의 근원이며 선과 평등의 모체이다. 가정이 질서가 없고 자연성을 상실하면 사회도 질서가 없어지고 자연성을 상실하고 부패하게 된다. 그러므로 가정은 사회의 근본이며 사회의 질서를 배우는 기관이다. 가정은 자녀들이 부모와의 사랑을 통해 스스로의 능력을 자연스럽게 발달시키는 인격 형성의 장(場)이고 교육의 장(場)이다. 가정교육을 소홀히 하면 자연의 교육을 벗어난다.

루소는 가정에서의 양육과 교육에 대한 부모의 역할을 강조하면서 부모는 자연적인 교사이며 최초의 교사이자 영원한 교사라고 하였다. 양육은 어머니가 담당하는 것이 좋고 교육은 아버지가 담당하는 것이 좋다고 하였다. 아버지를 자녀의 교육에 있어서 중요한 존재로 간주하면서 남자 아이는 아버지가, 여자 아이는 어머니가 교육시킬 것을 주장하고 있다. 그렇지만 어머니가 교육을 잘하는 것이 아버지도 교육을 잘하는 근본이 된다고 한다. 가정교육에서 어머니의 역할에 대해 강조한 루소는 가정에서 어머니가 없으면 아이도 없다고 하면서 어머니의 존재 가치를 강조하고 있다.

3) 교육의 내용 및 방법

루소는 교육은 자연에 의한 자연의 교육이며 교육의 시작과 끝은 자연이라고 한다. 자연은 인간에게 거짓을 주지 않고 본질적으로 선하며 자연 속에서는 인간이 행복할 수 있다. 자연인을 기르기 위해 필요한 교육 내용은 자연(自然) 자체와 실생활에서 나타나는 경험적 내용들이다. 그리고 루소의 교육 방법과 원리는 다음과 같다.

첫째, 합자연의 원리이다. 루소는 자연성에 따라 교육하는 것이 진정한 교육이라 생각하였다. 자연의 법칙에 순응하고 자연성에 근거한 교육을 하는 것은 학습자에게 외적인 것을 적극적으로 주입하는 것이 아니라 자연의 교육, 사물의 교육, 인간의 교육이 서로 조화를 이루어 인간의 자연적 발달 단계에 맞는 교육을 강조하였다. 자연의 교육은 인간의 능력과 기관의 내부적인 발달을 말하고 사물의 교육은 인간의 외부에 존재하는 사물에서 감각을 자극받고 인간이 경험으로 획득하는 경험교육을 의미한다. 그리고 인간의 교육은 인간의 능력과 기관의 내부적인 발달을 어떻게 활용하는가를 가르치는 교육이다.

둘째, 실제적 감각교육이다. 이것은 자연에 근거한 생활 그 자체의 경험을 통한 교육과 감각훈련을 통해 느끼고 깨달아 가는 방법으로 교육하는 것을 말한다. 이는 주지주의(主知主義) 교육이 아니라 주정주의(主情主義) 교육을 의미한다.

셋째, 실물관찰을 통한 교육이다. 실물을 통한 시청각 방법을 통한 직관주의적 교육방법을 강조하였다. 즉, 책을 통하여 교육시키기보다 사물을 통해 직접 경험하고 느끼고 만져보는 등의 실제 감각을 이용한 교육 방법이다.

넷째, 소극적 교육이다. 학습을 사회의 목표에 맞추어 인위적으로 이끌어가기보다는 자연적 발달 단계에 따르는 것이다. 전자는 적극적으로 교사가 개입하는 교육이지만 후자는 유아의 흥미와 호기심에 근거하므로 교사의 적극적인 개입은 없다.

다섯째, 흥미 위주의 자발성의 원리이다. 유아의 자연성을 키우기 위해 유아가 가지고 있는 내적 흥미 위주의 자발성을 존중하고 특히 개성을 존중할 필요가 있다.

4) 시사점과 비판점

(1) 시사점

첫째, 교육의 장소이다. 루소에게 전통적인 학교는 교육적이지 않았고 '준비된 환경'으로 되어 있는 전통적인 학교 교실을 자연이 가득한 요소로 대체되기를 원했다. 『에밀』의 환경은 시골 풍경으로 여기서 성장하는 유아들은 자연을 직접적으로 경험할 수 있다. 이런 맥락에서 학교는 자연적인 장소로 변할 필요가 있다. 또한 루소는 가정이 자연성을 가지고 있다면 가장 좋은 교육의 장소라고 하였다.

둘째, 교육의 적절성이다. 18세기 이후로 교육은 사회 경제적 지위와 밀접하게 관련되었다. 중산층이 새롭게 나타나기는 하였지만 사회의 계층 구조는 여전히 태어날 때부터 결정되는 귀속 신분에 근거하고 있었다. 이러한 상황에서의 교육은 계층에 맞는 구체적인 미래 역할을 담당하도록 준비시키는 것이었다. 농부의 자녀는 농부로서의 역할을 감당하도록 교육되었다. 그러나 루소는 새로운 의미의 교육인 자연적인 교육을 소개하였다. 자연적인 발달 단계에 따라 자연에 의한 교육을 하는 것은 신분 계층과 관계 없이 이루어지므로 적절한 교육이 될 수 있다.

셋째, 자연에 근거한 자연주의 교육과 아동 중심적인 교육이다. 루소는 유아는 본질적으로 선하며 자연적인 모습이라고 하였다. 자연주의 교육은 인간 내부에 존재하는 발달 단계에 따른 아동 중심적인 교육으로 교육 방법에서 유아의 흥미나 실제 경험에 근거한 교육을 강조하고 있다.

넷째, 교육의 방법에서는 감각적 실학주의에 근거하고 있다. 이것은 그 당시의 시대적 사회상과 비추어 볼 때 다른 점으로 실질적인 경험과 감각을 통한 학습은 전통적 주지주의의 성격과 다른 모습을 가지고 있다.

(2) 비판점

루소는 여성 교육에 대한 의미를 강조하지 않았다. 어머니의 역할을 강조하면서도 여성이 교육받아야 한다는 점에 대해 소홀히 한 것으로 보인다. 이런 점은 그의 교육 저서인 『에밀』에서도 잘 나타난다. 에밀에 대한 교육을 펼쳐나가면서도 소피에 대한 교육은 펼치고 있지 않다. 또 다른 비판점으로 루소는 자신의 자녀에 대한 교육을 에밀처럼 책임지지 못하고 내팽개쳤다는 점에서 자유롭지 못하다.

(3) 현대 교육에의 의미

루소는 인간의 본성에 대한 언급을 통해 아동 중심 교육 사상을 강조하고 있다. 루소의 교육은 자연주의에 근거한 자연의 교육이자 아동 중심적인 교육이다. 즉, 유아의 현재 경험과 흥미를 근거로 교육이 이루어져야 함을 강조한다. 발달 단계를 강조하면서 이에 따른 교육이 이루어질 것도 강조하고 있는데 이런 점들은 현대 유아교육에서의 발달에 적합한 실제(DAP), 아동 중심적인 교육 등의 이론과 실제의 형성에 직접 및 간접적으로 영향을 미치고 있다.

Chapter 7

신인문주의 시대의 교육

1. 페스탈로치

2. 로버트 오웬

18세기 말부터 19세기에 걸쳐 독일을 중심으로 일어났던 신인문주의는 17세기 실학주의의 비판과 18세기의 계몽주의 사상의 모순에 반기를 들고 나타났다. 신인문주의는 인간의 조화로운 발달을 바라는 사람들이 인간의 정서와 감정을 바탕으로 전개한 운동으로 그리스 고전문화에 대한 동경을 원동력으로 한다. 라틴어 중심의 키케로주의로 전락했던 르네상스의 인문주의에 반대하고, 그리스어를 존중하며 그리스 문학과 미술 등의 내용 속에서 참다운 인간성을 찾으려고 하였다.

신인문주의는 고대문화의 형식적 모방에 그쳤던 구인문주의의 잘못됨을 비판하고 그리스 고전 속에 담겨진 내용인 정신과 사상을 본받을 것을 목적으로 하였다. 이러한 신인문주의의 특징은 다음과 같다.

첫째, 그리스의 문학과 사상, 인간관, 세계관의 부활을 통해 그리스 문화의 순수성을 부활하려고 했다.

둘째, 고전에 담겨진 그들의 세계관, 인생관을 중시하여 실질적으로 생활에 도움을 주고자 했다. 인문주의는 고전에 담겨진 로마의 문화, 생활양식 등을 단순히 모방하였지만, 신인문주의에서는 형식보다 정신과 내용에 주안점을 두었다.

셋째, 신인문주의는 고전문화에 대한 자각적 태도를 지니고 있어서 고전을 위한 맹목적인 부흥이 아니라 자신과 국민문화를 위해 유용한 고전의 부흥을 꾀하였다. 즉, 고전문화 속에서 자기의 본질을 인식하고 참된 자기를 파악하고자 하였다.

신인문주의는 계몽사상이 너무나 인간을 기계시하는 것에 대한 반발로 나타났고, 문예적으로나 철학적으로 정의(情意)를 존중하고 인간성의 원만한 발달을 강조하며, 역사와 민족에 중점을 두는 낭만주의의 철학이 교육에서 신인문주의로 발전한 것이다. 신인문주의에서의 교육은 감성적, 심미적인 태도로 지(知), 정(情), 의(意)에 걸쳐 인간성의 원만한 발달을 전제로 하고 있다.

01 페스탈로치(Johann Heinrich Pestalozzi: 1747~1827)

1) 생애

페스탈로치

페스탈로치는 1747년 1월 12일 스위스의 취리히에서 태어났다. 5세 때 아버지를 여의고 어머니와 생활했던 페스탈로치는 취리히 부근의 가난한 농부들이 정치적 힘도 부족하고 관료체제 때문에 도움을 전혀 받지 못하는 것을 보고 동정심을 품었다. 페스탈로치는 취리히 대학교에 입학하여 신학을 공부하다가 사회개혁에 관심을 가졌고 당시 유행했던 『에밀』을 읽고 큰 감명을 받아 루소의 자연주의적 교육관을 받아들였다. 『에밀』을 통해 페스탈로치는 자연을 통한 교육과 신앙심을 바탕으로 한 가정교육의 중요성을 깨달았고, 빈민구제와 이들의 교육에 뜻을 품고 빈민을 위한 교육을 하고자 하였다. 취리히 대학 재학 중에 민중교육의 보급과 향상을 위하여 사회운동을 하는 단체에 가입하여 일하기도 했다.

1768년에 건강이 좋지 않아 부르그도르프(Burgdorf) 근처에서 요양하면서 농촌생활을 하다가 가난하고 힘없는 빈민들을 교육하는 것이 중요함을 깨달았다. 대학 시절 자신과 함께 운동을 하던 안나와 결혼하여 뮐링겐(Muellingen)에 노이호프(Neuhof)라는 농장을 운영하면서 본격적으로 농촌 및 빈민 아동을 위한 교육에 뛰어들었다. 그러나 페스탈로치의 교육 의도를 사람들이 알아주지 않아서 노이호프는 실패하였으며, 이 후에는 저술 활동을 하였다.

1798년 스위스 정부에서 빈민 아동들과 전쟁고아를 위한 고아원을 슈탄츠에 설립하였는데 페스탈로치는 사회에 기여하겠다는 생각으로 자원하여 책임자가 되었다. 열악한 환경에 도와주는 사람도 없었고 아이들은 전쟁으로 인해 심리적 및 신체적 불안정을 겪었지만 사랑과 신뢰로 보살펴 성과를 보았다. 그러나 1799년 프랑스 대혁명의 영향으로 문을 닫았다.

페스탈로치는 『은자의 황혼』을 통해 '교육은 자연을 따라야 하고 가정이 안정되어야 인간이 행복해질 수 있다'는 이론을 제시하였다. 또한 『라인하르트와 게르트루트』라는 저서를 통해 민중이 올바른 지성의 힘을 기르면 자신의 힘으로 그들의 사회적 지위를 높이려 할 것이라 하면서 인간학교의 이상을 제안하였다.

1800년부터 4년 동안 부르크도르프에서 교육기관을 맡아 운영하였으며, 1825년까지는 이베르돈에서 기숙사 학교를 감독하면서 빈민학교를 짓고자 하는 그의 교육적 소망을 키워 독자적인 교육 방법을 실천할 수 있었다. 그러나 그의 교육 방법은 주변 사람들의 인식 부족으로 오래 가지 못하였다. 말년에는 다시 노이호프로 가서 1827년 2월 17일 81세의 나이로 숨을 거두었다.

저서로 『은자의 황혼』, 『라인하르트와 게르트루트』, 『인류발전에 있어 자연의 운행에 대한 나의 탐구』, 『게르트루트는 어떻게 그의 자녀들을 가르치는가』 등이 있다.

2) 교육원리

페스탈로치는 인간의 본성은 동물적, 사회적, 도덕적 상태로 되어 있다고 한다. 동물적 상태는 인간의 동물적인 충동과 이기적인 본능의 상태이고, 사회적 상태는 인간의 이기심으로 인해 야기되는 상태를 법으로 통제하는 상태이다. 그리고 도덕적 상태는 개인의 내면 상태에서 나타나는 욕구에 의해 개인의 행위를 결정하는 것을 말한다. 이러한 본성이 표현되지만 인간은 궁극적으로 자기 자신에 의해 만들어지며 내면적인 힘에 의해 지배를 받는 존재라고 한다. 이러한 존재를 만들기 위한 것이 교육이다. 그러므로 교육이란 인간성의 계발이라고 하였다. 즉, 인간의 내적 상태를 끌어내어 도덕적 존재로서의 인간성을 가질 수 있도록 하는 것이다. 이러한 인간은 창조주에게 받은 모든 능력을 활용할 수 있으며, 인간이 모든 능력을 활용할 수 있도록 교육해야 함을 주장하였다.

페스탈로치의 교육 사상은 『에밀』의 자연주의와 직관주의에 영향을 받았다. 인간은 선하게 태어나지만 사회기관, 전통, 관습들이 인간을 타락시키므로 자연에 근거한 교육이 인간을 교육시키는 데 가장 적합하다고 하였다. 즉, 자연이 유아의 발달에 단서를 제공한다고 생각하여 자연에 근거한 교육을 주장하였다. 페스탈로치의 교육의 원리는 다음과 같다.

첫째, 인간의 능력은 지적(head), 도덕적(heart), 기능적(hand) 영역으로 되어 있고 이 능력은 서로 상호의존적이다. 도덕적 목표가 지적 목표보다 더 궁극적이며 자유, 흥미의 존중, 일과 놀이, 공부, 신체 활동, 사랑 등이 서로 조화되어야 하며 이 중에서 사랑이 가장 중요하다.

둘째, 사회적 맥락 속에서 발전하는 사회적 원리를 제시하였다. 페스탈로치는 사회의 부패가 인간에게 영향을 미치는 점을 지적하면서 교육이 사회개혁의 수단이라고 생각하고 가정생활과 학교생활의 조화를 통한 사회개혁을 강조하였다.

셋째, 실물을 통한 직접적인 교육과 직관에 의한 교육을 강조하였다. 단순한 암기보다 그림을 그리거나 글을 쓰고, 노래하고, 모형을 만들고, 현장학습을 하는 등과 같이 감각적 경험을 통해 스스로 느끼는 것이 교실에서 언어에 근거한 교육보다 더 좋은 효과가 있다고 하였다.

넷째, 노작교육을 강조하였다. 페스탈로치는 노작을 교육의 기초로 삼았다. 노작은 현실적으로 일하지 않으면 살아갈 수 없다는 사회적 필요에서 출발하였고, 노작교육을 생활의 필요와 경제적 측면 및 인간 형성적 측면과 결부하였다. 근면한 노동을 통해 협동과 도덕성을 기를 수 있으며 이를 통해 사회 전체가 변화할 수 있다고 보았고 노동 자체를 인간 형성의 일반적 원리로 간주하였다. 따라서 학습과 노동을 결부시켜 읽기, 쓰기, 셈하기를 비롯한 다양한 지식을 노작교육에 포함시켰다.

3) 유아교육 원리와 방법

(1) 유아교육의 원리

① 가정교육론

페스탈로치는 성인의 세계가 있듯이 유아도 자기 고유의 세계가 있으며, 유아의 내면에 인간의 모든 능력이 내재하고 있다고 보았다. 이러한 유아에 대한 교육의 기초는 가정교육에 있음을 강조하고 가정생활에서 양친과 유아들의 애정이 넘치는 생활이야말로 인간교육의 가장 탁월한 교육이라고 하였다.

가정에서의 유아교육은 양친이 맡아야 하며 특히 어머니의 모성애는 교육의 제1조건이자 원동력이며 가장 훌륭한 교사이고, 가정은 최초의 가장 좋은 교육의 장이라고 하였다. 페스탈로치는 『린하르트 게르트루트』에서 인간에게 가정의 즐거움이 이 땅에서 가장 즐거운 것이고, 부모의 즐거움은 자식을 돌보는 것이며 이것이 인류의 가장 성스러운 즐거움이라고 하였다. 그는 유아를 가정에서 기르는 식물에 비유하면서 유아가 세상으로 나아갈 수 있을 때까지 부모는 유아들의 미래생활을 위해 신체적, 지적, 도덕적 발달을 준비해야 한다고 하였다.

코메니우스나 루소처럼 페스탈로치도 유아는 가정에서 신의 사랑을 느끼면서 어머니에 의하여 보호와 사랑으로 길러져야 한다고 하였다. 인간의 개성이 가정에서 최초로 형성되며 가정환경 조건이 인격 형성에 큰 영향을 미치므로 학교교육도 가정교육에 기초를 두면서 이루어져야 한다고 페스탈로치는 주장하고 있다. 페스탈로치는 『린하르트와 게르트루트』에서 가정의 요건을 다음과 같이 설명한다.

첫째, 가정에는 질서와 순서가 있어야 한다.
둘째, 자연도 순서가 있으므로 유아의 발달 단계를 고려해서 알맞도록 가르친다.
셋째, 유아는 수동적인 존재가 아니라 스스로 사고하는 주체가 되도록 유의한다.
넷째, 유아의 욕구와 흥미를 존중하고 감정을 중시하며 인식에 기초를 두어 인간성의 조화와 통일이 이루어지도록 한다.

다섯째, 가정은 도덕교육의 터전으로 이것은 부모 자녀관계에서 발생한다.

여섯째, 가정은 기초교육과 자기 활동성이 전개되는 실질적 교육의 장이다.

일곱째, 가정에서 언어보다 실물로 가르쳐야 한다. 가정에서 부모의 사랑이 인간 형성, 종교, 도덕 교육의 기초가 되며 이것의 원천은 어머니의 모성애이다.

② 부모교육론

페스탈로치는 부모에 대한 역할을 다음과 같이 설명한다.

첫째, 어머니가 아이를 품에 안는 순간부터 가르치는 것이며 어머니는 가장 훌륭한 교사이다. 또한 가정은 가장 좋은 교육의 장이다.

둘째, 자녀들이 부모에게 순종하며 가족을 본받고 겸손하도록 가르쳐야 한다. 부모에게 순종하고 실천적인 유아가 되기 위한 교육에서 체벌도 가능하다고 페스탈로치는 주장하였다. 즉, 의를 위해서는 사랑만으로는 교육이 이루어질 수 없다고 한다. 매질을 하지 않는 것은 의붓아버지며, 매를 못 맞는 아이는 사생아라고 하면서 아버지는 매를 들어야 하며, 어머니는 자신의 몸으로 유아를 감싸야 한다고 하였다. 아버지가 매를 못 들고 어머니가 방관하는 것은 부모가 자식에 대한 사랑이 부족하기 때문이므로 참교육이 이루어질 수 없다고 한다.

페스탈로치의 가정의 중요성과 어머니 역할의 중요성은 루소나 로크 이상으로 강조되고 있다. 유아는 어머니의 젖으로 생리적 욕구를 충족시키지만 이와 더불어 정신적 영양 즉, 사랑, 순종, 신뢰 등을 흡수하기 때문에 가정은 중요한 교육의 장이며 어머니는 훌륭한 교사라고 하였다.

(2) 유아교육의 방법

첫째, 조화와 균형의 원리이다. 페스탈로치는 교육이란 선천적인 잠재능력을 골고루 발전시켜 원만한 인격을 형성하는 일이라고 하였다. 선천적으로 잠재능력은 도덕력(심정력), 지력(정신력), 기술력(감각력)이다. 이 세 가지는 서로 밀접히 관계되어 조화롭게 상호조화 또는 완전한 균형 속에서 삼위일체를 이루어 발전한다. 어느 하나라도 희생되어 어떤 하나에 편중되는 것은 자연을 역행하는 교육이며, 개인의 인격은 분열되고 사회 분열의 원인이 되어 사회가 해체될 위기에 놓이게 된다.

페스탈로치의 조화와 균형의 원리는 자기의 완성을 가져오며 사회완성의 원리가 되는 토대이다. 인간의 조화는 사회의 조화로 발전되며 인간의 부조화는 비인간화가 되며 사회분열의 계기가 된다. 그러므로 조화의 원리는 교육 방법의 원리일 뿐만 아니라 사회개혁의 기본원리이기도 하다.

둘째, 직관의 원리이다. 페스탈로치는 직관을 모든 인식의 절대적인 기초이자 교육의 본질이라고 하였다. 직관은 감각기관을 통해 사물의 형태나 모양, 색, 분위기 등을 인식하는 것으로 인식 활동에서 최초의 단계이다. 직관은 내적 직관과 외적 직관으로 구분할 수 있는데, 외적 직관은 감각기관을 통해 외부 인상을 받아들이는 것이고 내적 직관은 마음의 눈으로 세상의 본질을 체험하는 것이다. 교육 측면에서 직관은 감각기관을 통해 사물에 관한 구체적인 지식을 얻는 것이다. 사물을 직관함으로써 그 사물의 기본 인상에서부터 추상적인 사고력으로 나아갈 수 있다. 이를 위해 사물을 직접 접하고 만져보고 느껴보는 감각 및 실물교육을 강조하고 있다.

직관은 사물에 대한 구체적인 경험을 통해 보다 명백하게 발달시킬 수 있다. 특히 모든 사물은 수(數), 형(形), 어(語)로 되어 있으며, 사물의 기본요소를 밝히는 것이 교육의 출발점이다. 어떤 사물이나 그 사물의 외부 모습은 윤곽 및 수에 포함되며 언어로서 우리의 의식에 떠오르기 때문에 수, 형, 어는 교수의 초보적 수단이다.

셋째, 방법의 원리이다. 자연은 질서 있게 구성되어 있는데 그 방법을 따르면 효과적으로 학습할 수 있다고 페스탈로치는 주장한다. 모든 교수는 근본적인 기초 요소에서 출발하여 연속으로 다른 요소로 넘어가는 것이 좋다고 한다. 이러한 방법으로는 간단한 것에서 복잡한 것으로, 생활 주변의 것에서 멀리 있는 것으로, 구체적인 사물에서 추상적인 개념으로 나아가는 것이 좋다고 하였다.

넷째, 자기 활동의 원리이다. 자기 활동의 원리는 인간이 가진 내적인 힘에 의하여 자발적으로 발전하게 하는 것을 말한다. 자기 활동은 자발성을 의미하며 인간이 가지고 있는 내면의 능력을 밖으로 표출하는 것이다. 페스탈로치는 유아의 힘은 내면에서 스스로 싹이 튼다고 한다. 그러므로 교육 활동은 유아가 스스로 이끌어야 하고 자발적으로 일어나도록 하여 내재적인 소질을 스스로 발전시킬 수 있도록 돕는 것이어야 한다. 자기 활동의 원리를 통해 유아의 마음이 계발되어 참된 지식과 마음의 평화를 얻고 진리를 깨닫게 되고 진리는 인간본성의 힘이 된다. 따라서 인간교육은 자연의 길과 자발성에 의해 이루어져야 함을 페스탈로치는 밝히고 있다.

이러한 자발성은 생명의 존중이자 본질이고, 창조 활동이나 모든 사고, 행동의 근원이므로 학습에서의 자발성은 생명을 존중하는 것이다. 그러므로 유아 내부에 있는 자연적인 힘을 발전시키도록 가능하면 모든 조건을 제공해주어 유아가 가지고 있는 선천적인 능력을 표출하게 하는 것이 필요하다.

다섯째, 생활공동체의 원리이다. 가정과 가정에서의 어머니의 역할을 강조하는 것으로 가족 집단이 가지고 있는 상호작용을 통한 자녀의 애정과 신뢰감 형성에 어머니와 자녀 사이의 인간관계를 강조한다. 이를 바탕으로 사회 시민으로서의 자질이 높아지고 시민으로서의 자각정신이 강화된다고 보았다.

4) 현대 교육에의 의미

페스탈로치는 교육의 본질은 인간성을 계발하는 일이라고 하여 개인의 내면에 잠재되어 있는 능력을 끌어내고 키워주는 것이라 하였다. 따라서 사회적 신분의 귀천에 관계없이 인간에게는 보편적 인간성이 있다고 믿고 그것을 계발하는 것이 교육의 중요한 목적이었다.

페스탈로치의 교육의 원리는 교육을 통한 사회의 개혁과 인간의 자연적 발달에 따른 교육에 근거하고 있는데, 이러한 그의 생각은 오늘날의 아동 중심 교육과 연결된다. 루소처럼 인간의 자연적 발달단계에 따른 교육을 생각하고 실제적으로 그것을 어떻게 육성할 수 있는지에 대한 교육의 실천적 측면을 강조한다. 이런 페스탈로치의 교육은 교육학이나 유아교육에 많은 시사점을 주고 있는데 그것의 대표적인 것이 직관의 원리, 조화와 균형의 원리, 자기 활동의 원리이다.

직관의 원리는 유아교육이 사물의 직접 체험에 근거한 형태로 진행되는 것이 좋다는 것을 암시해준다. 조화와 균형의 원리는 궁극적으로 개발되어야 할 것은 도덕적 능력 즉 심정력이지만 지적 능력이나 기능적 능력도 함께 조화롭게 개발되어야 함을 강조하면서 현대 유아교육에 있어서 통합교육의 측면과 연결된다. 그리고 자기 활동의 원리는 유아들의 개인적 능력과 발달의 속도 등을 강조하고 있어서 오늘날 강조하고 있는 개인차의 개념을 찾아볼 수 있다.

페스탈로치가 강조한 가정교육과 어머니의 역할은 유아가 처음 맞이하는 중요한 환경으로 어머니와의 조화로운 상호작용은 인간관계의 근본이 되므로 어머니가 자녀를 위해 가르쳐야 함을 강조하고 있다.

02 로버트 오웬(Robert Owen, 1771~1858)

1) 생애

로버트 오웬

로버트 오웬은 1771년 5월 14일 영국 웨일즈 몽고메리셔의 뉴타운에서 태어났다. 오웬의 가정은 대체로 유복하여 오웬이 5세 때 사립학교에서 쓰기와 읽기를 배웠다. 오웬은 7세 때 마을에서 가르치던 선생님에게서 모든 것을 다 배웠을 정도로 영리했으며 개념을 빨리 이해했고 춤을 잘 춰서 인기가 있었다(Morton, 1962).

오웬은 작은 농촌에서 지내기보다 선진 문물을 배우고자 부모에게 런던으로 보내달라고 요청했지만(Donnachie, 2000) 부모는 반대하였다. 하지만 런던에서 일하고 있던 오웬의 형인 윌리엄이 새로운 것을 접할 수 있도록 희망을 주었다. 1781년 뉴타운을 떠나 런던으로 갔다가 링컨셔의 스템포드로 가서 포목상의 도제공이 된 오웬은 하루에 5시간 정도 일을 하면서 학교에 다녀 읽기와 춤을 배웠다. 1784년 오웬은 스템포드를 떠나 런던 포목상 회사의 보조원이 되었고 15세에 맨체스터로 갔다. 18세 쯤, 오웬은 도제제도를 수료하고 여러 직종에서 일을 하여 면화 공장의 동업자로 투자할 정도로 돈을 모았다(Gutek, 2001).

22세 때 수세식 화장실의 발명가인 토마스 퍼시발이 만든 '맨체스터 문학 및 철학 사회(Manchester Literary and Philosophical Society)'에 참여하였다. 매주 한 번씩 토론하면서 오웬은 과학과 경영기법, 합리적인 교육체제를 바탕으로 하는 인간의 발달에 흥미를 느꼈다(Lascarides & Hinitz, 2000). 1794년, 오웬은 동료들과 '찰톤 트위스트 회사'를 설립하였고 스코틀랜드의 뉴라낙(New Lanark)에 공장을 가지고 있던 데이비

드 데일의 딸인 캐롤린과 결혼했다. 이후 오웬은 장인이 운영하던 공장을 사들여 1799년에 공장 사장이 되었다(Cole, 1969).

1815년에 오웬은 자기의 교육 개념을 전개하고자 성격형성학교를 세웠고 유아학교(infant school)를 운영했다. 유아학교는 논란거리였지만 유아들이 보호받고 공부할 수 있었으며 영국 전역으로 퍼져 나갔다(Osborn, 1991). 1820년대 초기에 오웬은 미국의 인디애나주 뉴하모니에서 협동 공동체를 설립하여 유아학교와 어린이집을 세웠다. 이곳의 유아학교는 18개월 정도의 어린 유아들에게 교육과 보호를 제공하였으며, 오웬은 유아들이 읽고 쓸 수 있을 때까지 공장에서 일하는 것을 금했다. 유아들에 대한 교육과 사회발전에 정력을 쏟은 오웬은 1858년에 생을 마감했다.

2) 교육 사상

(1) 교육 사상의 배경

오웬은 사회의 계층구조가 가지고 있는 불합리한 점을 교육을 통해서 바꾸려고 하였다. 오웬에 의하면 가난과 죄악은 인간 성격의 천성적 부패 정신에 의해 야기되는 것이 아니라 그가 살고 있는 환경 상황에 의해 형성된다. 인간은 좋은 조건과 환경에서 자신의 기본 성격을 형성할 수 있으나 노동자들이 더 좋은 조건으로 나아가지 못하는 것은 노동자들이 교육을 받을 수 없는 사회 풍토에 기인한다고 생각했다. 노동자 계층은 열악한 환경에 있고 이들의 자녀들은 적절한 보호와 교육을 받을 수 없어 사회적 문제를 낳는다(Browning, 1971).

오웬은 경쟁보다 협동에 근거하는 사회질서를 이상적인 공동체 사회로 생각하였다. 공동체를 통한 생활과 비폭력적 사회변화를 추구하여 아동과 가정의 생활을 풍부하게 하는 것은 교육이었다. 당시 부자들은 좋은 공립학교를 선택하였고 대학에 보낼 수 있으며, 중산층 자녀들은 문법학교를 다녔고 개인교사의 교습이 가능했다. 하지만 노동자 계층의 자녀들은 기본적인 학습의 선택이나 기회가 제한되었다. 노동자 계층의 자녀들을 위한 교구학교(parish-school) 체제가 있어서 교육받을 수 있었지만 이는 제 기능을 발휘하지 못했다. 초급학교(Dame School)는 읽기와 교리문답, 성경 등을 이들에게 가르치려 하였지만 비웃음과 조롱거리만 되었다.

노동자 계층을 위한 학교가 부족했던 주된 이유는 중·상류층의 감정 때문이었다. 중·상류층은 노동자들이 교육을 받는다면 사회의 리더와 고용주로서의 자신들의 지위가 위협받는다고 생각했다(Browning, 1971). 이러한 사회 분위기에서 오웬은 인간의 성격은 선천적인 것이 아니라 환경의 영향으로 바꾸어진다고 생각하고 교육을 통해 성격의 기본을 형성하고자 했다. 이를 위해 설립한 성격형성학교는 유아들을 보호함과 동시에 보다 좋은 삶으로 나아가게 하는 통로였다. 기본적인 성격과 습관을 좋게 형성하여 가난과 불안한 삶으로부터 벗어나기 위해 교육을 사용했다.

(2) 교육 사상

교육에 대한 오웬의 생각은 루소나 페스탈로치에 근거해 있다(Owen, 1824; 1971). 오웬은 '하나님이 모든 만물을 선하게 만들었지만 인간이 이들을 혼탁하게 하고 죄악으로 빠지게 한다.'(Browning, 1971: 58)는 루소의 주장을 믿었다. 그러나 한편으로 로크의 백지설을 수용하여 주변의 모든 악한 영향이 제거된다면 유아는 도덕적이고 이성적인 성인으로 성장한다고 하였다.

교육은 도덕을 갱생하는 수단이며 개인주의자보다 집합주의자를 개발하는 것이 목적이었다. 사회의 선과 악, 불행과 행복의 주된 원천은 교육이며 인간의 차이는 인간이 직접적으로 통제하는 환경 조건들의 차이에 기인하며 교육은 이러한 환경조건을 조성해주는 것이다. 이러한 오웬의 교육 사상은 다음과 같다.

첫째, 인간의 좋은 성격 형성을 위해 어린 시절부터 교육해야 한다. 천성과 양육의 논쟁보다 이의 융합을 통해 인간을 변화시키려고 하였고, 교육은 어린 시절부터 시작되어야 하며 교육을 통해 사회는 점진적으로 변한다고 하였다. 성격과 어린 시절과의 관계는 다음의 그의 수필에서 잘 나타나고 있다.

> 어린 아이들은 예외 없이 수동적이며 훌륭하게 고안된 혼합체로 정확한 지식 위에 근거한 적당한 준비와 세밀한 관심으로 인간의 성격은 형성된다(Cole, 1965: 131).

둘째, 교육에 대한 환경의 영향을 강조하였다. 주변 환경과 독창적이고 자연스러운 상호작용을 통해 인간의 성격은 형성되며, 잘 통제된 사회 환경은 아주 효율적으로 인간의 인성을 완전하게 한다고 믿었다(Gutek, 2001). 올바르고 직접적인 교육이야말로 좋은 성격을 형성시킨다고 믿었다.

셋째, 교육은 자연으로부터의 보상과 벌을 통해 즐겁게 이루어져야 한다. 교육이 엄격하고 딱딱하기보다 즐거워야 하며, 자연으로부터의 보상과 벌을 통해 이루어졌다(Owen, 1824; 1971). 자연의 보상과 벌을 실천하기 위해 교사가 유아들을 플루트 선율에 맞추어 교실 주위를 행진하여 마을을 지나 강둑까지 데려가서 논 뒤 데리고 돌아왔다(Lascarides & Hinitz, 2000).

넷째, 유아에 대한 부모의 영향을 지적하였다. 계몽되지 못한 부모의 습성이나 태도는 유아에게 스며들게 되어 균형 잡힌 성인으로 성장하지 못하므로 이에서 벗어나도록 가르쳐야 한다고 하였다.

오웬의 방직공장 모습

방직공장이 있는 마을 모습

3) 성격형성학원과 유아교육

(1) 성격형성학원

'성격형성학원(the institution for the formation of character)' 은 1816년 1월 1일에 개설되었다(Lascarides & Hinitz, 2000). 2층에 교실 2개가 있는데 큰 교실은 6세에서 10세의 아동들이 주로 학습하였고 예배도 보았다. 작은 교실은 읽기, 춤, 노래를 배웠고 동물학에 관련된 것, 광물표본, 조개껍데기, 광석 등이 있었다. 복도에는 오케스트라 연주를 위해 꾸며졌고 대륙을 나타내는 여러 나라와 바다, 섬 등이 각각 다른 색깔로 그려져 있었다. 1층 교실은 어린 유아들이 읽기, 자연사, 지리학을 배웠다. 놀이를 할 수 있도록 준비되었고 날씨가 좋지 않을 때 즐겁게 노는 곳이었다. 그리고 정원 가꾸기, 포장된 바깥 영역, 정원 등의 시설도 있었다.

성격형성학원은 주간학교와 야간학교로 운영되었다(Silver, 1969). 주간학교는 주로 10세 이하의 아동들이 읽기와 쓰기 등을 배웠고, 야간학교는 10세 이상의 아동들이 일하고 난 후 공부하였다. 주간학교는 어린 유아들을 위한 유아학교(infant school)와 보다 높은 연령의 유아들을 위한 학교로 구분되었다. 하루 일과는 오전 7시 30분부터 9시까지, 10시부터 12시까지, 오후 3시부터 5시까지로 구분되었다.

아동들은 18개월부터 12세에 이르기까지 다양했으며 남, 여 함께 구성되었고, 부모들이 동의하면 학교에서 계속 학습할 수 있었다. 높은 연령의 아동들은 자선학교와 같은 인상을 주지 않기 위해 수업료를 받았지만 유아학교는 수업료를 받지 않았다. 부모들의 바람을 충족하기 위해 아주 어린 연령부터 읽기를 가르쳤고 7~8세 이하의 유아들에게 자연사, 지리학, 고대 및 현대사, 화학, 천문학 등을 가르쳤다.

유아학교(infant school)는 2세부터 5세에 이르는 유아들을 대상으로 약 1시간 30분 정도 이루어졌다. 유아들이 건강하고 좋은 습관을 습득하게 하였고 즐거움을 배우고 나쁜 본성을 배우지 않도록 했다. 영아들은 간단한 글 읽는 것을 배웠고 자연, 역사와 지리학을 배웠다. 영아용 교실은 정원과 야외 및 숲에서 온 자연물로 꾸며져 호기심을 촉진하고 살아있는 대화를 창조하였다(Lascarides & Hinitz, 2000). 교육 내용은 신체 활동, 손바닥 치기와 헤아리기, 단순한 사물 레슨, 간단한 수학, 이야기 읽기, 기도와 찬송가 등이었다. 교사들은 험한 말을 사용하지 않았고 좋은 얼굴과 친절한 태도와 부드러운 음성으로 말했다. 교사들은 유아들의 놀이친구가 되었고 4세에서 6세의 유아들을 특별한 관심으로 돌보았다.

(2) 유아교육관

오웬의 유아학교의 내부 모습

오웬의 유아학교는 두 가지 원칙에 근거한다(Lascarides & Hinitz, 2000). 하나는 한 개인의 인성은 본성과 양육이 모두 아동에게 영향을 미치며 특히 외부 환경의 효과가 많은 영향을 미친다는 것과 다른 하나는 모든 영아의 타고난 기질은 아주 우성적이거나 아주 열성적인 존재로 형성되어질 수 있다는 점이다. 오웬은 좋은 성격을 형성하기 위해 어린 시절부터의 교육이 중요하다고 하였다. 유아 주변에 나쁜 영향을 제거한다면 유아는 도덕적이고 합리적인 성인으로 성장한다고 생각한 오웬은 출생부터 교육이 시작되어야 한다고 하였다. 그는 유아들을 '수동적이고 훌륭하게 형성된 혼합체'(A New View of Society, 1813; Browning, 1971: 59 재인용)라고 하면서 아동을 가소성을 지닌 존재로 보았다.

오웬의 유아교육관은 다음의 몇 가지로 간추려진다.

첫째, 가능하면 교육을 일찍 시작해야 한다. 성격이란 영아기에 형성되며 생의 첫 해는 모든 영향이나 인상이 정신에 쉽게 영향을 미친다(Cole, 1969). 생후 6개월의 유아들도 주변으로부터 영향을 받기 때문에 주변으로부터 좋은 영향을 받도록 해야 한다.

둘째, 벌보다 친절과 즐거움으로 가르쳐야 한다. 유아는 엄숙함보다 친절함으로 양육되며 배우고자 하는 것을 배우는 것으로 즐거워진다(Owen, 1824; 1972). 자연으로부터 받아들이는 것을 제외하고 보상이나 벌을 금해야 하며 레크리에이션이나 오락 등이 중요한 교육 내용이자 교육 방법이다. 유아들이 걸을 수 있는 시점에서 학교에 들어갈 때까지 즐겁게 노는 것이 중요하며 놀이터는 중요한 교육의 장이자 경험을 나누고 배우는 곳이다.

셋째, 유아들은 실제 사물, 모델, 그림을 통해 대화 방법으로 가르쳐야 한다. 직접적으로 가르치기보다 상호이해의 분위기 속에서 공동체 사회를 구성하는 기본을 습득하도록 가르쳐야 하며 실제 사물이나 그림 등을 통해서 유아들을 교육해야 한다.

넷째, 실물교육을 강조하였다. 책은 유아에게 적합하지 않으며(Cole, 1965) 자연이 유아들에게 가장 훌륭한 보상이고 중요한 교육 자료이다. 이로 인해 교실을 광물이나 조개껍데기 등과 같은 자연물로 꾸몄다(Donnachie & Hewitt, 1993). 유아들에게 적용된 교육 방법도 주변 환경을 돌아보는 실물교육이었다.

다섯째, 기계적인 암기 방법의 교수체제보다 교육의 근본은 유아들이 가지는 즐거움에 있다(Cole, 1965). 단순 암기는 성격 형성의 도구가 될 수 없으며 가만히 앉아서 교사가 가르쳐주는 것을 기계적으로 외우는 것은 어린 아동 시절을 불행하게 만드는 것이라 하였다(Browning, 1971).

4) 현대에 미친 영향

현대 교육에서 오웬의 가장 중요한 공헌이라면 교육을 사회와 연계시킨 점이다. 교육이 새로운 사회를 건설하고 더 나은 사회로 들어가게 하는 관점으로 보고 교육을 새로운 사회를 창조하는 도구로 사용하였다. 특히 빈곤한 가정의 자녀들은 교육을 통해 보다 나은 삶을 가질 수 있으며 사회의 진정한 변화를 가져올 수 있으므로 성격형성학교를 통해 유아들을 보호하려고 하였다. 이런 점에서 오웬은 아동 보호주의자이자 박애주의자이었다. 또한 자신의 공장에 아동들을 위한 교육기관을 설립하고 교육을 실천한 교육실천가이다(Osborn, 1991). 사회의 변혁을 꿈꾼 이상적 진보주의자이며(Morton, 1962), 점진적인 사회변화를 꿈꾸었고 협동적인 공동체 사회를 구상한 사회주의자이기도 하다(Cole, 1965).

오웬의 성격형성학교는 영국의 유아학교 운동의 기점이 되었고(Cole, 1965) 현대 영국의 유치원 운동의 출발점이 되었다. 뉴나락에 있는 유아학교에 저명한 인사들이 방문하였고 이들로 인해 영국은 이후 150여개라는 유아학교가 설립되어 유아들을 교육하는 사회적 변화가 나타나게 되었다(Cole, 1965). 또한 당시 2세에서 5세에 이르는 유아들의 양육과 보호에 관심을 가지는 계기가 되었으며 맥밀란 자매에 이르러 오늘날의 어린이집이 탄생하는 주초를 제공하고 있다. 미국에서는 박애주의 정신에 입각한 유아학교가 교회나 자선 단체를 중심으로 개원하여 일터에 나간 여성 노동자들의 고민을 해소하게 하는 계기가 되었다.

Chapter 8

낭만주의

1. 프뢰벨

낭만주의(Romanticism)는 라틴어 'romantic'에서 유래한 것으로 18세기 말 고전주의에 대한 반동으로 일어난 서구의 문예 사조이다. 낭만주의는 대체로 주관적이고 공상적이고 상징적이며 신비적인 성격을 띤다. 또한 합리적이고 기계적으로 생각하는 계몽주의에 대한 반발로 행동하는 인간이 아닌 그리워할 줄 아는 인간들을 추구한다. 따라서 낭만주의자들이 추구하는 길은 인간 내부로의 길이다.

낭만주의 정신을 단순하게 설명하는 것은 쉽지 않다. 자연이나 예술, 역사, 철학에 대한 지적 탐구를 추구하면서 동시에 전통적 규범을 뛰어넘어 환상적이고 불가사의한 모습, 병적인 모습 등으로 나타나고 있기 때문이다. 낭만주의는 교육 사상에도 크게 영향을 미쳤는데 가장 중요한 교육에의 영향점은 '인간성 교육'이다. 인간 형성이라는 가치의 정립을 통해 교육적인 사고와 교육제도상의 새로운 가치를 지니게 하였다.

낭만주의 사상은 피히테, 헤겔, 슐라이에르마허, 헤르바르트 등에 의해 교육적인 문제들로 연결되어 많은 교육 이론을 발전시켰다. 유아교육에서의 낭만주의자인 프뢰벨에게 영향을 준 낭만주의 사상가로 칸트, 피히테, 노발리스, 쉐링, 크라우제, 슐라이에르마허 등이 있다.

01 프뢰벨(Friedrich Wilhelm August Frobel, 1782~1852)

1) 생애

프뢰벨은 1782년 4월 21일 독일의 튀링겐 지방의 오버바이스바흐에서 태어났다. 생후 9개월에 어머니가 병사하고 4세 때 아버지가 재혼했는데 의붓어머니가 아이를 낳자 프뢰벨에게 관심을 쏟지 못해 프뢰벨은 어린 시절을 고독하게 보냈다.

외삼촌에 의해 프뢰벨은 학교를 다니다가 14세에 측량사이자 산림관인 비츠의 제자가 되었다. 프뢰벨은 산과 들을 다니며 식물을 채집하고 책을 보며 자연의 신비와 우주의 법칙을 생각하였고 수학, 어학, 식물학도 공부하면서 자연의 모든 사물에 보편적인 법칙 및 통일성이 숨어 있다는 것을 깨닫게 되었다.

프뢰벨의 생가

1799년 예나대학 철학과에 입학하여 낭만주의의 영향을 받았고 응용수학, 대수학, 기하학, 광물학, 물리, 화학, 임업, 건축학, 측량술 등을 배웠다. 1805년에 프뢰벨은 초등학교 교장인 그루너의 제안으로 교사가 되어 산수, 그림, 지리, 독일어 등을 가르쳤다. 교육 문제에 관심을 가지면서 페스탈로치를 2주 동안 방문하여 페스탈로치의 교육 사상과 정신을 경험하였고 교육자로서의 역할과 장래에 대해 많은 생각을 하였다. 초등학교를 사직하고 가정교사를 하던 프뢰벨은 1808년 페스탈로치를 다시 찾아가 2년 정도 함께 지냈다. 프뢰벨은 페스탈로치의 인격에 감명받아 그의 정신에 따라 교육자로서의 생애에 가치를 두었다. 프뢰벨은 페스탈로치의 국민교육 사상에 매력을 느껴 직관적이고 자연주의적인 학습 방법을 배웠다.

독일로 돌아온 프뢰벨은 자신의 학문열정을 채우기 위해 1811년에 괴팅겐 대학에 입학하여 과학과 광물학을 공부하였고, 이듬해에는 베를린 대학으로 옮겨 광물학, 결정학, 물리학 등을 연구하였으며 종교 철학을 배웠다. 그러나 유럽이 전쟁을 하게 되자 프뢰벨은 1813년 의용군으로 프러시아와 프랑스의 전쟁에 참가하였고 1814년 전쟁이 끝나자 봐이스 교수에 의해 베를린 대학의 광물학 조교가 되었다.

1816년 형수가 조카들의 교육 문제를 상의하자 스톡홀름 대학의 교수 지위를 거절하고 조카와 다른 아이들을 위한 '일반독일학교(Die Allgemeinen Deutschen Erziehunganstalt)'를 창설하고 교육 활동을 하였다. 1817년에 카일하우로 학교를 옮겼고, 1818년 빌헬름 미네와 결혼하여 학교를 가정적인 분위기로 만들었고, 학생들이 많아지면서 교육 내용도 점차 충실하게 되었다. 하지만 카일하우의 학교가 지녔던 조국 통일과 자유, 독립 사상을 바탕으로 하는 정신이 주위의 오해를 받았고 정부의 부당한 간섭으로 쇠퇴를 맞게 되어 학교는 문을 닫았다.

1837년에 프뢰벨은 베를린에서 자신의 교육이념에 의한 유아학교인 '자기 교수와 자기교육 교육소'를 창설하였다. 프뢰벨은 은물과 작업에 대한 연구와 구체화를 시도하여 교육 방법으로 사용하였는데 이 방법에 대한 일부 학부모들의 이해 부족으로 비난을 받았지만 그의 명성은 점차 높아갔다. 1839년에 프뢰벨은 브랑겐부르그에서 장난감 중심의 유아교육 강습회를 열었고 6세 이하 유아들에게 놀이와 작업을 위한 '유희 및 작업 교육소(Spie und Beschaftingungsanstait)'라는 학원을 개설하여 운영하다가 1840년 '킨더가르텐(Kindergarten)'으로 바꾸었다. 1843년에 '어머니와 유아를 위한 노래'를 발간한 프뢰벨은 이후 보모 양성과 유치원의 보급에 주력함과 동시에 여성교육의 발전에도 힘을 쏟았다.

부인 빌헬름 미네와의 사별 이후에 혼자 지내던 프뢰벨은 카일하우 시대의 제자이며 헌신적인 봉사자인 루이제 레빈과 1851년 결혼하여 교육에 임하였다. 그러나 그의 유치원은 유아들에게 무신론을 가르치고 있다는 이유로 1851년 프로이센 정부로부터 금지령을 받게 되었고 정부의 오해를 풀기 위해 갖가지 노력을 했지만 결실을 못보고 다음해인 1852년 사망하였다.

2) 교육 사상과 원리

(1) 교육 사상

프뢰벨의 교육 사상은 신비주의적 경향을 띠고 있으며 그의 인간발달에 관한 이론은 상징적이고 형이상학적이다. 그의 교육 사상적 특징은 낭만주의의 영향을 받아 우주를 하나의 큰 유기체(有機體)로 바라보았으며 만물에는 만물의 통일자로서 신이 존재하고 있음을 보여준다. 그는 신으로부터 만물이 생기고 신에 의해 지배되며 만물은 신이 그

가운데 있음으로써 존재한다고 하였다. 자연은 신이 표현하는 것을 모두 드러내고 있으며, 현실에 존재하는 것은 신의 정신과 아름다움도 가지고 있으며, 아동은 자연의 원리를 자연을 통해 습득해야 한다고 하였다.

세계 최초의 유치원

프뢰벨의 사상인 통일성의 원리는 구상의 법칙으로 연결된다. 구상의 법칙이란 모든 사물은 구상적인 자연성을 띠며 하나의 구심점을 중심으로 통일된 형태를 이루고 있다는 것이다. 사물이 무엇으로 발달하기 위해서는 그 사물은 다양성을 가지지만 존재는 그 다양성에 의해 결정되고 다양성으로 인해 통일성을 이루게 된다. 또한 만물에 신의 본성이 깃들어 있어서 신성(神性)의 전개가 교육의 임무라고 주장하였다. 프뢰벨은 모든 사물이 구상적인 자연성과 이 자연성이 스스로를 통하여 표현하려하고 실제로 표현되어질 때에 발달되고 교육되어진다고 보았다.

프뢰벨은 인간 내부로부터의 조화로운 성장을 강조하였고 유아는 자신의 내부에 개별적인 성향을 지닌 존재로 인식되어야 한다고 주장하였다. 그리고 바람직한 교육은 인간의 잠재 소질과 능력을 올바른 양육으로 자극하고 발전시키는 것이다. 프뢰벨은 인간을 하나님에 의해 하나님의 형상대로 자유를 위하여 창조된 존재로 간주하면서 인간 본성 자체가 선하고 하나님이 사랑하는 대상이라고 하였다. 사람 안에 선한 특성과 경향들이 본래 있으며 자신과 인류를 되돌아볼 수 있는 자각 의식을 가진 존재로 보았다. 따라서 인간은 자신의 내부에서, 자연과 주변의 타인들과, 하나님과의 조화를 유지하도록 노력해야 한다고 보았으며, 교육은 이러한 조화가 잘 유지될 수 있게 하는 하나의 개화과정으로 보았다.

또한 인간은 스스로 표현할 수 있는 자기 활동적 존재로 바라봄과 동시에 그러한 활동을 위한 에너지인 활동충동을 가지고 있는 존재로 바라보아 인간의 능동적 활동성을 교육의 중요한 관점으로 간주하고 있다. 즉, 교육이란 본질적 존재로서 인간이 가진 내적 의식이나 법칙을 스스로 표현할 수 있고 개화할 수 있는 능력이 발현될 수 있도록 자기 활동을 도와주는 것이다.

프뢰벨은 유아를 특별히 창조적이고 생산적인 존재로 바라보았다. 그는 유아를 생명이라는 큰 나무의 씨앗으로 보고 창조적인 활동에 의해 발달한다고 보았다. 이를 위해 교사나 부모는 유아의 그러한 능력을 개발하고 발전시키는 보조적 역할을 수행해야 한다고 하였다. 이러한 프뢰벨의 생각은 창조적 활동, 내적 활동충동의 전개, 조화로운 발달, 아동 중심적 사상 등의 교육 이론 요인들과 연결된다.

(2) 교육원리

프뢰벨에 의하면 신, 자연, 인간은 불가분의 관계에 있다. 신은 만물의 근원이고 만물 가운데 존재하며 만물은 신에 의해 존재한다. 인간은 신에 의해 창조되어 생명을 부여받은 존재이므로 인간 내부에 신성(神性)이 들어있다. 따라서 인간은 신적 원리에 자발적으로 순응해야 하며 내적 성장을 위해 신성을 성장시켜야 한다.

교육은 인간 내부의 신성을 자연스럽고 충실하게 펼치는 것이다. 인간으로 하여금 신적인 것을 의식하도록 자극하고 사고하며 스스로 인식하여 행동하도록 이끌어주고 신적인 통일을 자유롭게 표현하는 방법을 가르치는 것이 교육의 근본적인 목적이다. 이러한 교육의 목적을 달성하기 위한 교육원리는 몇 가지로 나뉜다.

① 통일성의 원리

통일성의 원리는 신, 인간, 자연의 통일을 의미하며 인간의 마음에 신의 마음이 들어있고, 자연 속에 신의 섭리가 내재되어 있음을 보여주는 원리이다. 프뢰벨에 의하면 신은 우주를 지배하는 주체이며 만물은 신으로부터 나오며 신이 모든 세상 만물을 주관하고 지배하며 인간과 자연을 창조했다. 신이 창조한 만물은 영원한 법칙인 통일성이

작용하며 이 법칙을 움직이게 하고 작용하게 하는 통일자가 신이다.

인간은 태어날 때부터 신성을 가지고 태어난다. 신성을 가진 인간은 통일성의 법칙을 순수하고 자유롭게 표상하는 것이 필요하며 이러한 방향으로 나갈 수 있도록 가르치는 것이 필요하다. 이러한 신성은 창조성과 활동성을 가지고 있는데 이를 통해 유아는 성장하게 된다. 결국 유아의 성장은 신성의 발현이며 신성은 자유스러운 교육, 자발적인 자기 활동, 노작 활동 등에 의해서 실현된다. 그러므로 유아교육이란 유아들의 마음에 깃들어 있는 자연과 신의 섭리를 스스로 자각하게 하는 것이다.

② 자기 활동의 원리

자기 활동의 원리는 페스탈로치의 직관의 원리에서 나오며 이것을 교육의 중심원리로 보았다. 신성을 본성으로 하는 인간은 태어나면서부터 활동, 표현, 창조 등의 행동들을 보여준다. 이러한 행동은 인간 내부에 존재하는 자기 활동의 표현들이다. 이러한 표현은 자신의 흥미로부터 생기는 것이며 자기 자신의 힘에 의해서 표현되는 활동이고 자기 활동이다. 강제적인 교육이나 명령지향적인 방법은 자기 활동을 억제하므로 금지되어야 하며 간섭도 바람직하지 않다.

그러므로 교육이란 인간의 내부에 들어있는 자기 활동의 표현을 도와주는 것이다. 자기 활동을 하는 유아는 객관적 세계를 인식하고 자신이 가지고 있는 본성의 인식을 바탕으로 자기 활동의 표현으로 나아간다. 이것은 창조적 자기표현으로 이어지고 점차 흥미를 느껴 실생활로 확대되어 발전하게 된다.

③ 놀이의 원리

프뢰벨은 인간의 신성(神性)은 활동, 창조, 노동이지만 유아의 신성(神性)은 놀이를 통하여 나타난다고 보았다. 프뢰벨은 놀이를 유아의 내적 자아발달의 법칙을 발견하는 수단으로 바라보았다. 유아에게 놀이는 삶의 원천이며 놀이를 바탕으로 유아는 성장하고 발달한다. 놀이는 즐거움과 쾌락추구 기능이 있는 것이 아니라 유아의 내면세계를 펼치고 각성하는 기능을 한다고 하였다. 놀이는 유아에게 있어 가장 순수한 정신적 활동이며 인간 발달에 중요한 요소이다.

프뢰벨에 의하면 놀이는 유아의 자발적 활동이나 내적 힘을 발현하는 하나의 수단이다. 놀이는 모든 사물의 내면 깊숙이 감추어진 삶의 특징을 보여주는 것으로 기쁨과 자유, 만족, 자기 내부와 외부의 편안함과 세계와의 화합을 만들어낸다. 놀이는 유아기에 가장 왕성하게 나타나며 유아 내부에 들어있는 삶의 특징적인 모습들을 표현하는 자발적인 활동이다. 유아들은 놀이를 통해 스스로의 삶을 형성하고 내적 생명을 형상화해 나간다. 이러한 자기표현과 자기 형성은 유아의 자연스러운 발달의 가장 중요한 모습이므로 놀이 그 자체가 교육이다.

프뢰벨은 놀이의 교육적 가치를 인정하였다. 따라서 그의 유치원 교육과정에서 놀이는 중요하며, 유아의 창조력을 길러주고 이상적인 발달을 펼치는 데 놀이가 적합하여 유아들에게 놀이를 주고자 은물(gifts)을 만들었다. 은물은 부분과 전체의 특징을 잘 나타내고 통일성, 전체성, 우주의 본질 등을 이해하도록 고안되었다. 은물은 형체에서 평면으로, 평면에서 직선으로, 직선에서 점으로 나아가도록 구성되어 있다. 프뢰벨은 은물을 통해 3차원(형체), 2차원(면), 1차원(선) 등과 같은 세계를 감각을 통해 관찰하는 정신을 기르도록 하고 있고, 점은 이들의 통일점으로 이념의 세계에 해당한다.

④ 노작의 원리

페스탈로치는 노작을 통해 교육목적을 달성하고자 하였고 직관적 경험과 연결된 인간 형성의 원리로 간주하였다. 그러나 프뢰벨은 노작은 놀이처럼 인간의 신성을 표현하는 창조적 활동이고 자발적 활동이며 노작 그 자체가 활동의 목적이다.

프뢰벨은 만물 가운데 인간을 최고로 보았으며 인간이 하는 생산적 활동을 정신적인 것으로 보았다. 프뢰벨은 유아의 단순한 생명 활동 모두를 노작으로 보았으며 더 나아가 생명을 활동, 노작, 창조로 보았다. 프뢰벨에게 있어 노작은 유아들의 의식 발전의 원리이기도 하다. 즉, 인간의 내부에 숨어 있는 신성이 노작을 통해 표현되어진다. 노작을 통해 인간은 자신의 내적 본질과 자신의 신성을 밖으로 표출하며 이것은 생명 발전의 과정이다. 그러므로 노작교육은 인간을 교육하는 것이고 생명을 발전시키는 하나의 과정이다. 노작은 내부의 것을 외부로 표현하는 형이상학적인 기본 사상을 보여주고 있다.

⑤ 인본주의 원리

프뢰벨은 가정을 공동체 의식 형성의 장(場)으로 간주하여 조화로운 발달을 추진하였다. 조화로운 가정생활에서 인간은 안정과 풍요를 느낄 수 있으며 유아는 여러 가지를 학습하게 된다. 따라서 가정은 선하고 도덕적이고 고귀한 것을 제공해야 한다.

가정생활의 삶에서 부모들과의 조화로운 관계를 통해서 유아들은 보편타당한 선에 이를 수 있고 다른 사람들과 더불어 살 수 있는 공동체 의식을 가지게 되어 타인과 통일성을 이루게 한다.

3) 유아교육 방법

(1) 발달 순응적인 교육 방법

프뢰벨은 인간을 스스로 표현할 수 있는 자기 활동적인 존재로 보면서 교육은 인간이 내적 의식이나 법칙을 스스로 표현할 수 있고 개화할 수 있는 능력이 발현될 수 있게 도와주는 것이라고 한다. 특히 유아는 창조적이고 생산적인 존재이며 창조적인 활동에 의해 발달한다고 보았다. 동식물을 키울 때에 그들의 성장을 간섭하지 않는 것처럼 성장하는 유아는 내면의 고유한 내적 필연성에 따라 발달하므로 유아의 본성을 꺾지 않고 전인적인 조화를 지닌 인간으로 발달할 수 있도록 해야 한다고 강조하였다. 이를 위해 필요한 것이 발달 순응적인 형태의 교육 방법이다.

발달 순응적인 교육 방법은 루소의 소극적인 교육 개념을 보다 발달시킨 것으로 내적 활동 충동을 통한 조화로운 발달을 강조하는 것이며, 자연법칙에 따른 교육 방법을 의미한다. 루소에 의하면 사회에서 이루어지는 적극적인 교육은 유아의 자연적인 본성을 왜곡하게 하여 유아가 가진 본래의 내적 발달이 적절하게 발달하지 못한다. 이로 인해 루소는 내면의 자연적 법칙에 적합한 소극적 교육을 강조하였는데 루소의 소극적 교육을 프뢰벨은 발달 순응적인 교육 방법으로 전개하였다.

프뢰벨은 인간의 내부에 존재하는 자연의 법칙에 따르는 발달 순응적인 교육 방법을 강조하였지만 이것을 극단적으로 주장하지는 않았다. 그는 교육이 발달의 자연적 법칙에 따라 이루어지는 순응적인 형태이어야 하지만 성인의 주의와 보호를 바탕으로 이루어질 필요가 있다고 하여 성인의 역할과 자세를 강조하였다.

성인은 유아의 발달에 필요한 보조적인 역할이지만 성인으로서 유아를 돌보고 보호하는 교육도 필요하다고 하여 지시적이고 명령적인 교육 방법도 어느 정도 필요성을 인정하고 있다. 이로 인해 프뢰벨의 교육 방법은 발달 순응적 교육 방법과 지시적이고 명령적 교육 방법이 공존하고 있다.

(2) 활동 중심적인 교육 방법

프뢰벨은 유아의 내적 활동 충동과 이의 조화로운 발달과 내적 필연성을 개화시킬 수 있는 방법으로 활동을 통한 교육 방법을 강조하였다. 활동 중심적 교육 방법은 놀이와 노작을 통한 교육 방법이며 놀이를 위해 놀이감을 제공해야 한다.

놀이감은 유아의 의식에 있는 모든 사물의 내적 연결고리를 열어 통일성을 갖게 하고 놀이감을 통해 우주의 법칙과 통일성을 인식하는 등의 상징적 지식을 획득할 수 있는 것이어야 한다. 또한 창조적인 유아들의 내적 활동 욕구를 충족시킬 수 있어야 하고 그들의 표현 욕구를 뒷받침할 수 있어야 한다. 이를 위해 프뢰벨은 은물(恩物, Gift, Spielgabe)이라는 놀이감을 만들었다.

은물은 하나님이 유아들을 사랑하여 주신 은혜로운 선물이란 의미로 1837년에 형이상학적 상징물을 바탕으로 고안되어 제작된 놀이감이자 교구이다. 프뢰벨은 은물을 통해 신과의 조화와 통일성을 실천하려 하였으며, 유아가 가지고 있는 내적 발달 욕구를 펼치려고 하였다. 따라서 은물에 들어있는 프뢰벨의 교육원리는 내부로부터 나오는 자발적인 자기 활동과 자신의 활동충동에 근거한 자기의 힘을 행하는 것이다. 자기 활동과 활동충동의 조합은 창조적 자기 활동으로 전개되어 유아의 내적 발달이 펼쳐진다. 즉, 특별히 창조적인 존재인 유아들의 내적 활동 충동을 통한 자기 활동능력은 자연스럽고 순수한 활동인 놀이로 나타날 수 있는데, 은물은 이것을 가장 잘 표현할 수 있다. 은물을 통해 무엇을 어떻게 가르치겠다는 것이 아니라 유아의 내적 활동 충동을 바탕으로 내적 에너지를 창조적인 형태로 외부로 표현할 수 있게 하고자 하는 것이다.

프뢰벨에 의하면 유아들의 놀이와 놀이의 발달은 일정한 순서가 있는데 이는 유아들의 발달 순서를 의미한다. 각 순서에 적합한 놀이 교구와 놀이 가능성들이 풍부하므로 각 순서에서 놀이에 대한 의미를 이해하게 되면 그것의 교육적 가치는 현실적으로 실현된다. 이로 인해 프뢰벨은 은물의 놀이 순서를 자세히 기록하여 유아들이 놀이를 할 때 이 순서를 따르도록 하였다. 은물의 목적은 유아의 자발적인 활동을 이끌어 내는 것이지만 은물을 할 때 동기부여가 우선 이루어진다. 다음으로 유아가 흥미나 호기심을 보이고 은물을 만지며 활동하고 이것이 끝나면 다른 것에 관심을 보여 다음 활동으로 넘어간다.

활동 중심적인 교육 방법은 노작(勞作: Occupation)을 포함한다. 노작은 정신의 본질을 계발하려는 것으로 인간이 태어나면서 가지는 내적 활동 욕구에 근거하고 있다. 즉, 인간은 신에 의해 창조된 존재인데 신이 한 순간도 쉬지 않고 활동하는 만큼 인간도 쉬지 않고 창조적인 활동을 해야 한다. 인간의 정신은 혼란한 세계에 있기 때문에 신체 동작인 노작을 통해 내적인 것을 계발하고 이를 바탕으로 정신의 본질을 계발해야 한다. 그러므로 노작은 그 자체가 인생이다. 프뢰벨은 노작의 개념을 유아교육에 적용하여 내적인 것에서 외형을 형성할 수 있도록 했다.

4) 프뢰벨 유치원의 교육과정

놀이와 노작을 교육과정으로 하는 프뢰벨 유치원의 교육과정은 다음과 같다.

첫째, 유희를 강조하였다. 프뢰벨이 주장한 교육 내용으로서의 유희는 유아가 가지고 있는 내적 정신의 가장 순수한 부분이 잘 표현될 수 있다. 놀게 하면서 유아들을 지도할 수 있고, 즐겁게 하면서 창조적인 충동을 발달시킬 수 있는 것이 바로 유희라고 프뢰벨은 주장하고 있다. 그러나 이러한 유희는 유아의 발달 단계를 고려하여 변화되어야 하며, 놀이 생활과 조화로운 모습을 보일 필요가 있다.

둘째, 율동과 게임을 주장하였다. 율동이나 게임과 같은 신체적 활동들은 유아의 내면적인 정신세계를 외현적으로 표출할 수 있게 하는 수단이다. 이러한 방법을 통해서 유아는 자신의 내면의 통일성을 발달시킬 수 있다. 율동이나 게임에 있어서 제공되어야 하는 부분은 전체와 부분과의 관계를 다루고 있는 활동이나 율동 및 게임이다. 이러한 것들이 유아들로 하여금 통일성을 이해할 수 있게 한다.

셋째, 자연을 가꾸는 것을 강조하였다. 프뢰벨은 어린 유아들이 정원을 가꿈으로써 보이지 않는 자연의 힘을 볼 수 있는 기회를 가지게 된다고 생각하였다. 더 나아가 유아들이 정원을 가꿈으로써 전체와 부분의 관계를 이해할 수 있도록 하며, 여러 종류의 꽃과 채소들이 자라는 것을 통해 만물에 들어있는 신적 요소를 이해할 뿐만 아니라 신과 자연, 인간과의 관계를 이해할 수 있는 좋은 기회를 제공한다고 하였다. 또한 프뢰벨은 유아들의 애완견 돌보기나 시골길을 산책하기 등과 같은 활동도 강조하였다.

넷째, 프뢰벨 유치원에서는 어머니와 유아들과의 관계를 강조하였다. 어머니는 유아와 놀이하고 대화를 시작하며 한편으로 유아의 손이나 팔, 다리 등을 튼튼히 하도록 조절해야 한다. 이를 위해 프뢰벨은 『어머니와 어린이의 노래』라는 자녀교육 지침서를 만들었는데 여기에는 동시, 노래, 격언, 손유희, 율동 등을 어떻게 유아들과 함께 할 수 있는지에 대한 내용들을 수록하고 있다.

5) 현대 교육에의 의미

페스탈로치와 프뢰벨은 대표적인 교육의 실천가이다. 프뢰벨은 페스탈로치의 교육 사상에 대하여 감명을 받아 그의 교육 사상을 실천하기도 했다. 하지만 페스탈로치는 보다 현실적이고 계몽주의 사상을 강조했지만, 프뢰벨은 독일 낭만주의의 영향으로 페스탈로치의 현실적인 면을 비판하고 형이상학적인 교육 사상을 강조하였다. 또한 페스탈로치는 인간은 자연의 상태 속에서 자신을 구현할 수 없다고 하였지만, 프뢰벨은 인간은 자연 속에서 신을 발견하고 자신 안에 깃들어 있는 신성을 표현하고 구현할 수 있다고 하였다. 그리고 페스탈로치는 자연이란 참된 종교에 이르는 하나의 과정에 불과하다고 하였으나, 프뢰벨은 자연과 종교가 서로 밀접한 관계를 바탕으로 자연이 종교를 나타낸다는 관점을 보였다.

그러나 페스탈로치와 프뢰벨은 자연을 실제적이고 일정한 법칙성 안에서 발전하는 현실적인 존재로 규정한다는 점, 자연은 종교와 밀접한 관계를 지니고 있다는 점, 자연에 대한 실질적이고 현실적인 탐구와 관찰을 통하여 인간의 법칙성을 발견할 수 있다는 점에서 유사점을 가지고 있다.

프뢰벨의 교육 사상과 원리는 오늘날까지 영향을 줄 정도로 보편성을 지니고 있다. 프뢰벨은 이상주의에 근거한 유아교육의 방법과 내용을 확립시켰을 뿐만 아니라 유아교육의 기본적인 내용들을 많이 제시하고 있다. 유아의 자발적 활동을 존중하고 흥미를 소중히 여기고 놀이의 교육적인 가치를 중시한 프뢰벨의 낭만주의 교육 사상은 강요하거나 억압하지 않고 내면의 잠재능력이 자유롭고 자연스럽게 발휘할 수 있게 하여 조화로운 인간으로 발달하게 하는 점에서 주목할 필요가 있다.

특히 놀이와 노작은 인간이 신으로부터 부여받은 역할을 깨닫고 자연의 이치와 섭리 및 신과 자연 그리고 인간과의 관계를 깨닫게 하기 위해 프뢰벨이 고안한 활동이자 교육 내용이다. 그리고 은물을 통한 놀이는 오늘날의 유아교육에서도 많은 영향을 미친 중요한 유아교육의 방법이기도 하다.

프뢰벨이 오늘날 유아교육에 미친 영향을 간단히 정리하면 다음과 같다.

첫째, 유아교육을 하나의 개화과정으로 보았다.

둘째, 교사교육을 중요하게 취급하였다.

셋째, 유아들을 중심으로 하는 교육기관을 창설함과 동시에 유아교육의 방법적 측면을 아동 중심적인 방법으로 하였다.

넷째, 유아들에게 놀이와 흥미, 활동을 강조하는 유아교육 방법을 실시하였다.

다섯째, 부모의 역할을 강조하였다.

Chapter 9

근대의 유아교육

1. 루돌프 슈타이너

2. 몬테소리

3. 존 듀이

01 루돌프 슈타이너(Rudolf Steiner, 1861~1925)

1) 생애

루돌프 슈타이너

슈타이너는 1861년 2월 27일 유고슬라비아의 크랄예벡에서 철도 공무원이었던 요한 슈타이너의 장남으로 태어났다. 아버지를 따라 자주 이사를 다녔던 슈타이너는 8세까지 오스트리아 포트샤하(Pottschach)에서 살았고 이후에는 헝가리와 오스트리아 국경의 노이되르플(Neudorfl)에서 살았다. 이로 인해 자연의 신비함과 아름다움을 경험할 수 있었다.

슈타이너는 초등학교 시절부터 기하학과 피타고라스 정리를 배웠고 10세 때는 마을의 신부로부터 코페르니쿠스의 우주론을 배웠다. 1872년 초등학교를 졸업하고 철도기사가 되기를 바라는 아버지의 뜻에 따라 비엔나-노이슈타트에 있는 실과학교(Realschule)에 입학하였다. 이때까지 자신의 장래에 대해 관심이 없었던 슈타이너는 11세이 되던 해 물리학과 수학, 기하학에 관심을 가지고 배웠다. 그러나 그의 관심은 눈에 보이지 않는 세계로 넓혀져 철학과 역사, 종교를 공부하게 되었고 자연현상과 인간의 사고 사이의 관계에 대해 통찰하려고 노력했다.

1879년 18세에 비엔나 공과대학에 입학하여 많은 철학책을 접하였고 인간의 정신 활동을 표현하는 것에 관심을 가지고 노력하면서 참된 지식의 출발점은 인간인 '나'의 활동을 통해서라는 것을 이해하게 되었다. 이를 바탕으로 인간의 정신적 세계에 관한 직접적 경험을 개념적 형식으로 표현하고자 노력하였다.

비엔나 공대에서 슈타이너는 미래 생활을 위해 실과학교 교사 훈련을 받기로 하여 수학을 주전공으로 하고 자연사, 화학 및 철학, 문학, 심리학 등을 수강했다.

대학 중에는 동료 학생이나 하급생들을 대상으로 개인교수를 했던 슈타이너는 졸업 후, 가정교사를 하면서 신체적 및 정신적으로 문제가 있어서 학교를 다닐 수 없는 것으로 여겨졌던 그 가정의 10세짜리 막내의 잠재된 능력을 일깨워줄 수 있을 것으로 확신하고 그 아이의 교육을 담당하였다. 2년이라는 기간 동안 그 소년의 지적 능력의 장점을 살리고 독특한 지도법과 노력으로 인해 그 소년은 김나지움에 입학하고, 나중에 의과대학에 입학하여 의사가 되는 것을 보고 인간학을 집중적으로 연구하였다.

비엔나에서 신지학자들과 친분을 쌓다가 1890년 바이마르로 가서 괴테의 자연과학적 저술의 편집에 참여하고 1891년에는 로스토크 대학에서 철학박사 학위를 받았다. 1894년에 『정신적 활동의 철학』을 출판하는 등 활동을 하다가 1899년에 38세의 나이로 8년 연상의 과부 안나 오이니케(Anna Eunicke)와 결혼하였다. 그러나 1911년에 아내가 사망하고 이후 오랜 사상적 동료였던 마리 시버스와 재혼하였다.

1900년 슈타이너는 신지학회에서 '신비적 사실로서의 기독교' 라는 주제로 강연을 하였는데 이로 인해 슈타이너는 '신지학자(Theosophist)' 로 이해되었다. 신지학이란 인격적인 모든 지식과 인식 능력을 넘어서서 신비적인 계시와 직관에 의해 신과 직접적으로 대면하고 그 깊은 뜻을 이해하려는 것을 말한다. 그러나 슈타이너는 신지학회 창설자들과 본질적인 차이가 있었다. 그는 초감각적인 세계의 탐구를 위해 학문적 방법을 중시하고 인간의 인식능력을 최대한으로 발전시키려고 하였다. 그는 이것을 '인지학(Anthroposophy)' 이라고 불렀다.

1913년에 슈타이너는 신지학회를 탈퇴하고 베를린에서 인지학회를 창설하였다. 1915년에는 스위스 바젤 근교의 도나흐(Donauch)에 괴테아눔(Goetheanum)을 세웠다. 괴테아눔은 예술 활동의 다양한 방법을 위한 공간으로서, 정신과학적인 연구와 인지학 운동을 위한 중심지로서 슈타이너가 직접 건축 설계를 하고 완성했다. 괴테아눔을 건설하던 이 시기에 슈타이너는 부인 마리와 함께 소리의 질과 어조의 질이 몸짓을 통해 표현되는 새로운 움직임의 예술인 오이뤼트미(Eurythmie)를 창조했다.

슈타이너는 많은 저서를 집필했고 강연을 했다. 1919년에 슈타이너는 슈투트가르트의 '발도르프-아스토리아 담배공장' 노동자들 앞에서 사회, 교육에 관한 문제들에 대해 강연을 했다. 슈타이너의 강연에 감명을 받은 공장주 몰트(Emil Molt)는 사원들의 자녀 교육을 위하여 학교를 설립하려 했고, 슈타이너에게 교육적인 지도를 맡아 달라고 부탁했다. 그리하여 1919년 최초의 '자유 발도르프 학교(die Freie Waldorfschule)'가 개설되었다. 또한 슈투트가르트에는 발도르프 교사 양성을 위한 최초의 학교도 생겨났으며, 1926년 슈투트가르트에 최초의 자유 발도르프 유치원도 설립되었다. 1922년 괴테아눔이 화재로 인해 전소되었고, 도나흐에서 괴테아눔 신축공사가 시작되던 1925년에 슈타이너는 병으로 생을 마감하였다.

2) 슈타이너의 인지학과 인간론

(1) 슈타이너의 인지학

슈타이너는 교육은 인간학 즉, 인간에 대한 올바른 인식에 기초를 두고 있어야 한다고 보았으며, 이러한 인간의 본질을 파악하기 위해서는 인간의 숨겨진 본성을 드러내어야 한다고 하였다. 이러한 인간본성을 파악하기 위한 것으로 슈타이너는 인지학을 제시하였다. '인지학(Anthroposophy)'은 그리스어의 'anthropos(인간)'과 'sophia(지혜)'를 합성한 말로 문자 그대로는 '인간에 대한 지혜'란 뜻이다. 그러나 슈타이너에게 있어 인지학은 인간에 대한 지혜라기보다 인간 본성에 대해 알아가는 것으로 인간이 자신의 인간성을 의식하도록 '인간 영혼에게 지혜를 부여하는 것'을 말하는 역동적인 개념이다.

인지학은 인간과 세계의 정신적 본질을 직관하도록 인간의 인식능력을 발달시키는 것으로 인간에 대한 올바른 인식을 기초로 인간의 본질에 내재해있는 정신적인 것을 인식하고 우주에 내재해있는 정신현상을 인식하도록 하는 것이다. 즉, 인간이 자신의 인식능력을 발전시켜 세계와 인간 속에서 영적인 것을 탐구하고 인간의 본성을 드러내기 위한 것이다. 그러므로 인지학의 근거는 인간학이다. 인지학에서 인간은 정신적인 본질이 탄생을 통하여 육체화되어가는 존재이며 삶의 한 과정에 있는 인격체다. 유아 역시 정신세계로부터 나와서 의식적으로 한 특정한 부모와 특정한 운명의 연관성 아래에서 육체화되는 하나의 지속적인 인격체이다.

슈타이너는 인간본질의 구성을 육체, 영혼, 정신의 삼원적 구조와 물질체, 생명체, 감정체, 자아체의 네 가지 본질 구성체로 설명하고 있다.

(2) 인지학적 인간론

① 인간 본질의 삼원적 구조

슈타이너의 인지학은 인간을 우주와 현 세계의 중심이며 육체(Leib), 영혼(Seele), 정신(Geist)이라는 삼원적 구조로 본다. 육체를 통해 감각세계에, 영혼을 통해 영혼세계에, 정신을 통해 정신세계에 속한다고 보았고 인간의 본성은 이 세 가지의 통합적 측면에서 고찰할 때 가능하다고 보았다(정혜영, 1997). 이것은 일반 철학에서 제시하는 육체, 정신, 영혼의 체계와 다르다. 인간의 육체는 육체적 본성이며 이것은 동물이나 식물과 같은 세계에 속하지만 신경조직과 뇌의 구조가 다른 점이 독특하다. 인간의 영혼은 인식작용을 의미하는 데 인간의 인식작용은 뇌에 의해서만이 아니라 감정과 의지가 작용한다. 인간의 정신은 이해의 세계로 인간은 육체와 영혼을 통해 자신만의 세계에 존재하고 정신을 통해 현상을 이해할 수 있다(함희주, 1998). 이러한 삼원적 구조의 특성들이 조화되어야 하며, 이들은 근본적으로 서로 상호작용한다. 즉, 정신작용에 의하여 육체와 영혼의 연결이 가능하고, 육체와 영혼과 정신이 통합되어 하나의 전체로 작용될 때 비로소 참다운 의미의 인간존재가 가능하다.

슈타이너에 의하면 참된 교육을 하기 위해서는 육체, 영혼, 정신으로 이어진 인간의 본성을 파악하는 것이 필요하다. 왜냐하면 본성을 먼저 파악함으로써 인간의 잠재력을 최대한 발휘하도록 하기 때문이다. 따라서 학교교육은 인간의 본성을 파악하는 인지학적 사상을 실천하는 것이다.

슈타이너는 생명력과 인간에 대한 직관적 관찰을 통해 인간의 생애를 7년 주기로 나누었고, 육체화는 7년을 주기로 다소 불연속적인 과정을 거쳐 일생동안 이루어진다고 하였다. 그리고 초기의 7년 주기는 자아를 형성하고 삶의 중반 이후에 반영되기 때문에 아동기의 기간은 삶에 있어서 대단히 중요한 시기이다. 그는 처음 7년의 주기에서 유래하는 능력과 손상이 삶의 중반 이후에는 건설적으로 또는 파괴적으로 작용을 한다고 하였고, 그러한 관점에서 7년 주기를 존중해야 한다고 주장하였다.

② 4가지 인간본질 구성체

첫째, 물리적 신체(Physischer Leib)이다. 물리적 신체는 신체를 둘러싼 광물질로부터 형성되며 신체를 구성하는 물리적 재료와 신체 안에서 활동하는 물리적 힘을 통해 이루어진다. 물질체는 광물계의 성질을 공유하고 있으며 10개월의 태아 기간을 거쳐 성숙하여 출생 시에 탄생한다. 물질체는 신체 전체가 거대한 하나의 감각기관과 같으며 외부 세계에 대해 예민하게 반응하고 기능한다.

둘째, 에테르체(Atherleib) 또는 생명체(Lebensleib)이다. 물리적 신체와 근본적인 차이를 제공하는 생명체는 물리적 신체와 그 안에 있는 기관들에게 형태를 부여하고 작용하게 한다. 생명체는 동식물 모두가 가지고 있으며 육체가 분해되는 것을 막고 생명보존, 성장과 재생 및 번식을 책임진다. 즉, 생명체는 물질체의 붕괴를 막고 성장과 증식 및 활동을 가능하게 하는 근원적인 힘이다. 에테르체가 표현된 이미지가 물리적 신체라면 에테르체는 물리적 신체의 건축가이다(Steiner, 1968).

셋째, 아스트랄체(Astralleib) 혹은 감정체(Empfindungsleib)이다. 감정체는 감정으로 의식과 내적 체험, 즉 고통과 기쁨, 충동과 탐욕, 열정 등을 담고 있다. 감정체는 외부로부터 받아들인 자극을 내적인 삶으로 체험하는 역할을 하므로 인간은 감정체를 통해 외부 자극에 대한 고통, 쾌락, 충동, 욕망, 정욕, 열정, 증오 등의 다양한 감정을 느낀다. 아스트랄체는 아동의 성적 성숙이 이루어지는 14세경인 사춘기에 탄생하며 아스트랄체 안에 물리적 신체와 생명체인 에테르체가 들어있다. 아동은 감정체의 탄생으로 인해 육체, 영혼, 정신이 보다 정교해지며 이성과 판단력 및 추상적 사고가 발달한다.

넷째, 자아체(Ich-Leib)이다. 물질체, 에테르체, 아스트랄체는 광물, 식물, 동물에도 존재할 수 있지만 자아체는 인간만 가지고 있다. 인간은 자신 안에 동물을 능가하는 무언가를 가지고 있으며 이를 알고 있어서 자신이 추구하고 회피하며 제어하는 것 등을 배운다. 이를 통해 자신에게만 속해있는 무언가가 있다는 것을 알게 되고 자기의식과 독립성을 가지게 된다. 이처럼 인간의 독립성 및 자기의식을 얻도록 도와주는 요소가 '자아(I)' 이며 '자아' 가 표현되는 것이 자아체이다. 모든 사람이 '나(I)' 라고 말할 수 있는 것은 자아체 때문이며 '나' 라고 하는 것은 인간을 우주의 다른 것과 구분해주고 독립적인 존재로 만들어준다.

자아체는 21세경에 탄생하는데 이의 주된 특징은 기억이다. 기억의 힘을 작용하게 하는 근원적인 힘은 자아이며 아스트랄체에 의해 어떤 것을 의식해도 자아체가 약하거나 결여되면 망각하게 된다. 에테르체가 없으면 물질체는 썩게 되고 아스트랄체가 없으면 에테르체는 무의식의 상태가 되며 자아체가 없으면 아스트랄체는 망각 상태가 된다. 즉, 생명은 에테르체의 특징이고 의식은 아스트랄체의 특징이며 기억은 자아체의 특징이다.

슈타이너에 의하면 인간의 본질을 구성하고 있는 4가지 구성체 가운데 우리의 감각기관으로는 단지 광물적인 것 즉, 물질체만을 인지할 수 있으며 에테르체, 아스트랄체, 자아체를 인식하기 위해서는 초감각적인 본성을 기르는 것이 필요하다.

③ 기질론

슈타이너의 인간관을 이해하기 위한 중요한 요소가 기질론이다. 심리학에서는 인간의 발달을 유전과 환경을 바탕으로 바라보지만 슈타이너는 유전과 환경으로 인간의 삶을 설명할 수 없다고 한다. 즉, 슈타이너는 인간이 태어나기 이전의 정신세계에서 가져

온 것과 부모로부터 물려받은 유전적 요소의 중간 단계에 해당하는 것을 기질이라고 하였고(Steiner, 1968), 인간의 본성은 무한히 복잡하지만 일반적인 경향에 따라 몇 가지 분류와 정형화가 가능하다고 보았다.

슈타이너는 고대 그리스의 기질 분류 방법인 담즙질, 점액질, 다혈질, 우울질에 대해 언급하면서 인간의 기질은 분노, 쾌활함, 우울함, 무기력함의 4가지로 분류된다고 한다(Wilkinson, 1997). 이러한 기질은 불, 공기, 흙, 물과 관계있는데 담즙질은 불, 다혈질은 공기, 점액질은 물, 우울질은 흙과 관련이 있다. 이러한 기질은 인간 본질의 구성체인 물질체, 에테르체, 아스트랄체, 자아체와 혼합된다. 즉, 자아체가 지배적이면 담즙질, 아스트랄체가 지배적이면 다혈질, 에테르체가 지배적이면 점액질, 물질체가 지배적이면 우울질로 기질이 나타난다.

- 담즙질(choleric temperament): 담즙질인은 화를 잘 내고 성격이 급하며 사고의 개념화를 잘하고 다소 공격적이며 의지가 강하고 행동적이다. 일반적으로 모험을 좋아하고 확실한 목표의식이 있으며, 사회적 성공에 대한 욕구가 강하고 표현력이 강하다. 이런 유아는 하고 싶은 대로 잘 되지 않으면 관용하지 못하며 성급하게 화를 내고 참지 못하는 감정을 드러낸다. 타인에 대한 상냥함과 인정이 결여되고 나름대로의 정의감으로 인해 남에게 강요하는 경우도 있다(강상희, 1993).

  교사는 이런 기질을 가진 유아를 가르칠 때 진정한 권위에 대한 존경을 보이도록 지도해야 한다. 유아에게 은밀하게 어려움을 제공하고 이를 극복하기 위해 자신의 에너지를 사용하도록 한다. 또한 내면적으로 침착성을 보존하게 하고 인생의 어려움에 대해 이해하고 받아들일 수 있도록 지도한다.
- 다혈질(sanguine temperament): 다혈질인은 아스트랄체가 지배적인 경우고 다소 경솔하고 가벼운 형이다. 이 기질의 유아는 사회적 성공에 대한 열망과 표현력이 강하지만 우유부단하고 낙천적이어서 가볍게 보이기도 하고 자유로운 느낌을 준다. 정서적 불안과 행동의 침착성이 결여되어 있고 충동적이고 감동적이며 인내심이 부족한 경우도 있다. 행동이 침착하지 않기 때문에 지속적이지도 못하고 약속을

잘 잊어버리기도 한다. 교사는 다혈질적인 유아에게 진실된 관심거리를 발견할 수 있도록 도와주는 것이 좋다. 또한 특별히 사랑을 표현하여 진지함과 인내를 보일 수 있게 하고 지속적으로 관심을 가질 수 있도록 도와주어야 한다.

- 점액질(phlegmatic temperament): 점액질인은 에테르체가 내적 안정감을 유지하는 것과 관련이 있어서 조용하고 인내심이 강하고 수동적이며 기분의 움직임이 적다. 점액질의 기질을 가진 유아는 화를 잘 견디고 침착하게 받아들이며 다소 게으른 인상을 준다. 내적인 안정감을 중시하며 외부에 대해 조화적이기는 하지만 냉정하고 무관심하다(강상희, 1993). 남에게 친절하나 특별한 관심을 갖지 않으므로 남의 일에 방관하고 냉소적이며 수동적인 인상을 주기도 한다. 교사는 점액질의 기질을 가진 유아의 무관심이 문제가 될 수 있으므로 다른 유아들과 사회적 접촉을 가질 수 있도록 돕는 것이 좋다. 또한 외부 세계를 의식하고 자각하여 의사소통을 할 수 있는 환경과 분위기가 될 수 있도록 도와주어야 한다.
- 우울질(melancholic temperament): 우울질인은 물질체가 지배적이며 걱정과 불안감이 심하고 사소한 일에도 신경을 쓰고 조용하고 깊이 생각을 한다. 부정적인 사고로 인해 사소한 일에 마음을 써 여유를 잃기도 한다. 하지만 의지가 강하고 진실에 충실하다보니 완벽주의의 경향을 보인다.

교사는 우울질을 지닌 유아에게 접근할 때 우울질 유아의 기질을 동정과 친근함으로 발전시킬 수 있는 기회와 자극을 줄 수 있도록 해야 한다. 자신만의 분위기를 가지고 있고 삶이 심각하고 근심과 걱정이 많은 우울질 유아에게 흥이 나도록 만들려고 하거나 추켜세우는 것은 오히려 나쁜 영향을 미칠 수 있다. 따라서 타인의 경험을 알게 하고 자신의 일로 인해 힘들지 않도록 격려하며 고통과 불쾌한 일들을 내적인 힘을 통해 어떻게 다룰 수 있는지 보여주는 것이 좋고 자신의 일에서 벗어날 수 있는 경험을 제공해주는 것이 좋다.

3) 인지학적 발달론과 교육

슈타이너는 인간의 발달을 연속적인 과정으로 보지 않고 단계적인 과정으로 보았다. 인간의 생애를 7년 리듬에 따라 구분하였고 이를 인간 본질의 4가지 구성체와 연결시킨 슈타이너는 4가지의 구성체 가운데 물질체의 탄생만 눈에 보일 뿐이고 나머지 세 가지는 완전히 성숙되기까지 각각의 보호막 속에 싸여 있다고 한다. 물리적 신체의 보호막은 모태이고, 생명체의 보호막은 물리적 신체이며, 감정체의 보호막은 생명체, 자아체의 보호막은 감정체이다(정혜영, 1997). 이러한 각각의 구성체는 동시에 탄생하는 것이 아니라 고유한 탄생의 순간이 있다고 하면서 7년의 리듬 속에서 단계적으로 탄생된다.

(1) 1단계

1단계는 물질체(Physischerleib)의 탄생기이다. 물질체의 탄생은 신체가 모태의 보호막에서 나와 물리적 세계와 직접적으로 관계 맺는 것을 말한다. 물리적 신체는 감각을 통해 외부 세계와 접촉하고 감각의 직접적인 체험을 통해 외부의 인상들을 받아들인다. 이 단계는 물질체가 가장 활발히 발달하는 시기이며 유아의 몸 전체는 하나의 감각기관이다. 유아의 감각은 외부세계로 열려 있기 때문에 유아들은 말이나 개념이 아닌 오감의 반응이나 몸에 의한 모방에 의해 세상을 배우게 된다. 그러므로 모방과 시범을 보이는 일이 이 단계의 학습의 기본원리이다.

이 단계의 유아들에게는 모방할만한 물리적, 심리적, 도덕적 환경을 제공하는 것이 필요하다. 유아는 주변의 모든 것을 모델링하므로 물리적 환경 이외에도 보이지 않는 마음가짐, 태도, 분위기까지 모방할 수 있도록 환경을 조성하는 것이 좋다.

(2) 2단계

2단계는 생명체(Lebensleib)인 에테르체(Aetherleib)의 탄생기로 7세부터 14세까지의 시기이다. 제1단계에서 보호막에 쌓여있던 에테르체가 바깥으로 나와 작용한다. 에테르체의 탄생으로 인해 유아는 자신의 성향, 습관, 성격, 의식 등을 형성하고 발달시키게 된다. 유년기의 육체 형성에 작용했던 힘들이 약해지고 영혼 수준에서 작용하는 능력의 힘이 발전하게 되며 따라서 유아는 주변의 세계를 마음으로 느끼고 감정으로 받아들이게 된다.

이 단계는 영혼의 영역 가운데 감정의 영역이 활발하게 발달하는 시기이며 1단계에 비해 기억력이 조금씩 성장한다. 이 시기는 음악과 같은 예술에 대한 감각이 눈을 뜨게 되어 상징들을 창조해내는 상상의 능력과 예술적인 능력들을 형상화하게 된다. 이로 인해 교사는 추상적인 개념보다 상상력을 자극하는 교육이 이루어져야 한다(성용구, 2000). 수업 내용의 회화적 묘사와 형성이 중요하며 이를 통해 유아들이 자신의 고유한 정신과 감정세계에 연결시켜 배울 수 있다. 교사는 유아가 상상과 느낌을 자극하도록 다양한 영역에서의 재료를 예술적으로 구성할 필요가 있다. 1단계에서는 모방이 중요한 교육의 원리이었지만 2단계에서는 교사의 권위와 학생으로서의 자세가 중요한 교육의 원리이다(안관수, 1996). 이 단계에서는 교사의 권위와 이를 따르는 학생의 자세가 교육을 이끈다. 교사의 권위란 힘이나 강압에 의한 것이 아니라 자연스럽게 우러나오는 존경심 같은 것을 의미한다. 권위를 통해 유아들은 자신의 의식, 습관, 성향을 형성해나간다. 그러므로 교사는 애정 있는 권위를 통해 유아들이 교사와 친밀감을 느끼게 하고 내적 확신감과 안정감을 경험하게 하여 삶에서 자신의 자아를 실현할 수 있게 하는 것이 좋다.

(3) 3단계

3단계는 감정체인 아스트랄체(Astralleib)의 탄생기로 사춘기가 시작되는 14세부터 21세까지의 시기이다. 성숙과 더불어 이성의 판단력과 감수성의 발달로 인해 이성적이고 추상적이며 개념적인 사고력이 발달하게 된다. 개인의 관심과 취미를 발달시키는 능력과 인식 문제에서 독립적인 판단을 얻으려 노력하며 영혼의 기초가 나타난다. 따라서 자신의 논리로 확신을 가지고 말할 수 있게 된다. 또한 세계와 인간에 대한 더 깊은 인식욕구가 나타나고 추상적 사고능력이 생기며 자신의 영혼의 힘, 즉 감정과 의지로 환경과 더 자유롭고 더 독립적으로 맞선다. 따라서 학교는 수업을 심층적으로 학문적 생활태도에서 시초를 닦는 데 기여한다. 아울러 상상력과 권위에 기초하여 받아들여진 그 이전의 지식을 자신의 논리로 확신을 가지고 말할 수 있게 되어야 한다.

(4) 4단계

4단계는 자아체(Ich-Leib)의 탄생기로 21세 이후이다. 동물과 구별되는 인간의 요소인 '나'라는 의식인 '자아'가 나타나면서 독립적이고 자율적인 사회의 구성원으로서 스스로 책임질 수 있게 된다. 자아가 있으므로 인간이 자연의 모든 것을 향상시킬 수 있으며, 자아는 에테르체와 아스트랄체의 충동을 지시하고 통제한다.

이러한 단계를 거쳐 자유로운 인간이 형성된다. 1단계에서는 의지, 2단계에서는 감정, 3단계에서는 사고를 발달시켜 의지, 감정, 사고를 지닌 자유로운 인간이 양성된다.

4) 교육원리와 방법

(1) 교육원리

① 기질을 고려한 교육

슈타이너는 기질을 바탕으로 유아를 교육하고자 했다. 유아들의 기질을 고려하지 않고 무작위로 섞어놓는 것보다 같은 기질을 가진 유아들끼리 집단을 구성하여 활동하게 하는 것이 좋다. 왜냐하면 같은 기질은 서로 상쇄되고 자신의 기질에 주의를 기울이게 하며 학급의 균형을 유지할 수 있기 때문이다. 그러므로 교사는 유아가 지닌 기질을 잘 파악하여 적절히 대응해야 하고 기질에 따라 교육적 처방과 대응이 달라져야 함을 슈타이너는 권하고 있다. 예를 들어, 점액질의 유아에게는 외적으로 무관심한 것같이 행동하면서 내적인 관심을 높이도록 할 필요가 있으며, 우울질의 유아들은 인생의 고통과 불쾌한 일들을 처리할 내적인 힘을 발휘할 수 있게 하는 것이 좋다.

또한 유아들을 대할 때 그들이 가지고 타고난 것을 고려해야 한다. 즉, 유아가 가지는 능력과 성향이 무엇인지 고려하여 교육할 필요가 있다.

② 모방의 원리

슈타이너에 의하면 약 7세까지의 유아들은 모방과 본보기(example)를 통해 배운다. 유아들은 눈에 보이는 물리적 환경 이외에도 태도나 마음가짐, 그리고 분위기까지도 모방하기 때문에 교사는 유아들이 모방할 수 있는 환경을 제공하는 것이 중요하다. 모방은 유아가 행동을 따라하는 것을 의미하는 것이 아니라 성인과 유아의 내적 유대관계 속에서 성인의 행위와 존재를 몸으로 느낌으로써 영향을 받는 것을 말한다. 모방은 유아가 보고 듣는 것에 의해 고무된다. 모방한 것은 직접 신체에 영향을 미치고 이에 상응하는 태도, 움직임, 행동 등을 유발시키기 때문이다.

유아의 모방 능력은 유아 내면에 있는 자유의 표현이며 주변 인물들과의 관계를 통해 자신의 삶과 본질이 일체를 이룰 수 있게 한다. 성인은 유아에게 필요한 좋은 교육적 환경을 제공함으로써 유아의 모방능력을 향상시킬 필요가 있다. 모방을 통해 유아는 물리적 · 심리적 · 도덕적 측면에서 학습하게 되므로 성인은 의미 있는 행동을 실천하여 본보기를 보이고 유아의 감각기관을 자극하는 교육환경을 조성하는 것이 필요하다.

③ 감각을 통한 교육

감각체험은 발도르프 유치원에서 이루어지는 교육의 기본이다. 슈타이너는 유아기가 외부 세계에 대해 신체가 가장 예민하게 반응하는 시기라고 하면서 유아의 신체 전체가 하나의 거대한 감각기관이라고 한다. 그는 발달 단계의 첫 번째 주기인 물리적 신체 탄생기에 유아는 물리적 주변 환경에서 자신의 신체의 감각들을 통해 받아들인 인상에 의존한다고 한다. 유아는 감각체험을 통해 모방하며 유아의 감각적 체험은 내부의 발날에 영향을 미친다. 그러므로 감각적 인상을 통한 학습은 중요하다.

슈타이너가 언급하는 감각은 외적 감각과 내적 감각이다. 외적 감각은 자아감각, 사고감각, 언어감각, 청각 등으로 사고에 부속되며, 내적 감각은 균형감각, 운동감각, 생활감각, 행위감각 등으로 의지에 부속된다. 그리고 내외적 감각은 온도감각, 시각, 미각, 후각 등으로 감정에 부속된다. 이러한 감각들이 나타나기 위해서는 환경이 중요하며 놀이할 물건들은 풍부한 감각을 제공해주는 것이어야 한다. 자연물이나 기하학적 원형, 단순한 형태, 인형이나 동물, 천 등을 통해 유아들은 다양한 자극을 경험한다.

④ 리듬을 통한 질서의 원리

슈타이너의 교육에서 리듬은 수업의 중심개념이다. 리듬은 연중 축제 모임이나 주중 리듬시간, 하루하루의 생기 있는 행위의 변화 속에서 보호되고 장려된다. 이러한 리듬은 규칙성을 통해서 친숙함을 만들어내고, 생동감을 불어넣어 유아를 언제나 자극하고, 공간적인 질서, 시간적인 질서, 영혼적인 질서를 가져온다. 발도르프 교육에서 대부분의 수업 내용은 살아있는 내적, 외적 움직임으로서의 리듬으로 구성되어 있어 유아들이 그것에 순응할 수 있다.

수업 내용이 계절 변화와 명절에 맞추어지는 것, 규칙적인 시간 배정, 집중 활동과 자유놀이의 규칙적 반복 구성 등은 슈타이너의 리듬을 통한 질서의 원리를 담은 것이다. 수업 내용 전달도 '에포크 과목'에 따라 나누어짐으로써 리듬에 따른다. 즉, 깊이 있는 정신적 몰두를 요하는 학습영역들이 일반학교처럼 매시간 바뀌지 않고 에포크라 불리는 3~4주 기간 리듬에 따라 바뀐다.

(2) 환경구성

발도르프 유치원은 책이나 완성된 교구는 별로 없다. 유아들은 실물들을 통해 배우며 놀이터는 모래밭, 나무로 된 조그만 오막살이 집, 뉘어져 있는 고목(古木) 등으로 구성되어 있다. 그리고 TV나 컴퓨터 등과 같은 전자제품은 없으며 대부분 자연물이고 꾸밈없는 원형 그대로의 것들로 유아가 안정감을 느낄 수 있도록 꾸며져 있다. 이러한 환경을 통해 세계 전체와 인간의 모든 것이 배움의 영역이라는 근본 원칙에 충실해서 가능한 한 먼저 실제 세계를 통해 배운다. 완제품은 일정한 형태를 가지고 있어서 유아의 상상력을 방해하기 때문에 거의 사용하지 않는다. 원형 그대로의 나무토막, 다양한 형태의 나뭇가지와 나무그루터기, 나뭇잎, 밀짚, 씨앗, 조개껍데기, 돌, 솔방울 등이 실내를 구성한다. 수작업으로 만든 눈, 코, 입이 없는 인형으로 유아는 창의적인 활동을 한다.

이처럼 유아에게 자연물이나 주변의 물건 및 실물을 제공하는 이유는 이미 만들어진 완제품이나 전자제품 등은 상상력을 자극하지 않으므로 유아들의 영혼에 도움이 되지 않는다. 유아기에 내적 형성력이 자극될 때 성인이 되었을 때 완성된 삶을 누릴 수 있기 때문이다. 그러므로 유아들은 놀이에서도 어떤 강제력을 경험하지 않는다. 소집단 또는 자유 놀이에서 상상할 수 있는 것들이 중요하다. 유아들의 놀이감은 모두 유아들이 직접 수작업하여 만든 것이며 이를 통해 감각적 인상을 받아들이게 된다.

발도르프 학교의 인형

발도르프 학교의 실내

(3) 교육 내용

발도르프 유치원은 자유놀이와 서클 활동으로 교육이 이루어진다. 자유놀이 시간에 유아들에게는 다양한 예술적 활동을 할 수 있는 기회를 가지며, 서클 활동 시간에는 노래, 손가락놀이, 이미지 게임 등이 이루어진다.

발도르프 유치원에서의 활동은 예술적이고 실천적인 교육으로 구조화되어 있다. 예술교육은 전문가가 되기 위한 음악이나 회화가 아니라, 예술 활동을 통해서 글자를 익히고, 수의 비밀을 알아내고, 동물과 식물의 영위를 느끼며, 인간의 행위를 이해하도록 하기 위한 것이다. 발도르프 유치원에서는 수채화 그리기를 하는 날이 정해져 있다.

'몸을 움직이는 놀이' 인 오이리트미는 슈타이너가 '혼이 있는 신체의 배양' 을 위해서 창조한 예술로서, 소리와 음색에 익숙해져 이를 몸짓으로 형상화하는 '볼 수 있는 언어' 이며, '볼 수 있는 노래' 이다. 발도르프 유치원에서는 교사의 지도하에 이야기와 동화 모임이 매일 이루어지며, 한 해의 흐름에 따라 정해지는 한 주제에 대한 이야기를 일주일 내내 반복함으로써, 공동체험과 공동행동이 가능해지고 언어습득도 촉진된다.

02 몬테소리(Maria Montessori: 1870~1952)

1) 생애

몬테소리

마리아 몬테소리는 1870년 8월 31일 이탈리아의 카라벨레에서 태어났다. 어머니는 몬테소리를 어린 시절부터 엄격하게 훈육하였고, 12세 때 좋은 환경에서 교육받게 하려고 로마로 이사했다. 당시 이탈리아는 대다수 국민들이 빈곤한 농민과 노동자였고 문맹률도 높았으며 여성의 사회적 지위는 매우 낮았다. 여자의 가장 좋은 직업은 교사였기에 몬테소리의 부모도 몬테소리가 교사가 되기를 원했지만 몬테소리는 엔지니어가 되고자 하여 1882년에 공업기술학교에 들어갔다.

아버지의 반대로 기술학교를 끝마치지 못한 몬테소리는 로마대학 의과대학에 지원했으나 입학을 거절당하자 이탈리아의 왕과 교황의 도움으로 입학하였다. 몬테소리는 1896년 이탈리아 최초로 의학박사 학위를 받고 로마대학 부속 정신병원에서 정신이상자들을 돌보는 수련의가 되었다. 이때 몬테소리는 수용시설에 있는 지능 발달이 늦은 아이에 대해 관심을 갖게 되었는데 정신지체의 문제는 의학적 문제라기보다 교육적 문제라는 생각을 하게 되었다.

몬테소리는 정신 지체아들을 교육할 수 있는 교육원리와 교구에 대한 아이디어를 가졌다. 정신지체아의 교육 방법은 일반적인 것보다 더욱 합리적이어야 한다고 생각하여 노력한 결과 정신지체아들의 능력이 향상되었다. 몬테소리는 이러한 향상이 전통적인 의학 방법에서 벗어난 교육원리와 방법의 차이에서 나타나는 것이라 여기고 정상아에게도 그러한 교육 방법을 적용하려 하였다. 이로 인해 1901년에 정상아들 위한 교육 방법을 배우기 위해 로마대학에 재입학하였다.

몬테소리는 로마의 주택개량협회가 빈민가에 공동주택을 건립하여 유아들을 위한 시설을 몬테소리에게 의뢰하였다. 몬테소리는 이 시설을 어린이집(Casa dei Bambini)라고 명명하고 자신의 교육원리와 방법을 적용했다. 몬테소리는 유아들의 관찰을 통해 유아들의 정신발달에 연속적인 발달 단계가 있고 각 발달 단계마다 특별히 중요한 측면이 있다고 생각하였다. 또한 오감각의 발달 중 시각과 촉각의 발달은 지적 성장과 추상적 개념의 이해에 기본적이라는 것을 발견하고 같은 과제를 반복하는 방법을 통해 유아들의 감각발달을 도와주는 교수 자료들을 구안하였다. 그리고 3~7세까지의 유아들은 준비된 환경을 통해 마련된 교구를 스스로 선택하여 활동하고 학습한다는 것도 발견하는 등 자신의 교육 이론과 활동 및 방법을 체계화하였다.

몬테소리의 이론과 방법은 세계로 보급되었다. 1909년에 몬테소리 교육법이 미국에 소개되자 커다란 관심을 불러일으켰다. 1911년에 미국 최초의 몬테소리 학교가 설립되었으며 1913년에 미국 몬테소리협회가 형성되었고 1929년에 국제몬테소리협회(AMI: Association Montessori Internationale)가 설립되기도 하였다.

몬테소리의 교육원리와 방법들은 킬패트릭(W. Kilpatrick: 1871~1952)을 중심으로 한 진보주의자들에 의해 비판을 받았으며 또한 몬테소리가 나치와 파시스트 독재를 반대하였기에 그녀의 학교는 문을 닫았다. 전쟁이 끝나고 몬테소리는 네덜란드로 이주하여 1952년 5월 네덜란드 노르드빅 안제이에서 82세로 생애를 마쳤다.

2) 아동관

몬테소리의 아동관은 기본적으로 생명존중 사상에 근거하고 있다. 몬테소리에 의하면 모든 생명체는 살아가는 데 다양한 기능을 창조하고 조화로운 발달을 시도하는 능력과 자연에 적응하는 능력을 가지고 있다. 인간은 자연 속에서 자유롭게 발전하는 존재이며 동시에 내면에 존재하는 창조적인 발전을 행하는 존재로 유아들도 당연히 이러한 능력을 가지고 있다. 이러한 능력을 통해 유아는 스스로 창조적인 존재로 나아간다. 창조적인 존재로 나아가는 유아는 스스로 자유로워지기를 원한다. 환경에 얽매이지 않고 자신의 생체 리듬과 내적 상태에 따라 자신을 구체화시켜 발달한다. 몬테소리에 의하면 자유로운 유아는 스스로 활동을 선택하고 이를 능동적으로 하며 반복을 통해 습관화하면서 자유로워진다.

몬테소리는 유아는 자기 자신을 표현할 수 있는 능력을 가지고 있다고 한다. 유아 스스로 외부 환경과 접하면서 배우고 발전하는 능동적이고 자발적인 존재이므로 교사와 같은 성인은 유아가 스스로 해결할 수 있고 능동적으로 발전할 수 있도록 도와주는 것이 중요하다. 몬테소리가 유아를 능동적이고 자발적인 존재로 바라보는 것은 유아를 존중하는 관점을 의미한다. 유아를 친절하고 예의바르게 다루어 유아들이 친절과 예절을 배우도록 도와주는 것이 필요하며, 성인들의 권위나 강압에 의한 교육은 유아가 가지고 있는 능동성을 발휘하지 못하게 하므로 그들이 가지고 있는 내면의 정신이 펼쳐질 수 있는 환경을 마련하여 도와주는 것이 필요하다.

몬테소리의 유아존중 관점은 그 당시에 존재했던 성인 중심적인 아동관인 '성인의 축소판(miniatured adult)'이라는 관점과 다른 점을 보여준다. 몬테소리는 유아의 생활은 성인의 생활과 구별되어야 하고 동시에 존중되어서 유아에게 알맞은 개별적인 교육이 이루어져야 한다고 하였다. 이러한 몬테소리의 유아관은 현재의 교육에 초점을 맞추었다기보다 유아의 미래에 대한 교육에 초점을 두고 있다.

또한 몬테소리는 유아들이 잠재능력을 가지고 있다고 생각하였다. 유아들은 과제를 수행할 때 놀라운 집중력을 가지고 있으며, 자발적으로 자기를 훈련하여 현상을 배우며 선택과 반복 및 질서를 좋아하고 놀이보다 작업하는 것을 좋아하여 조용히 활동하는 특성을 보인다고 하였다. 몬테소리의 아동관을 요약하면 다음과 같다.

첫째, 몬테소리는 유아를 존중하는 관점을 보여주었다. 유아들은 시간과 환경이 허용되면 스스로 할 수 있는 존재이므로 친절하게 대할 필요가 있다.

둘째, 유아들은 개별적인 존재이고 개인차가 있다.

셋째, 유아들은 외부환경과 접하면서 배우고 발전해나가는 능동적인 존재이다. 유아들을 준비된 환경 속에서 조용하게 자신의 일을 해나간다.

넷째, 유아들은 축소된 성인이라기보다 스스로 능동적으로 끊임없이 자신을 창조해나가는 무한한 잠재능력을 가진 존재이다.

3) 교육 사상과 교육원리

(1) 정상화

몬테소리는 교육의 목적을 '정상화(normalization)'라고 하였다. 정상화는 유아의 육체적 및 정신적 에너지가 상호작용하여 내면적 안정을 갖춘 조화로운 상태를 말한다. 정상화는 자신의 내면적인 발달 욕구에 따라 작업에 집중하여 몰입하는 과정에서 유아의 내면에 잠재해 있는 자기 성장을 위한 본래의 진정한 모습이 나타나는 것이며, 정상화된 유아는 작업과 반복을 좋아하고 자신의 발달 속도에 맞춰 활동하며 이러한 과정을 능동적으로 한다.

몬테소리에 의하면 유아는 놀라운 집중력으로 반복하여 작업하는 것을 좋아하고 스스로 자기 훈련을 하는 잠재능력을 가지고 있다. 준비된 환경에서 자신의 발달 속도에 따라 스스로 선택한 활동으로 의미를 파악하여 유아는 내적 변화를 일으키게 된다. 이러한 내적 변화는 흥미와 집중, 반복을 바탕으로 이루어진다. 따라서 정상화된 유아는 마음의 안정과 만족을 느끼게 되므로 정상화는 유아가 가지고 있는 본연의 모습을 전개해 나가는 것이다.

스스로 선택한 작업에서 흥미와 집중을 보이지 못하는 유아는 그 작업으로부터 내적 변화를 일으키지 못한다. 따라서 교사는 유아의 정상화를 조장하기 위해 간섭보다는 환경을 준비하고, 유아가 자신감을 가지고 환경으로부터 선택할 수 있도록 유아의 내면적인 발달 상태를 잘 파악하는 것이 필요하다. 유아가 구체적인 사물에 집중할 수 있도록 환경을 체계적으로 정비하여야 하고 유아의 민감성, 흡수정신 등이 나타나도록 도와주는 것이 필요하다.

정상화는 한 번의 과정으로 끝나는 것이 아니라 작업의 선택과 집중, 작업의 반복을 통해 계속적으로 이루어진다. 결국, 정상화란 내면적 욕구를 바탕으로 이루어지는 자기 활동과 목적 지향적인 활동을 스스로 해나가는 것이고, 그 과정에서 유아는 만족이나 즐거움을 얻게 되어 내적 안정과 변화를 경험하는 것을 말한다. 정상화는 다음과 같은 단계로 이루어진다.

첫째, 유아가 무엇을 해야 할지 모르는 단계이다. 유아는 다른 유아를 관찰하거나 혹은 다른 유아가 작업하고 있는 교구를 빼앗는 모습을 보여주기도 한다.

둘째, 유아가 일시적으로 교구를 선택하지만 선택한 교구에 진정한 흥미를 느끼기보다 교사가 제시한 방법대로 사용하는 단계이다. 교구 선택의 빈도가 높고 선택한 활동에 대해 집중하여 반복하는 시기가 짧은 모습을 보여준다.

셋째, 흥미를 가지고 교구를 스스로 선택하여 반복하고 집중하는 모습을 보여준다. 이 단계에서 유아는 선택한 교구를 원래의 활동 방법으로만 활용하지 않고 다른 방법을 창안하거나 응용하는 반복적인 활동 형태를 보여준다. 따라서 선택하는 교구의 수는 적지만 집중하는 시간은 길어진다.

(2) 민감기

민감기(sensitive period)는 특정한 시기에 두드러지게 나타나는 특성으로 환경으로부터 잘 받아들이고 잘 습득할 수 있는 시기를 의미한다. 민감기 동안에 유아는 외부 환경으로부터의 인상, 정신, 의미를 흡수하여 자기 것으로 만드는 능력이 가장 왕성하게 이루어진다. 이 시기의 유아는 세계와 접촉하려는 강한 욕구를 드러내며 이 때 환경과 접하는 유아의 정신은 정서적 반응이라기보다 특정 측면에서 두드러지게 나타나는 지적 혹은 정신적 욕구이다.

몬테소리는 민감기를 곤충과 비교하여 설명하였다. 곤충들은 알, 모충, 번데기, 성충을 거쳐서 성장한다. 각 성장 단계에서 곤충들은 일정한 시간이 지나면 이전 모습과 전혀 다른 모습으로 변한다. 곤충처럼 인간에게도 일정한 주기의 단계가 있고 그 단계에 맞는 발달과 변화를 이끄는 감수성이 있고, 이에 적합한 감각 시기와 감각 주기가 있다. 각 단계에 민감성이 있어서 독특한 특성을 형성하게 된다.

민감기에 나타내는 감수성은 생명의 본질이며 내면의 정신이다. 민감성이 형성되면 어떤 행동을 하는 강한 흥미를 지니며 반복적인 행동을 통해 폭발적인 힘을 지니게 된다. 민감기는 각 단계에 따라 나타나며 그 단계가 지나고 새로운 단계에 들어가면 그 단계에 맞는 또 다른 감수성이 민감성을 보이게 된다. 그러므로 민감성은 그 단계에 나타나는 일시적인 현상이며 6세 이하의 유아들에게서 볼 수 있는 특징이다. 민감기는 크게 다섯 가지로 분류할 수 있다.

첫째, 제1기인 질서에 대한 민감성은 유아의 질서에 대한 감각이다. 1~2세까지 지속되는 질서에 대한 민감성은 질서에 대한 요구로, 사물이 있어야 할 곳에 없으면 짜증을 내며 할 수 있으면 제자리에 그 물건을 갖다 놓는 현상이 나타난다.

둘째, 제2기인 오관에 대한 민감성은 2개월~2세에 나타나는 것으로 손과 혀를 사용하여 환경을 탐구하려는 현상이다. 이를 바탕으로 언어발달이 이루어진다.

셋째, 제3기는 걷기에 대한 민감성으로 18개월에서 3세에 나타난다. 두 번째 탄생 시기로 유아는 걷게 되면서 독립된 존재로 세상에 나아가게 된다. 또한 자기 힘을 발달시켜 자기 존재를 설정하게 된다.

넷째, 제4기는 세부에 대한 민감성 시기이다. 이 시기에는 작은 사물에 대해 흥미를 가지는데 흔히 2세에서 3세 사이에 나타난다.

다섯째, 제5기는 사회생활에 대한 민감성의 시기이다. 2세 반에서 6세에 나타나는 이 민감성은 사회생활에 관심을 가지고 타인과 공동의식을 갖고 타인의 권리를 이해하는 등의 현상이 나타난다.

(3) 흡수정신

흡수정신(absorbent mind)은 유아의 내부에 존재하는 자발적인 정신으로 환경으로부터 스스로 배우는 정신이다. 또한 흡수정신은 무의식적이고 자발적이며 자신도 모르는 사이에 환경으로부터 많은 인상을 받아들이고 직접 경험하고자 하는 유아의 특성이다(연세대학교 교육철학연구회 편, 2002). 의식적이든 무의식적이든 유아는 환경으로부터 다양한 것을 경험하여 기억, 정신력, 사고력 등이 형성된다. 따라서 흡수정신은 유아의 인격이나 정신을 형성해주는 것으로 유아에게 다양한 환경을 제공하여 유아의 흡수정신을 자극할 필요가 있다(김남균, 1998).

흡수정신은 무의식적 단계와 의식적 단계로 구분된다. 무의식적 단계는 0세부터 3세까지로 감각을 발달시켜 모든 것을 흡수하는 시기이다. 보기, 듣기, 맛보기, 냄새 맡기, 만지기 등을 위한 감각이 발달하는 시기이다. 이 시기에 유아는 가능한 모든 인상들을 무의식적으로 흡수하며, 흡수한 각 인상들과 사전에 이루어졌던 인상들을 서로 연합시켜 발달한다. 의식적 단계는 3세에서 6세까지의 시기로 유아는 계획적으로 환경과 상호작용하여 좋아하는 것을 직접 경험하려는 의지가 나타나는 시기이다. 무의식적 단계에서 흡수된 정신들과 기본 능력들은 의식적 단계에서 통합되고 정교해져 인격의 기본을 형성하게 된다. 의식적 단계에서 유아는 좋아하는 활동을 선택하여 집중하는 의지가 더 강하게 나타나므로 다양한 자극이 있는 환경을 제공해주는 것이 중요하다.

흡수정신을 통해 유아는 환경으로부터 여러 가지 인상을 습득하게 되고 환경과의 경험을 통해 성장하고 발달하며, 이로 인해 유아는 본래 내재해있는 정상성을 찾게 되고 천성이 왜곡되지 않는 상태로 발달하는 정신을 형성하게 된다.

(4) 준비된 환경

준비된 환경은 정상화를 위한 밑거름이다. 유아들은 주위 환경을 통해 들어오는 인상을 받아들여 내적 발달을 전개하게 된다. 환경에서 들어오는 인상이나 자극이 체계적이지 않고 유아들의 흡수정신을 자극하는 환경이 아니면 유아들의 성장과 발달은 그만큼 이루어지지 않는다. 따라서 준비된 환경은 유아들의 주의력을 집중시키게 하고 그들의 소질이나 능력을 전개시킬 수 있는 환경을 의미한다.

몬테소리에 의하면 유아들은 선택에 의한 활동을 할 때 놀라운 집중력을 보인다고 한다. 유아들은 집중과 몰두를 통해 독립적인 성인으로 나아가게 된다. 이 과정에서 준비된 환경은 유아의 활동 자극과 동기를 제공하는 역할을 한다. 그러므로 준비된 환경은 몬테소리 교육에서 중요하다. 준비된 환경은 교육적인 수단이면서 유아를 위한 배려이다. 준비된 환경을 통해 유아들은 자유롭게 움직이고 활동하게 된다. 준비된 환경은 유아들의 필요를 충족하는 교구가 있는 환경이며 유아들의 자유정신을 자극하고 관심을 제공하는 환경이다.

준비된 환경에서의 경험을 바탕으로 유아의 정상성이 전개될 수 있으므로 유아의 발달 단계에 대한 교사의 세밀한 관찰을 바탕으로 유아에게 적절한 교구를 마련해주는 것이 필요하다. 교사는 유아들이 활동할 수 있는 교실환경을 마련하고 교실을 유아들이 스스로 활동하고 놀 수 있는 장소로 만들어야 한다.

(5) 자동교육

자동교육(auto education)은 준비된 환경 속에서 유아가 스스로 선택한 교구와의 상호작용을 통해 내면적인 정신 능력을 발전시켜 나가는 것을 말한다. 몬테소리에 의하면 유아들은 능동적 학습자로 준비된 환경 속에 있는 교구를 스스로 선택하여 활동해서 자신을 변화 및 발전시켜나가는 존재이다. 몬테소리 교구들은 자기 수정적 특징이 있어서 교구들로 활동하다보면 오류가 무엇인지 깨닫는 학습이 자동적으로 일어나게 된다. 이 과정에서 유아들은 주위 환경의 자극으로부터 인지적 능력을 일깨워 나간다. 따라서 자동교육은 유아들의 선택과 활동을 장려하고 스스로 자신을 교육해나가는 과정을 의미한다.

몬테소리 교구는 유아의 주의력을 체계적이고 집중적으로 이끌어내며 또한 오류를 수정하여 유아가 학습하게 한다. 유아는 준비된 환경에서 스스로 선택한 교구에 집중하고 교구를 통해 오류가 나타나면 그 오류를 스스로 수정한다. 따라서 자동교육은 자기 수정적 특성을 가지고 있는 몬테소리 교구와 직접적으로 관계가 있다.

(6) 자기 활동의 원리

자기 활동의 원리는 유아가 능동적 학습자임을 강조한다. 몬테소리에 의하면 유아는 스스로의 내면적인 에너지에 의해 학습하는 존재이고 스스로 학습 환경으로 들어가는 존재이다. 그러므로 유아는 능동적인 존재이며 준비된 환경 속에서 자기 수정적인 특성을 지닌 교구와의 상호작용을 통해 스스로 오류를 수정하면서 성장하고 발전해 나간다.

4) 몬테소리 교육의 내용과 방법

(1) 교육의 내용

① 일상생활훈련

일상생활훈련은 실제 생활에서 경험하는 활동을 말한다. 일상생활은 유아들이 일상적으로 관찰하는 것으로 친밀감을 제공하며 간단하고 반복적이고 구체적인 목표를 가지고 있어서 유아의 관심을 유발시킬 수 있다.

일상생활훈련은 생활구조나 생활양식을 유아가 단순히 흉내내는 것이 아니라 실제 생활환경에서 활동하면서 일상생활에 좀 더 적응을 잘하도록 도와주는 것이다. 사회와 환경에 적응하게 하고 이해력, 집중력, 독립심, 근육조절, 질서감 등의 발달을 도모한다. 또한 자신과 환경을 돌보는 습관을 형성하고 공동체의 일원으로 활동하는 것을 배우는 등 정신적 및 육체적으로 통합적인 발달을 도모하여 올바른 인격 형성의 바탕을 다지게 한다.

일상생활 영역의 교구들은 유아들의 독립심과 올바른 인성을 기르는 데 도움을 주는 교구들로 구성되며, 주요 활동은 기본 운동과 관련된 활동, 환경과 관련된 활동, 개인과 관련된 활동, 사회적 관계와 관련된 활동들로 구성되어 있다.

첫째, 기본 운동과 관련된 활동은 일상생활을 연습하기 위해 기본이 되는 운동을 말한다. 몸 전체에서 받아들이는 동작이나 운동으로 선 위를 걷기, 균형 유지와 같은 신체 활동과 활동의 조정 및 집중 능력 등을 포함한다.

둘째, 개인과 관련된 활동은 유아가 자신을 보호하기 위해 스스로 할 수 있는 활동들이다. 자기존중과 자신감, 자립심 등의 발달을 돕는 활동들(손 씻기, 옷 입고 벗기 등)로 구성된다.

셋째, 환경과 관련된 활동들은 유아들이 생물이나 무생물을 대상으로 하는 활동들이다. 이 활동들은 교실에서 자신들의 환경을 보호하도록 배우는 활동들(물 따르기, 물건 옮기기, 청소하기 등)로 구성되어 있다.

넷째, 사회적 관계와 관련된 활동은 유아가 사회적 상황에서 행동을 선택하고 인식하기 위한 활동들이다. 다른 사람과 교제할 때 선택하고 적절한 사회적 반응을 학습하는 것 등의 활동들이 포함된다.

일상생활 활동영역은 모든 활동의 기본이자 핵심적인 활동이며, 이러한 일상생활의 습관을 토대로 감각교육과 산수 및 언어, 문화교육 등으로 나아가게 된다.

② 감각교육

감각교육은 유아의 감각기관 발달과 형성 시기에 감각의 발달을 효과적으로 돕고 유아가 현재에 처해 있는 실제 생활 및 미래 시대에 적응하기 위해서 관찰에 필요한 능력과 수단을 몸에 익히도록 하는 것이다. 유아는 정신 발달에 필요한 모든 것들을 감각기관을 통해 주변 환경으로부터 흡수한다. 환경자극은 감각기관을 통해 뇌에 전달되고 지각신경을 통해 근육에 전달되면 운동이 일어나 지적 및 정신적 발달로 이어진다. 그러나 감각의 어느 부분에 장애가 생기면 환경자극을 올바르게 수용할 수 없으며 정신발달에 지장을 초래하게 된다. 유아의 감각기관이 정상적으로 발달되어야만 정신발달이 신체 발달과 조화를 이루며 원만한 인격을 형성하게 된다. 그러기 위해서는 유아들의 감각능력을 발달시켜서 세련되고 다양한 감각을 얻게 해야 한다. 그리고 유아가 적절한 시기에 감각적 경험을 쌓을 수 있는 기회가 있어야 하고 감각을 훈련할 수 있는 준비된 교육환경이 필요하다.

감각교육은 다섯 가지 감각의 발달에 도움을 주도록 고안되어 있다. 감각교구(16개)는 원기둥 꽂이, 분홍탑, 갈색계단, 빨간 막대, 색깔 원기둥, 색판, 기하도형과 카드, 기하입체, 구성삼각형, 촉각판, 온각통, 중량판, 비밀주머니, 소리통, 미각병, 후각통, 기타 2항식 입방체, 3항식 입방체, 음감벨 등이 있다.

③ 수학교육

몬테소리는 수학교육을 유아의 모든 정신적 · 지능적 발달의 기초가 되는 교육으로 중요시했으며, 수학교육의 목적은 사고력을 필요로 하는 경험적 기회를 제공하여 사고의 가능성을 기르는 데 두었다. 수학교육의 기초를 수개념의 파악에 두고 수개념을 지도를 하였다. 수학교육에서는 유아의 논리적 사고력 발달을 위한 다양한 교구를 통해 정확성, 통일성, 서열, 양, 차이들에 대한 개념을 기른다.

④ 언어교육

언어발달은 추상적인 경험으로 이루어지는 것이 아니라 구체적인 사물 조작을 통해 이루어진다. 유아의 의사소통 능력의 발달을 위해 풍부한 언어를 습득하도록 도와주고 의사소통을 할 때 언어를 효과적으로 사용할 수 있는 구체적 기술 발달을 도와주는 것이 언어교육의 궁극적인 목표이다.

몬테소리는 4세 유아들은 쓰기를 배울 준비가 되어 있고 글자 쓰는 것이 읽는 것보다 덜 추상적인 것으로 보았기 때문에 읽기보다 쓰기 활동을 강조하였다. 이를 위해 근육 조절을 발달시키고 쓰기를 위한 준비 활동을 제공하였다. 또한 자유로운 대화를 통해 언어발달이 이루어지도록 하여 지속적인 자기표현도 강조하였다.

언어교육의 구체적인 훈련들은 풍부한 어휘를 확장하기 위한 노래 부르기, 계절에 대해 말하기, 질문하기 게임, 보고 말하기, 경험에 대해 이야기하기 등이 있고 읽기와 쓰기의 발달을 위한 종이글자, 알파벳, 언어카드 등의 교구들이 있다.

⑤ 문화교육

유아가 사회 속의 한 인간으로 살아가는 데 필요한 여러 가지를 이해하는 것에 궁극적인 목적을 두는 것이 바로 문화교육이다. 문화란 지리, 생물, 역사, 과학, 미술, 음악 등의 많은 영역을 포함하고 있는데 이러한 문화 속에서 인간이 살아가는 데 필요한 일들, 습관 , 행동들을 경험하고 그러한 경험들이 문화적 요인들로 구성된다.

문화교육을 통해 유아들은 각 사회가 가지고 있는 문화적 요인들에 대해 이해하게 되며 나아가서는 환경에 따라 생활현상이나 삶의 모습이 다르다는 것을 이해하게 된다. 몬테소리 교육에서의 문화교육은 자연교육이나 종교교육, 지리, 역사 등의 내용들을 포함한다.

(2) 교육의 방법

① 자동교육

자동교육은 잠재력을 가진 유아가 자기 활동을 통해 스스로를 교수하는 것으로 교구가 중요한 역할을 한다. 몬테소리 교구는 자기수정적 특징을 가지고 있어서 유아가 교구를 가지고 활동을 하다가 잘못하면 교구를 통해 교정을 받을 수 있으며 다른 유아를 관찰하면서 스스로 고칠 수 있다. 그러므로 교구를 사용하는 과정에서 유아는 스스로 자극을 제공받으며, 활동이 끝나면 개별적으로 자신의 학습 진도에 맞게 다른 활동을 선택하여 활동을 계속한다.

몬테소리 교구는 활동에 흥미를 주고 유아가 개별적으로 학습할 수 있도록 난이도와 순서 등이 체계적으로 되어있다. 몬테소리 교구는 다음과 같은 특징이 있다.

첫째, 개념의 고립화로 교구가 갖는 특성들을 변화시키지 않고, 그 교구의 목적이 되는 성질만을 고립시키는 것을 말한다. 유아는 한꺼번에 다양한 개념을 습득하는 것이 어려우므로 개념을 하나씩 제공한다면 유아가 학습하기에 훨씬 쉽다.

둘째, 오류를 정정할 수 있다. 즉, 유아가 자기 활동의 실수나 잘못된 점을 명확하게 알 수 있도록 고안되어 있다. 이러한 교구를 자기수정적 교구라고 한다.

셋째, 자동 교육으로 유아가 주위 환경에서 스스로 자유롭게 선택한 교구를 통하여 자신의 능력을 점차적으로 개발해 나가는 것이다. 오류의 정정과 더불어 이루어지는 자동교육을 통해 유아는 발달해나간다.

② 개별교육

개별교육은 유아 개개인에게 초점을 맞추고 있는 교육이다. 유아는 특유한 존재이고 발달속도가 각기 다르기 때문에 개인의 성장가능성이나 잠재력을 실현하기 위해서는 유아의 발달속도나 단계에 맞는 교육 활동이 이루어져야 한다. 유아는 스스로 내면적인 에너지에 의해 학습하며, 다른 사람에 의해 학습하기 보다는 스스로 학습 환경 속으로 들어가므로 개별교육은 자기 활동의 원리로 이어진다.

③ 3단계 교수법

몬테소리는 교구를 통해 기존 개념을 바탕으로 새로운 개념을 형성할 수 있도록 3단계 교수법을 제시하였다. 1단계는 명칭과 그 대상물을 일치시키는 것으로 대상물의 특징이나 이름을 제시하고 이야기해 준다. 2단계는 1단계에서 얻어진 사물에 대한 개념이 구체적인 인상으로 연결되도록 대상물을 지적하고 인지하게 한다. 3단계는 대상물의 명칭을 기억시키고 발음하게 하여 유아 스스로 사물의 명칭을 기억하고 언어화하게 한다. 이러한 과정을 통해 유아는 환경으로부터 개념들을 능동적으로 학습할 수 있게 된다.

5) 교사의 역할

(1) 교사의 자질

첫째, 유아에 대한 이해와 존중이다. 유아는 주위 환경과의 접촉을 통해 내면의 정신적 발달을 이끌어내는 능동적 존재이다. 따라서 교사는 유아가 하는 활동을 존중하고 유아의 성장과 발달을 이끌어낼 필요가 있으므로 유아를 이해하고 존중하는 태도와 자질이 필요하다.

둘째, 몬테소리는 유아의 발달에 도움을 주는 교사의 수동적인 자세와 겸손하게 유아를 대하는 자질과 태도를 주장하였다. 몬테소리는 교사의 행동을 주인과 하인의 관계에 비유하면서 주인을 훌륭하게 섬기는 하인의 방식이 교사의 훌륭한 모델임을 강조하였다.

셋째, 자기 자신에 대한 지식을 쌓는 등 참다운 자기 모습을 정립하는 교사의 태도를 강조한다. 교사는 잠재능력의 개발을 위해 노력하는 것이 필요하다.

(2) 교사의 역할

① 관찰자로서의 교사

관찰자의 역할은 몬테소리 교육에서 아주 중요한 역할이다. 민감기를 알아내어 환경을 준비하기 위해서는 교사는 유아를 관찰해야 한다. 유아의 관심과 집중하는 모습을 파악하여 정신발달을 이끌어내는 것은 중요한 교사의 역할인데 이를 위해서는 관찰이 필수적이다. 관찰은 단지 서서 유아들을 지켜본다는 것이 아니라 유아의 작업과 행동에 대한 전반적인 관찰이 이루어져야 한다.

② 환경준비자로서의 역할

환경준비자로서의 교사역할도 몬테소리 교육에서 중요한 역할이다. 몬테소리 교사는 유아의 성장과 발달에 도전을 제공해 줄 수 있는 매력적인 환경을 준비하고 유지하여 유아의 내적 잠재력을 이끌어내어야 한다. 유아는 준비된 환경 속에서 자신의 활동을 함으로써 주위 환경과 조화를 이룰 수 있고 더 나아가 정상화로 나아갈 수 있다. 교사는 유아를 교구와 연결시켜주기도 하고 질서감 있게 교구와 자료를 정리하여 유아가 이에 순종하도록 하는 것은 중요한 교사의 역할이며 개개 유아들에게 적합한 개별적인 환경을 제공할 필요가 있다.

③ 보호자로서의 역할

보호자로서의 교사역할은 유아가 즐거움과 편안함을 가지고 활동해 나갈 수 있게 하는 원동력이다. 활동을 통해 유아가 기쁨을 얻고 반복하여 활동에 몰입하는 것은 안정된 환경에서 독립적으로 작업하여 나타나는 현상이고 이를 통해 유아는 자기발달을 성취할 수 있다. 유아는 활동이 끝난 다음에 교구를 제자리에 둘 수 있고 작업 중에 다른 유아로부터 교구를 빼앗을 수 없는 등 유아의 활동을 보호하고 질서감 있게 유지하는 것은 보호자로서의 교사의 역할이다.

④ 자극자로서의 교사

몬테소리 교사는 준비된 환경 속에서 유아들이 자기 활동을 할 수 있도록 자극을 주는 역할을 해야 한다. 자극자로서의 역할을 수행하는 교사는 유아가 교구의 사용 방법을 시범을 통해 보여준다든지 유아가 한계에 부딪혔을 때 도와줄 수 있는 시기를 결정하여 도와준다든지 하여 유아의 활동과 내적 발달을 자극할 필요가 있다. 자극자로서의 역할은 관찰자로서의 역할과 더불어 이루어지는 교사의 역할이다.

6) 유아교육에 미친 영향

몬테소리 교육은 1920년대 이후 듀이의 경험 중심 교육 과정으로 인해 차츰 빛을 잃었지만 인지 이론에 입각한 교육 과정이 대두된 1960년대 이후 다시 각광을 받게 되면서 현대 유아교육에 많은 영향을 미쳤다. 그러나 몬테소리 교육 방법은 유아의 비활동성을 통한 사회적 활동을 제공하지 않는다는 비판을 받으면서 이러한 비판을 수용하여 수정된 몬테소리 프로그램을 오늘날 제공하고 있기도 하다.

몬테소리 교육이 현대 유아교육에 미친 영향 가운데 하나는 유아에 대한 관점이다. 몬테소리는 유아의 내적 잠재력을 강조하면서 개별성을 지적하였고 유아의 내적 잠재력은 개인차가 있음을 인정하였다. 특히 개인의 선택에 의해 이루어지는 환경과의 접촉은 유아에게 흥미나 즐거움을 주어 유아의 내적 정신을 전개하게 하는데 이러한 전개를 돕는 성인의 역할이나 교사의 자질을 강조하였다는 점은 오늘날에도 중요한 부분이요 교육의 실천적 측면에서도 의의가 있다.

몬테소리 교육을 통해 유아들이 성인의 간섭 없이 스스로 좋아하는 것을 선택하여 기쁨과 성취감을 맛보게 됨으로써 유아는 자율성과 독립심을 가질 수 있고 주의집중력을 형성하게 될 수 있다. 그러므로 교사들은 유아의 선택과 활동을 도울 수 있도록 환경을 준비하고 관찰하는 역할은 현대의 유아교육에 시사 하는 바가 크다.

03 존 듀이(John Dewey, 1859~1952)

1) 생애

존 듀이

19세기말부터 20세기 초까지 미국의 교육을 주도한 존 듀이(John Dewey, 1859~1952)는 실용주의 교육 철학을 일종의 도구주의(Instrumentalism)로 보편화시켰다. 교육학적으로 듀이의 이론은 코메니우스의 직관교육, 실물교육론과 루소의 자연주의 교육관, 이후 페스탈로치, 프뢰벨, 헤르바르트 등의 심리적 개발주의 주창자들의 사상에 영향을 받는 것으로 본다. 듀이가 주장한 도구주의 철학은 보편적인 관념을 거부하고 종교적인 교리를 벗어난 일반적 삶의 관심을 상대주의적(Relativism)으로 표현한 것이다. 모든 유기체는 자신의 욕구를 환경에 적응시키고, 욕구를 환경에 적합하게 사용한다. 이러한 관점에서 보면 진리나 종교적 지식도 인간을 위한 것이며 인간 삶의 수단이다. 프래그머티즘을 도구주의로 보편화시킨 듀이의 철학은 객관적 · 공리적 교육이념에 대한 의문을 제기하고 주관적이며 인간본위의 교육론을 펼칠 기회를 제공한 것으로 평가된다.

듀이는 프래그머티즘을 바탕으로 도구주의적 실용주의적 교육학을 구성하고 진보주의 교육 사상을 체계화하였다. 그의 교육관의 특징은 상대주의적, 경험주의적, 구성주의적 특징이 있다. 퍼어스(Peirce, 1839~1914)와 제임스(James, 1842~1910)를 거쳐 듀이가 체계적으로 주창한 진보주의 교육관은 20세기 초 미국 교육개혁운동에 막대한 영향을 미쳤다. 1918년 진보주의교육협회(PEA: Progressive Education Association)가 창설되어 신교육운동을 일으킨 것이 그 대표적 예이다. 진보주의 교육관은 유아를 미성숙한 개체로 보고 교육을 통해 유아에게 필요한 성장의 기회와 환경을 만들 것을 주장하였다. 이러한 사상을 주장한 듀이의 교육관과 유아교육관을 살펴보면 다음과 같다.

2) 듀이의 교육 사상

(1) 전통교육과 진보주의 교육

듀이는 20세기 초 미국의 교육개혁을 이끈 교육 철학자이며 수천년간 이어온 서양의 이원론적 사고를 일원론으로 통합시킨 사상가이다. 전통적 서양 철학의 관점에서는 실재가 관념적 · 정신적 차원의 것과 물질적 차원의 이원적인 것으로 분리되어 존재한다. 관념, 정신 등은 상위의 가치이며 물질, 일, 행동은 하위의 가치이다. 이 이분법적 구조는 불변이며 인간은 하위가치에서 상위가치를 지향하는 존재이다. 이러한 입장을 따르는 교육은 물질적인 가치를 벗어나 고정불변의 상위가치로의 진행이 목적이 된다. 이러한 이원론의 영향으로 이론과 실제의 구분, 인문교육과 직업교육, 순수과학과 응용과학 등의 구분이 존재한다. 따라서 이론적 교과를 실제적 교과보다 우위에 두고 추상적이거나 문헌적인 것을 상위의 가치로 두는 교과 중심 교육과정이 운영되었다. 이론 중심의 교과 중심 교육과정은 형식논리에 치우쳐 학습자 개인의 경험과 사회적 상황과 유리되어 있으며 이를 기준으로 교육하는 학교는 삶과 분리된 추상적 기관이 되었다.

듀이는 전통적 교과 중심 교육과정이 이론과 실제를 구분하는 이원론에 기초하며, 이는 학습자와 교육을 분리하여 학교와 사회를 상호 고립시키는 결과를 초래한다고 보았다. 이러한 이론과 실제의 분리를 해결하고자 그는 아동 중심교육과 생활 중심교육을 주장한 사상가로 미국 진보주의 교육 사상을 정립하였다.

(2) 듀이의 교육관

버몬트 대학

듀이는 교육은 경험의 재구성을 통한 성장이며 이때 성장은 생활 그 자체와 분리될 수 없다. 교육은 하나의 경험이 다른 경험으로 대체되는 과정이 아니라 기존의 경험이 지금까지의 삶의 세계를 바탕으로 재구성되고 재형성되는 것이다. 듀이의 교육을 말할 때 '교육은 곧 성장'이라는 표현을 한다. 이때 성장을 위한 기본 조건은 미성숙이다. 이 미성숙이라는 말은 결여나 결핍의 의미가 아닌 다른 모습으로의 성장 가능성 즉 가소성을 말한다. 미성숙이라는 말에는 이미 잠재적인 성장력을 가진다. 따라서 성장을 넘어서는 교육목적은 있을 수 없다. 이때 성장은 지속성, 통합성, 가치지향, 후속 경험의 통제 가능성을 내포한다.

듀이 교육의 특징은 생활의 준비나 대비로서의 교육이 아니라 생활 그 자체의 교육을 강조한다는 것이다. 즉, 교육이 다가올 미래에 대한 준비가 아니라 현재 유아가 흥미를 가지고 필요로 하는 것을 교육한다. 듀이의 교육관을 이해하는 데 중요한 열쇠가 되는 흥미는 매우 광범위한 의미를 지닌 개념이다. 모든 사람은 자신이 관심을 가지는 대상에 흥미를 가지거나, 반대인 경우와 같이 흥미란 인간 삶에게 필수적인 요소이다. 듀이 교육관에서 흥미란 거리가 있는 두 가지의 사물을 연결하는 것으로 노력과 의무와 대립된 개념이다. 이는 학습자가 별개의 사물을 자신의 관심에 두는 행위로 자발적인 관심에 의한 것이다. 학습자들은 흥미를 통하여 사람과 사람, 사람과 사물, 사물과 사물 사이, 행위와 결과 사이의 거리감을 감소시킬 수 있다. 듀이는 『학교와 사회』(1899)라는 저서에서 흥미를 다음과 같이 구분하였다.

① 대화와 의사소통의 흥미(Interest in conversation or communication)

② 사물을 탐구하고 발견하는 흥미(Interest in inquiry or finding out)

③ 사물을 제작하고 구성하는 흥미(Interest in making or construction)

④ 예술적 경험의 흥미(Interest in artistic experience)

듀이가 구분한 흥미는 일상생활을 영위하는 데 필요한 소통에 관련된 것과 사물을 탐구하고 제작 구성하고 나아가 예술적 경험을 가지는 흥미까지 기본적인 것에서 고차원적인 것까지 모두 해당되는 광범위한 것이다.

듀이의 관점에서 교육의 주체는 학습자이며, 학습자의 자발적 활동과 능동적 참여가 교육의 기본 조건이다. 따라서 듀이는 생활 그 자체를 교육목적으로 보고, 생활과 직결되는 내용을 바탕으로 교과구성을 하고, 흥미를 중시하여 행함으로 배우는 교육과정을 주장하였다.

3) 듀이의 유아교육 사상

유아의 흥미와 필요를 강조하는 유아 중심 교육 사상은 루소가 아동 중심 교육관을 주장한 이래로 듀이에 이르러 실제적으로 구체화되었다. 듀이는 유아가 지닌 잠재적 힘과 흥미 관심 등을 존중하고 환경에 능동적으로 반응하는 존재로 학습자를 이해할 것을 주장하였다. 앞서 살펴본 듀이의 사상을 기반으로 구체적인 유아교육관을 살펴보면 다음과 같다.

(1) 유아교육의 목적

듀이의 교육은 계속적인 경험의 재구성을 통한 성장이며 성장 이외의 목적은 없다. 따라서 교육의 목적은 곧 성장이며 유아의 삶과 유리된 별개의 교육과정은 논리적으로 존재할 수 없다. 즉, 성장 자체가 교육이기에 교육목적은 삶을 통해 구성되고 발생하며, 삶을 통해 새로운 교육목적이 설정되고 이를 해결해가는 계속적인 과정이 곧 교육이다. 따라서 듀이에게 교육은 곧 삶 그 자체이다. 이러한 점을 고려해보면 듀이의 유아교육관에 있어 고정된 교육목적을 주장할 근거는 없다. 대신 교육의 목적을 정립할 기준은 다음과 같다.

첫째, 유아교육의 목적은 유아의 욕구와 흥미가 반영되어야 한다.

둘째, 유아교육의 목적은 유아의 발달 수준과 흥미가 고려되어 각 교과영역에 적극 반영되어야 한다.

셋째, 유아교육의 목적은 유아의 자발성 존중을 기준으로 다양한 삶의 양태를 경험하고 생활에 조력이 되는 방향을 설정되어야 한다.

이러한 교육목적 설정의 기준을 따를 때 고정된 전통적 학교교과의 학습이 아니라 생활 상태와 유사한 경험과 작업 활동 속에서 일어나는 다양한 행위를 기반으로 교육과정이 구성된다. 즉, 듀이의 교육목적을 실현할 유아교육은 유아에게 능동적으로 자극을 주고 유아의 흥미와 습관을 잘 파악하여 학습장을 제공하는 것이다.

(2) 유아교육 내용과 방법

듀이의 교육은 삶과 일체되는 통합교육을 지향하기에 특별한 교과나 영역의 형태로 교육 내용을 조직하는 것은 어렵다. 오히려 모든 교과나 내용 영역에서 듀이식의 교육 접근이 가능하다. 이러한 측면에서 보면 듀이의 교육론은 어떠한 형태나 체계를 의미하는 것보다 교육에 대한 접근 방식이나 교육을 대하는 태도나 성향의 문제로 접근하는 것이 더욱 타당하다.

듀이의 교육 내용은 삶의 경험과 동일한 의미이다. 즉, 교육은 경험의 계속적인 재구성이기에 그 교육의 내용은 경험을 벗어날 수 없다. 따라서 모든 교육 내용은 유아의 개별적 경험과 관계되고 연관될 때 교육 내용으로 가치를 지닌다. 듀이의 경험은 교육의 목적, 과정, 내용, 방법을 포괄하는 의미이며 교육의 결과이기도 하다. 그러나 아무런 형식이 없는 교육 내용을 주장한 것은 아니다. 듀이가 주장한 유아교육의 내용은 다음과 같다.

첫째, 교육 내용의 출발점은 유아 자신이지만 이는 교과나 지식과 연결되어질 때 가치가 있다.

둘째, 단순한 삶의 경험을 벗어난 반성적 지성과 결부된 교육 내용이 교육적 가치가 있다. 따라서 듀이의 교육 내용은 삶에 대한 반성과 숙고가 포함된 진중한 내용이다.

셋째, 유아교육의 내용은 개별 유아가 접하는 사회, 문화, 인지 등이 모두 고려되어야 하며, 교육 내용의 조직과 운영은 교육과정과 교육결과의 산출을 모두 포함하는 통합적 운영이 이루어져야 한다.

결국 듀이가 주장한 교육은 다양한 학습자의 필요와 흥미를 반영하여 유아를 교육의 주체로 인정하는 것이다. 이러한 교육을 구체적으로 실행하기 위한 방법은 유아의 선한 본성을 존중하는 것이다. 이는 루소의 자연주의 교육관에서 유래된 것으로 유아의 본성에 대한 신뢰와 본성에 내재한 성장의 가소성을 인정하는 것이다. 따라서 선한 본성이 발현되는 것이 곧 유아의 흥미라고 파악하였다. 유아가 흥미와 관심을 가지는 것은 곧 성장할 방향을 내포하는 것이기에 존중됨이 당연하다.

듀이의 유아교육 방법을 제시하면 다음과 같다.

첫째, 유아교육에서 교사와 유아가 능동적으로 상호작용할수록 교육의 효율성이 높다.

둘째, 유아교육 방법은 개별화 교육을 중심으로 반성적 사고에 기초한 문제해결법이 추가된다.

셋째, 교수–학습법에서 유아의 흥미는 중요한 요소이다.

넷째, 교수–학습의 상황에서 유아가 자유롭게 능력을 발전시키고 흥미를 가지게 하는 자기활동을 강조해야 한다.

다섯째, 교육 방법을 결정할 때 상호작용(interaction), 변화(change), 연속성(continuity)의 원리를 고려해야 한다.

여섯째, 유치원 교육의 교육목적과 방법, 내용은 통합적으로 구성해야 한다.

일곱째, 유아교재와 교육 방법은 유아의 경험과 일원적으로 구성해야 한다.

(3) 유아교사의 역할

유아교사는 유아의 흥미를 존중하여 다양한 유아의 개별적 흥미를 실현시킬 개별적인 방법을 찾는 데 노력을 해야 한다. 이때 직접적 개입보다는 관찰, 안내, 조력하는 방식이 요구된다. 듀이의 교육관에서 찾아볼 수 있는 유아교사의 역할은 제시하면 다음과 같다.

첫째, 교사는 관찰자이다. 듀이는 유아의 현재 수준과 발달 단계를 고려한 수준별 상황별 교육과정 운영을 주장하였다. 교육과정의 운영 주체는 교사이며 교사는 개별 유아의 상황을 모두 고려하여 전인적 발달을 이끌 수 있도록 섬세한 관찰을 통하여 각 유아를 이해해야 한다. 이때 관찰은 교육의 질을 결정하는 매우 중요한 요소이다.

둘째, 교사는 유아와 세계를 연결시키는 매개체이다. 듀이의 관점에서 유아는 새로운 세계와 직면하여 끊임없이 질문을 던지고 대답을 찾는 능동적인 탐구자이다. 따라서 교사는 유아가 직면하는 대상과 사건을 유아의 인지구조와 연결하여 새로운 사고를 이끌어내는 매개체 역할을 담당해야 한다. 교사는 유아의 과거와 현재, 경험과 지식, 교육 이론과 실제를 연결하고 그 의미를 찾는 연결고리가 되어야 한다.

셋째, 교사는 새로운 경험과 바람직한 경험에 접근하게 도와주는 조력자이자 안내자이다. 교사는 유아가 직면할 새로운 상황과 그 상황에서 구성되는 새로운 경험을 예측하고 유아 스스로에 의한 경험의 재구성을 도와주고 바람직한 방향을 안내하는 역할을 담당해야 한다.

이상에서 살펴본 유아교사의 역할에 대한 평가는 '유아의 능동적인 활동을 초래했는가?', '유아가 새로운 경험에 직면하여 흥미와 적극적 요구를 개진했는가?' 여부로 판단되어야 한다. 교사의 모든 활동은 유아가 자신의 자발적 흥미를 표현하고 그 흥미를 동력으로 새로운 사물과 사건 상황과의 상호작용 속에서 자신의 세계를 재구성하는 과정을 반복하는 행위에 도움을 주는지 여부에 의해 그 가치를 인정받게 된다. 듀이가 강조한 교사의 태도는 유아의 미성숙을 가능성으로 파악하며, 성숙하는 상태와 경향성 내에 있는 존재로 파악하는 것이다. 유아의 미성숙은 현재의 약함을 표현하는 것이기에 보호와 길잡이가 필요하다. 그러나 그것이 타자에 의해 모양과 형태를 결정지우게 되는 수동적 의미로 파악되는 것이 아니라, 어떠한 방향으로든 변화할 수 있는 가능성과 새로운 환경에 적응하는 유기체의 능동적 의지의 표현으로 바라보는 안목이 필요하다.

4) 듀이 교육관의 비판점

첫째, 듀이의 교육관은 과정 중심, 방법의 변화가능성을 강조하지만 고정된 교육목적이나 체제 안정성의 측면을 지나치게 강조한다. 따라서 교육의 방법상의 절차에는 주목하지만 구체적 내용에 대한 고려는 미약하다.

둘째, 유아의 적극적인 자유를 옹호하지만 자유와 방종을 구분할 구체적 기준을 제시하기 어려우며, 얼마만큼의 자유를 유아에게 허용해야 하는가의 문제에 답하기 어렵다. 유아의 요구와 바람직한 필요는 반드시 일치하는 것이 아니다.

셋째, 듀이의 교육목적은 계속적 성장이다. 그러나 인간의 성장은 결과로 달성될 수 있는 것이 아니며 개별적 경험에 의해 설명될 수밖에 없다. 따라서 성장의 방향에 대한 논의가 제기될 수 있다.

이상에서 살펴본 듀이의 유아교육은 학습과 지식의 구성적 관점을 지지하고, 교사와 학습자의 상호작용을 지향하며, 권위보다 평등에 기초한 개방적 태도를 취하는 구성주의적 특징을 가진 것으로 유아교육 사상사적 의미를 가진다.

Chapter 10

심리학과 현대의 유아교육

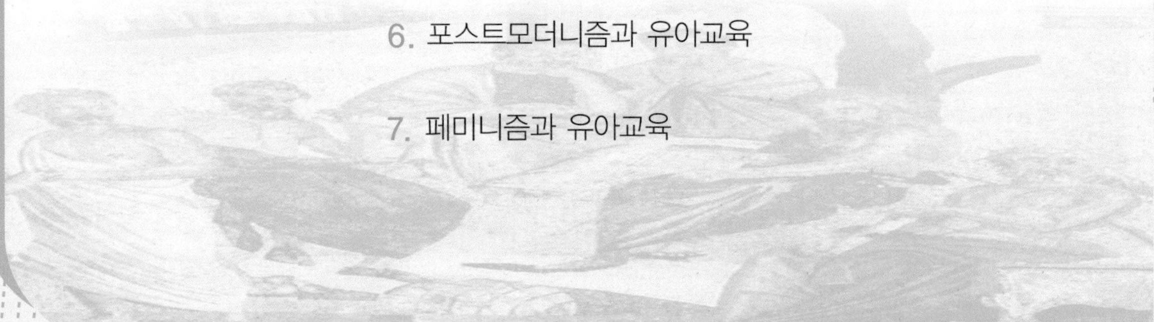

01 성숙주의 이론

인간의 발달에 영향을 미치는 요인을 유전적 측면과 환경적 측면으로 구분하여 논의한다면 성숙주의는 인간의 발달에 대한 환경적 요인의 영향을 최소한으로 인정한다. 성숙주의에서 성숙이란 정해진 발달순서에 따라 이루어지는 것을 의미하고 궁극적으로 성인이 되는 것이다. 정해진 발달순서는 이미 예정되어 있으며 누구에게나 나타날 수 있는 보편타당함을 보여준다. 이러한 발달은 유기체 내부에 들어있어서 시간의 흐름에 따라 나타난다. 성숙주의 관점에서 발달은 성인으로 나아가는 것이며 그 발달의 정도나 속도는 개인에 따라 다르지만 모두가 정해진 발달단계의 순서를 지나게 됨을 가정한다(양옥승 외, 2001).

성숙주의는 게젤과 그의 동료들이 예일 클리닉(Yale Clinic)에서 아동의 운동신경 발달에 관한 연구를 통해 발전시킨 것으로 행동목록규준(behavior norms)은 소아과 의사와 심리학자들이 발달의 기본 정보로 사용하고 있을 정도이다.

1) 게젤의 생애

게젤(Arnold Gesell, 1890~1961)은 홀(G. S. Hall)의 제자로 예일대학 아동발달클리닉에서 아동발달을 연구하였다. 그는 신체 및 운동발달, 지능발달, 언어발달, 사회성발달 등의 영역에서 많은 아동들을 관찰하고 측정하였다. 게젤은 갓 태어난 영아에서부터 10세까지의 유아들의 임상적 관찰을 통해 유아들의 발달과 성장에 관한 자료를 수집하고 이를 바탕으로 '표준행동목록'이라는 발달기준표를 만들었다. 이들의 발달을 설명하기 위해 각 연령층별로 아동들의 특성을 규정하고 이러한 특성들로부터 연령에 맞는 표준특성을 만들었는데 이것이 '표준행동목록' 이며 아동발달의 전형으로 되어 있다.

게젤의 표준행동목록은 선천적으로 발달이 일어나는 시간표가 내정되어 있다는 가정하에 유아 개개인에게 내정된 시간이 되었을 때 특정한 발달이 일어나는 제반 영역의 행동들을 목록화한 발달지표이다. '표준행동목록' 은 아동 발달에서의 성숙의 중요성에 초점을 두고 있다. 즉, 게젤은 홀의 개념을 확장하여 내재적 · 유전적 성숙을 강조하면서 발달은 유전적으로 결정된다는 입장을 주장하였다. 성숙은 선천적으로 타고나는 것이며 발달을 이끄는 힘이라고 하였다.

게젤과 동료들은 유아행동에 대해 수집한 정보를 바탕으로 성장요소라고 부르는 발달단계와 성숙의 특징을 설명하는 10개의 영역 즉, 운동의 특성(몸통활동, 눈과 손), 섭생, 정서적 표현, 꿈과 공포, 자아와 성, 상호개인적 관계, 놀이와 오락, 학교생활, 도덕의식, 그리고 시간, 공간, 언어와 사고, 죽음, 신과 같은 철학적 시각으로 정리하였다. 그리고 사람의 인성, 발달 속도, 능력은 개별적이고 독특하며 기본적으로 타고난 개성을 존중해야 함을 강조한다. 하지만 발달수준에 대한 개인차에는 주의를 기울이지 않았다.

게젤은 발달은 유기체 내부로부터 자연스럽게 결정되는 한편 환경은 행동을 변화시키는 2차적 역할을 한다고 주장하였다. 교육이란 개별유아의 발달패턴에 반응해야 한다고 믿었다. 따라서 교육이 발달에 영향을 주지 못하므로 유아가 하고자 하는 것과 유아에게 적당한 것과의 조화를 제공해야 한다. 학교와 집에서는 유아에게 자신의 속도에 맞는 발달을 허용해야 하며, 유아를 통제하고 억압하는 것은 부정적 감정을 양산하고 적극성을 감소시킨다(Thomas, 1992).

2) 성숙이론

성숙주의는 1940년대에 구체화된 이론으로, 미리 정해진 보편적인 발달단계에 의한 성숙을 강조한다. 성숙론의 출발은 성선설과 자연적 발달단계를 주장한 루소이다. 루소는 유아에게 자연적 방법으로 성장할 수 있는 기회가 주어진다면, 유아는 자신의 잠재가능성을 충분히 발달시킬 수 있다고 생각하였다(이기숙, 2004). 루소는 인간을 옳고 그름에 대한 감각을 본능적으로 가지고 태어나며, 순차적이고 건강하게 자라는 내적 계획을 가지고 태어나는 존재라고 보았다. 따라서 성인의 훈육은 오히려 유아의 자연적 성장에 부정적인 영향을 미치므로 성인의 영향에서 벗어나 자연의 방법에 의한 교육인 소극적 교육을 주장하였다.

이러한 루소의 관점은 20세기 초 아동연구운동에 의해서 확산되었다. 홀(Hall)은 아동에 대한 직접적인 관찰을 통해 아동의 성장 및 발달에 관한 자료를 수집하고, 이를 통하여 개인의 발달은 예정된 단계를 거친다고 주장하였다. 게젤은 홀의 연구를 기반으로 유기체의 행동패턴을 결정하는 방향은 이미 초기에 결정된 유전적 요인에 의하여 이루어진다는 예정론적 관점인 표준행동목록을 제시하였다(이영석, 1993).

(1) 성숙의 개념

게젤은 유전자가 발달의 과정을 방향짓는 기제에 대한 일반적인 명칭을 '성숙(maturation)' 이라고 명명하였다. 유아들은 성장함에 따라 특정한 순서로 자신들의 능력을 지속적으로 발달시켜간다. 발달속도에는 차이가 있지만 모두가 같은 순서를 거쳐 발달하며, 발달속도의 개인차는 내적인 유전기제에 의해 통제된다.

성숙은 환경과는 구별되는 개념이다. 발달에서의 환경은 성장을 제공하지만, 성장의 구조와 행동유형을 순서적으로 전개하는 것에 직접적으로 역할을 하는 것은 아니고 성숙기제(maturational mechanism)가 그 역할을 담당한다. 그러므로 성숙은 교육이나 연습의 효과와는 다른 개념이다. 성숙에 의한 발달은 그것이 예정되어 있는 시간적 스케줄보다 앞서 가르칠 필요가 없다. 왜냐하면 어떤 순간에 유아들은 자신의 내적 충동에 의해 발달을 감당할 수 있는 기제를 표현해내며 그것을 통해 관련 기술들을 쉽게 숙달할 수 있다.

이와 같은 성숙의 개념에는 다음과 같은 중요한 개념이 들어 있다.

첫째, 준비도의 개념이다. 유기체 내부에 들어있는 발달의 예정된 시간표에 의해 성숙이 나타나므로 예정되지 않은 상태가 되면 발달이 일어나지 않는다. 따라서 특정한 발달이 나타나려면 내적 발달이 우선적으로 준비되어야 한다.

둘째, 결정적 시기의 개념이다. 결정적 시기란 발달이 특정한 시기에 적절하게 이루어질 수 있는 것을 의미하는 것으로 유기체의 내적 시간표에 의해 준비된 발달은 그 때의 적절한 시기가 가장 발달이 효율적으로 일어날 수 있음을 알려준다.

셋째, 환경의 준비이다. 내적 시간표에 따라 성숙이 이루어지려면 이에 적합한 환경적 조건도 필요하다. 즉, 유아들의 내적 발달을 적절하게 실현시키기 위해서는 적절한 환경이 필요하지만 발달의 기본적인 진행과정을 생성하는 것은 아니다.

(2) 발달의 패턴

성숙이론에서 말하는 발달에서의 패턴이란 뚜렷한 모양이나 형태를 가지고 있는 것이다. 패턴은 어떤 행동들의 조직화 현상으로 이것이 점차 누적되어 발달이 일어난다. 그러므로 패턴은 분화의 조직화의 과정을 거쳐 완성된다. 예를 들어 눈과 손의 협응은 눈과 손을 각각 움직일 수 있는 것을 통해 조직화되는 것이다. 이러한 패턴은 또 다른 형태의 발달로 나아간다. 그러므로 발달에서의 패턴은 패턴화 과정(patterning process)을 의미하는 것으로 이 과정에 의해 행위들이 체계화된다. 게젤은 성장을 연구할 때에는 이러한 패턴화 과정을 조사해야 한다고 하였다.

(3) 개성

게젤은 개개 유아의 독특성 즉 개성(individuality)을 믿었다. 게젤에 의하면 정상적인 유아는 모두가 동일한 순서를 거치지만 그 성장속도는 상이하며, 성장속도가 기질이나 성격상의 차이와 관계가 있다고 보았다. 이러한 현상은 문화에 대하여 상이한 요구를 할 수 있고 문화는 유아의 독특성에 맞추어야 함을 주장하였다.

(4) 발달의 기타 원리

성숙이론에서 말하는 발달의 다른 개념들은 상호적 교류, 기능적 비대칭, 자기규제 등이 있다.

① 상호 교류

상호 교류(reciprocal interweaving)란 서로 다른 두 개의 부분이 점차 효과적으로 기능하도록 체계화되어 가는 과정을 말한다. 게젤은 상호적 교류 원리가 광범위한 행동에 적용된다고 보았으며, 여기에는 엎드리는 행동(기기와 걷기), 시각적인 행동, 그리고 아동의 그림 그리기와 같은 행동패턴이 포함된다.

② 기능적 비대칭

기능적 비대칭(functional asymmetry)이란 성장과정에서 나타나는 완성의 모양은 대칭적인 모습이 아니라 비대칭적인 모습으로 나타나며 이럴 때 가장 효과적으로 기능함을 의미한다. 두 개의 서로 다른 형태가 완전한 조합을 이루기도 하겠지만 성숙의 대부분은 대칭적으로 조합하지 않고 비대칭으로 조합하며 이를 통해 효율적으로 기능하여 발달이 이루어진다. 게젤은 발달의 가장 높은 단계에 있는 인간이 세계를 정면이 아닌 약간 비스듬한 위치에서 접할 때 가장 효과적으로 기능한다는 것을 보고 이를 '기능적 비대칭 원리'라 하였다.

③ 자기규제

자기규제(self-regulation)는 우리가 유아에게 너무 일찍, 너무 많은 것을 가르치려고 시도할 때 유아들이 잘 받아들이지 못하는 것처럼 자기 스스로의 내적 시간계획에 의한 발달을 조절하는 현상이다. 자기 규제를 통해 인간의 발달은 점차 성숙의 방향으로 나아가며 새로운 발달의 영역으로 들어가기도 한다.

3) 성숙주의의 평가

게젤은 아동양육과 성장에 관한 일관된 철학을 제시하였다. 즉, 게젤은 미리 설계해 놓은 틀에 유아들을 맞추려고 강요하기보다 유아가 가지고 있는 기본적인 내적 발달적 요구에 의한 양육과 훈육의 중요성을 보여주고 있다. 내적으로 준비되지 않은 발달을 강요하는 것은 결국 자기규제의 원리에 의해 거부당하게 되며 나아가 완정한 성숙이 이루어지지 않을 수 있음을 게젤은 우리들에게 알려주고 있다.

게젤의 성숙기제가 발달순서에 의해 이루어진다는 것은 발달과 교육에서 중요한 의미가 있다. 특히 연령에 따른 발달의 보편성, 발달의 예정된 시간표에 의한 단계적 발달, 발달의 내적 준비, 결정적 시기, 성숙에 의한 환경적 조건의 제공 등은 성숙과 관련한 여러 개념들을 효과적으로 이해하게 한다. 특히 유아교육에서 성숙주의는 아동 중심 교육으로 활용되어 루소의 자연주의 사상과 연결되는 모습을 보여준다. 특히 유아교육에서 아동 중심 교육은 내적 발달과 준비에 의한 흥미와 호기심의 발현을 하나의 중요한 교육원리로 활용하게 하였고 이를 통한 활동 중심 통합교육과정은 오늘날 유아교육의 핵심적 위치를 차지하고 있다.

아울러 유아교사들이 성숙주의에 의해 어떻게 역할을 해야 하는지를 잘 보여주고 있다. 성숙주의에 의한 유아교사의 역할은 이들의 내면적 발달이 준비될 수 있도록 환경의 준비자이고 활동의 안내자이며 내면적 발달의 정도를 파악하는 관찰자이다.

그러나 심리학자들은 게젤의 성숙의 역할은 인정하지만 훈육이나 학습은 게젤이 주장하는 것보다는 훨씬 더 중요하다고 생각한다. 심리학자들은 환경이 단순히 내적 패턴화를 유지하는 것에 영향을 미치는 것보다 더 큰 역할을 하며, 환경도 역시 행동을 구조화하는 데 영향을 미친다고 보고 있다.

그러나 게젤에 대한 비판은 '표준행동목록' 이 연령과 연계되어 있다는 점 때문이다. 연령규준에 의한 규준은 너무 획일적이어서 규준적이지 않은 변이 정도를 고려하지 않고 있다는 점이다. 또한 게젤의 '표준행동목록' 의 규준은 중류 가정의 유아들을 대상으로 추출된 것이므로 다른 문화 배경에서는 완벽하게 적용되지 못할 것이라는 비판도 있다. 하지만 이 부분은 어느 정도 유사함을 보여주고 있는 것으로 가치가 있는 것으로 간주되고 있다.

4) 성숙주의와 유아교육

유아교육에서 성숙주의는 아동 중심 교육관과 연결된다. 아동 중심적 교육관은 유아의 본래적 모습에 적합한 형태의 교육을 지향하며 유아의 내적 발달에 의한 교육을 지향한다. 그러므로 환경에 의한 자극의 제공과 이를 통한 변화를 계획하는 것은 성숙주의에서 적합한 시도는 아니다.

성숙주의자들에게 유아는 그들의 활동, 즉 무엇을 할 것인지, 언제 할 것인지, 얼마나 오랫동안 할 것인지를 선택하면서 자신의 행동을 주도해나가는 존재이다. 따라서 유아는 자연적으로 자신의 발달단계에 적합한 행동에 자연스럽게 끌릴 것이라고 생각되기 때문에 유아에게 상당량의 자유를 부여할 것을 주장한다(양옥승 외, 2001). 성숙주의자들은 바람직한 환경 속에서 유아가 자신의 내적 수행능력에 따라 발달한다고 생각하기 때문에 '가르친다는 것' 은 사회적으로 인정되는 범위 내에서 유아의 흥미와 요구에 적합한 허용적이고 편안한 환경을 제공하는 것을 의미한다(이기숙, 2004).

따라서 유아에게 자연스러운 환경을 제공하고자 하는 프로그램을 개발하여 유아들에게 제공하고 있다.

성숙주의 관점은 학습에서의 준비도 개념을 이끌어내었으며(Spodek & Saracho, 1994) 질 높은 교육을 실시하기 위해서는 유아의 발달수준에 적합한 경험을 제공하는 것이 중요하다는 것을 강조하고 있다. 만약 유아가 무언가를 배울 준비가 되지 않았다고 판단되면, 교사는 유아가 좀 더 성숙할 때까지 기다려야하며 효과적인 학급을 운영하기 위해서는 학습준비도가 비슷한 유아들로 집단을 구성하는 것이 필요하다(이기숙, 2004).

교사는 유아의 연령에 맞는 행동과 경험을 잘 알고 적절한 자료나 활동을 준비할 책임이 있다. 교사는 유아가 주도하는 행동을 관찰하고 반응하고 유아가 자발적으로 하는 행동들이 형식적 학습의 토대가 되도록 교육적인 순간들을 포착해야 한다. 또한 유아가 감정표현을 쉽게 하고 자아존중감을 증진시키도록 도와주며 유아의 환경을 조성한다. 즉, 따뜻하게 의욕을 주고 양분을 공급하는 환경을 만들어 주어 발달이 잘 이루어지도록 한다(양옥승 외, 2001).

성숙주의에 의한 교육활동의 일반적인 원리는 다음과 같다(이기숙, 2004).

첫째, 유아는 자신의 발달수준에 적합한 활동은 선택할 수 있으므로 유아에게 많은 선택의 기회를 주고 불필요한 성인의 개입을 최소한으로 줄이도록 한다.

둘째, 유아는 다양하고 풍부한 자료를 사용하여 발달하므로 성인은 이를 제공하도록 한다. 따라서 성인은 유아의 흥미와 발달단계에 적합한 자료를 제공하는 것이 필요하다. 만약 제공된 자료들 중 어떤 것을 유아가 사용하지 않는다면 그 자료는 그들의 발달수준에 적합하지 않음을 의미한다.

셋째, 유아가 자신의 발달 수준에 적합하지 않는 과제를 수행하도록 강요당하거나 압력을 받아서는 안 된다. 유아에게 압력이 주어지지 않고 허용적인 분위기가 제공된다면, 그들은 모든 영역에서 자신의 가능성을 점진적으로 발전시킬 수 있다.

넷째, 유아들의 발달은 자신의 내적 성장의 힘에 따라 이루어진다. 그러므로 유아교사는 유아가 자신을 수용하고 이해하도록 돕는 것이 필요하다. 양육적이고 수용적인 환경이 유아에게 제공된다면 유아는 바람직한 방향으로 성장한다.

다섯째, 유아들의 작업이나 놀이의 결과에 대해 성인이 수정하는 것은 최소한으로 이루어져야 한다. 교사는 유아의 발달 수준과 경험에 적합한 행동이나 반응을 보여야 한다. 교사가 유아를 수용하고 친절히 안내하며 그들의 요구와 흥미를 자극하는 것은 바람직하지만, 교사의 일방적인 지시나 수정, 행동의 적극적인 수정 등은 바람직하지 않다.

여섯째, 바람직하고 적절한 경험은 유아에게 아무 조건 없이 제공되어야 한다. 체계적으로 외적 강화를 제공함으로써 유아의 본질적인 성향을 전환시키려는 시도는 발달에 대한 근시안적이며 역효과를 초래할 수 있다.

일곱째, 유아를 위한 가장 효과적인 집단 구성방법은 발달수준이 같은 또래끼리 집단을 이루게 하는 것이다. 따라서 발달적으로 지체된 유아나 장애를 겪고 있는 유아는 그들과 비슷한 유아들과 그룹 지어져야 한다. 그리고 특정 활동은 매일 일정한 시간에 이루어지는 것이 좋다. 동적 · 정적인 활동, 집단 · 개별 활동, 지시적 · 비지시적 활동의 균형은 대상 유아의 연령, 집단규모, 활동 특징에 따라 적절히 안배되어야 한다.

02 정신분석 이론

1) 프로이트의 생애

프로이트

프로이트(Sigmund Freud, 1856~1939)는 1856년 5월 6일 오스트리아-헝가리 제국 모라비아(지금의 체코)의 프라이베르크에서 유태인 가정의 장남으로 태어났다. 프로이트의 집안은 경제적으로 넉넉하지 않았지만 프로이트는 어릴 때부터 공부를 잘하고 똑똑해서 부모의 기대를 받고 자랐다.

1865년에 중등학교 과정인 김나지움에 입학하여 공부를 하였고 17세 때 빈 대학교 의과대학에 입학하여 생리학 연구소에서 브뤼케의 지도 아래 연구 활동을 하면서 해부학과 신경생리학에 관심을 가졌다. 1877년 해부학과 생리학에 관한 논문을 발표하였고 1881년에 의학박사 학위를 받았으며 1885년까지 빈 종합병원에서 뇌 해부학을 연구하면서 다수의 논문을 발표하였다.

신경학과 신경장애에 관심을 가진 프로이트는 프랑스의 정신의학자 사르코에게 1년 동안 정신의학을 배웠다. 프로이트는 당시 정신장애 치료법이던 최면술의 효과에 대해 의문을 가지다가 요셉 브로이어의 카타르시스 방법이 효과적임을 알고 요셉과 함께 히스테리 환자를 치료하였다. 그러나 요셉과 프로이트는 히스테리의 성적 요인에 대한 의견 차이로 인해 결별하였고 이후 프로이트는 성적 갈등이 히스테리와 정신장애의 주된 원인이라는 생각을 발전시켜 정신분석학을 낳았다.

그의 저술로는 『정신분석 강의』, 『히스테리 연구』, 『꿈의 해석』이 있으며 이 외에도 『성욕에 관한 세 편의 에세이』, 『농담과 무의식의 관계』 등이 있다.

2) 기본 개념

정신분석 이론은 히스테리에 대한 관심에서 출발한다. 프로이트는 소원이나 감정을 현실로부터 억압하거나 차단하여 억압된 에너지가 히스테리로 나타난다고 생각하였다. 따라서 히스테리 환자들은 긴장을 풀고 마음에 떠오르는 모든 생각을 그대로 이야기하는 자유연상을 통해 의식의 억압에서 벗어날 수 있다고 하였다. 프로이트의 생각은 히스테리 환자들의 행동에는 어떤 원인이 있으며 우리가 의식하지 못하는 무의식에 그 원인이 있다고 한다.

(1) 성격의 구조

성격은 원초아, 자아, 초자아로 구분된다. 원초아는 인간 행동의 추동력이고, 자아는 현실에서 삶을 영위하는 것이며, 초자아는 사회의 가치기준 혹은 도덕적 재무장이다. 원초아, 자아, 초자아는 서로 상호작용하여 자아의 기능에 통합되어 작용한다. 원초아는 성격의 생리적 요인, 자아는 심리적 요인, 초자아는 사회적 요인이다.

① 원초아

원초아(id)는 생물학적 반사작용과 충동, 부모로부터 물려받은 심리적인 모든 것을 의미한다. 개인의 심리적 에너지의 저장고인 원초아는 자아와 초자아가 움직이는 원동력을 제공한다. 원초아는 내적 만족이나 쾌락을 추구하므로 심리적 혹은 생리적으로 만족이나 쾌락을 얻으면 문제가 없지만 그렇지 않으면 긴장하게 된다. 원초아가 긴장하여 불편해지면 긴장을 제거하고 조용한 상태로 돌아가고자 하는데 이 과정에서 반사행동과 1차적 과정이 나타난다.

반사행동은 생래적(生來的)이며 자동적이고 1차적 과정은 반사행동보다 복잡한 심리현상이다. 상상으로 긴장을 피하고 만족을 얻고자 하는 심리현상인 1차적 과정은 자기 주변의 객관적 현실을 고려하지 않은 채 표현되는 개인의 내적 세계이며 심리적 현실이다. 1차적 과정으로 긴장을 해소시키고 만족이나 쾌락을 현실적으로 얻지 못하면 해소하지 못한 긴장들은 원초아에 무질서하게 억압되어 저장된다.

② 자아

자아(ego)는 현실과 접하여 원초아의 욕구를 현실로 바꾸는 역할을 한다. 자아는 욕구를 만족할 수 있는 물체를 발견할 때까지 원초아의 심리적 긴장을 해소하지 못하게 한다. 원초아는 긴장을 해소하고 욕구를 충족하는 것이 중요하지만 긴장해소와 욕구충족이 현실에서 가능한지를 따지는 것은 자아의 역할이다.

자아는 마음에서 일어나는 일과 현실에서 일어나는 일을 구분하는 것이 필요하다. 현실적 원칙을 따르며 추구하고자 하는 것이 현실적으로 가능한지를 따지는 현실적 검증능력이 자아의 중요한 기능이다. 현실적 검증을 통해 자아는 이드의 욕구 충족을 결정하기 때문에 성격의 집행자이다.

자아가 성격의 집행자 역할을 하기 위해서는 원초아와 초자아의 상반된 요구를 중재해야 한다. 하지만 갈등 해소를 지향하는 자아의 노력은 자아의 역량에 달려 있다. 만일 자아의 역량이 강하다면 적절한 성격을 유지하지만 그렇지 못하면 갈등에 적응하지 못하고 일탈된 자아가 된다.

③ 초자아

초자아(superego)는 원초아의 충동적 욕구가 표현되지 않도록 막는다. 특히 공격적 본능이나 성적 본능을 억제하고자 한다. 초자아는 부모의 상이나 벌 등에 의해 유아가 해석하는 가치와 사회적 이상이며 이를 통해 구성되는 성격의 도덕적 특성이다. 유아는 상을 받고 벌을 피하기 위해 부모가 정한 사회적 기준에 따라 행동하면서 무엇이 옳고 그른지를 판별하고 사회의 도덕적 기준이나 가치를 받아들인다. 그러므로 초자아는 옳고 그른 것을 결정하며 사회의 전통적 가치와 개인의 이상에 근거한 도덕적 목적과 완전을 추구한다.

초자아는 상과 벌을 받는 과정에서 양심과 자아이상이라는 하위체계를 발달시킨다.

양심은 자기 행동에 대한 죄의식이자 채찍질이며 자아이상은 자기 행동에 대한 자신감이다. 벌을 받음으로써 사회의 제한적 기준에 대한 기대심리인 양심을 발달시키고 상을 받음으로써 자기 욕구의 긍정적인 면인 자아이상을 발달시킨다.

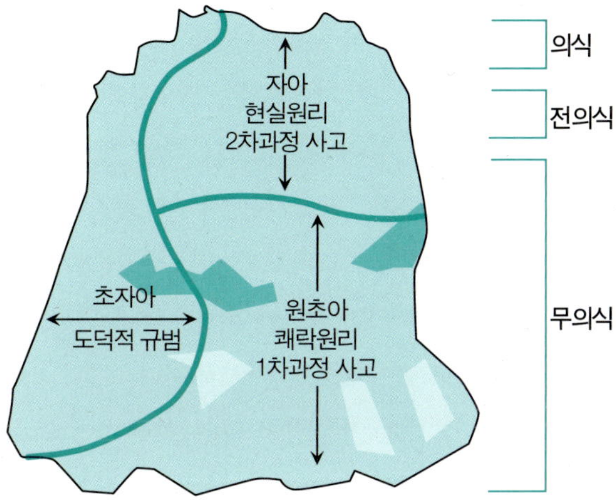

원초아, 자아, 초자아의 관계

(2) 성격과 본능

정신분석 이론에 의하면 인간의 마음은 물에 떠 있는 빙산과 같다. 즉, 보이는 물 밖의 부분은 의식이고 물에 잠겨있어 보이지 않는 부분은 무의식이다. 물 속의 빙산 부분이 물 밖의 빙산보다 훨씬 많듯이 의식으로 표출되지 못한 억압된 욕망인 무의식이 의식보다 훨씬 많다. 무의식이 만족하지 못하고 분출되지 못한 욕구들이 억압되어 저장되어 있는 심리적 저장소라면 인간의 행동을 결정하는 본능도 억압되어 무의식 속에 저장될 수 있다.

본능은 정신적인 에너지이며 본능의 저장소는 원초아이다. 이로 인해 원초아는 충동적인 성향을 보인다. 본능은 삶의 본능과 죽음의 본능으로 나뉜다. 삶의 본능은 생존과 종족의 번식을 지향하고 죽음의 본능은 파괴 혹은 공격 성향을 지향한다. 인간은 삶의 본능을 통해 다양한 욕구와 충동을 나타내며 배고픔과 성(性)을 표현한다. 죽음의 본능은 죽음과 직접적인 관계가 있다. 인간의 삶은 결국 죽음으로 연결되므로 죽음은 삶의 한 방향이기도 하다. 삶의 본능이나 죽음의 본능은 성격의 세 가지 구조인 원초아, 자아, 초자아가 수행할 수 있는 에너지를 가지고 있기 때문에 성격의 역동성을 제공한다.

리비도(libido)는 삶의 에너지로 심리적이고 정신적인 에너지이다. 이 에너지를 원초아, 자아, 초자아가 나누어 사용한다. 원초아는 반사작용과 1차적 과정을 통해 리비도를 사용한다. 자아는 현실원리를 통해 리비도를 사용하고 초자아는 양심과 자아이상을 통해 리비도를 사용한다. 리비도의 정신적 에너지는 한정되어 있기 때문에 성격의 세 가지 가운데 어느 하나가 강해지면 다른 것은 약해진다. 이런 과정에서 동일시가 작용하거나 방어기제가 작용하여 성격의 역동성이 나타난다.

방어기제는 불안에서 벗어나고자 하는 심리역동적인 체제이다. 자아는 원초아에게 정신적인 에너지인 리비도를 빌려와 활동하는데 이 과정에서 원초아가 너무 강하면 자아는 불안을 느낀다. 원초아의 힘 때문에 불안을 느끼는 자아가 선택하는 것은 비현실적인 방어기제이며 이를 통해 불안으로부터 벗어나고자 한다. 방어기제로는 동일시, 대치, 억압, 투사, 고착, 퇴행, 승화 등이 있다.

(3) 성격발달 단계

① 구강기(Oral Phase)

구강기는 0세에서 1세까지의 시기로 영아는 입을 통해 음식을 빨고 삼키는 일을 주로 한다. 입으로 빠는 것을 통해 영아는 긴장을 해소하고 만족과 쾌락을 얻는다. 리비도는 입에 집중되어 있으며 입을 통해 세상을 받아들인다. 어머니와의 상호작용을 통한 의존감이 자아의 발달에도 불구하고 계속 남아있는 경향도 있다. 입을 통한 만족 혹은 불만족은 이후의 생활에 대한 신뢰나 불신감의 기초가 된다.

② 항문기(Anal Phase)

항문기는 1세에서부터 3세까지의 시기로 근육의 발달과 신체의 힘이 형성되면서 리비도가 대소변의 배설에 따른 항문 주위로 옮겨가는 시기이다. 항문기는 배설을 통한 괄약근의 조절로 긴장을 해소하고 만족과 쾌락을 얻는 시기이다. 배변훈련 경험은 자아의 성격 형성에 장기적인 영향을 미친다. 배변훈련으로 어머니와 상호작용이 부정적이라고 여겨지면 배설의 즐거움보다 보유의 즐거움을 형성한다. 반대로 긍정적이라면 배설의 즐거움을 형성하여 성격은 달라질 수 있다.

③ 남근기(Phallic Phase)

남근기는 3세에서부터 5세까지의 시기로 리비도가 성기로 옮겨져 성기에 관심을 가지며 성기를 통해 긴장을 해소하고 만족감을 얻는 시기이다. 남아는 무의식적으로 어머니를 애정의 대상으로 간주하고 소유하고자 하지만 아버지의 존재로 인해 오이디푸스 갈등을 겪는다. 하지만 현실적으로 아버지를 능가하는 힘이 없기 때문에 상상으로 어머니에 대한 애정 혹은 아버지에 대한 증오를 표현한다. 아버지가 이 사실을 알고 자신의 성기를 거세하지 않을까 걱정하여 거세불안을 겪기도 한다.

여아는 아버지에 대한 흠모로 어머니와의 심리적 경쟁관계를 형성하는 엘렉트라 갈등을 보인다. 여아는 자신에게 원래 성기가 있었으나 어머니에 의해 거세되어 어머니에게 그 책임이 있다고 생각한다. 이로 인해 어머니에 대한 사랑은 약화되고 아버지에 대한 애정이 증가하여 아버지를 선망하게 된다.

오이디푸스 갈등은 시간이 지나면서 동일시를 통해 해소된다. 갈등 과정을 통해 유아는 성 역할, 도덕적 태도나 가치관, 적절한 사회적 기준 등을 내면화시킨다.

④ 잠재기

잠재기는 리비도가 출현하지 않는 시기로 대략 6세에서부터 12세에 이르는 시기이다. 성의 충동이 잠재하고 동성 집단을 형성하는 경향으로 인해 동성 애착시기라고도 한다. 프로이트에 의하면 인간은 양가적인 성의 경향을 가지고 있다. 많은 사람들이 이성뿐만 아니라 동성에 대해서도 끌리는 경향을 보이는 양성적 성의 경향은 성 충동 잠재기에 어느 정도 발달한다고 해도 과언이 아니다.

⑤ 성기기(Genital Phase)

성기기에 들어가게 되면 타인지향적인 관심을 보인다. 남근기 유아의 관심은 자기애(自己愛)적 관심이지만 성기기는 타인지향적인 관심이다. 이 시기에 아동들은 이타적 관심이나 동기로 다른 사람을 사랑하게 되어 사회적 존재로 나아간다.

3) 유아교육에의 시사점

정신분석 이론은 유아가 가진 부모와의 경험에 관심을 갖는다. 프로이트는 어린 시절의 경험이 한 인간의 인성에 중요함을 강조한다. 아울러 어머니와의 초기 경험이 성격 발달이나 가치관의 형성, 다양한 사회개념이나 습관 형성에 영향을 미친다는 것을 보여준다. 특히 심리성적 변화과정에서 유아가 겪는 갈등으로부터 사회적으로 용인되는 성역할을 형성하는 것은 부모의 영향이 절대적이다. 이로 인해 정신분석 이론은 아동관과 부모의 자녀양육 태도의 변화에 영향을 미쳤다.

성격의 발달과정으로 보면 성격의 기본구조가 어린 시기에 형성되므로 심리성적 기제인 리비도가 어느 곳에 집중해 있는가를 바탕으로 교육해야 한다. 아울러 본능이나 원초아, 자아, 초자아의 역할과 기능을 바탕으로 유아를 이해하고 교육할 필요가 있다. 정신분석 이론은 인간의 정서 및 사회적 행동 발달에 영향을 미쳤으며 적응을 지향하는 유아교육 프로그램들의 이론적 배경으로 활용되고 있다.

03 행동주의 이론

1) 고전적 조건화

고전적 조건화는 파블로프(Pavlov)가 개의 소화기관을 연구하던 중 음식이 입에 들어가기 전에 개가 침을 흘리는 것을 관찰하고 이를 체계적으로 연구하여 얻은 결과이다. 파블로프는 개가 침을 흘리는 실험에서 종소리를 먼저 울리고 몇 초 뒤에 음식을 주면서 개가 침 흘리는 반응을 관찰하였다. 처음에는 종소리와 관계없이 음식에 침을 흘렸으나 음식이 종소리와 연합되어 반복적으로 주어지자 개는 종소리만 들어도 침을 흘렸다.

파블로프의 실험은 침을 흘리게 하는 자극과 상관없는 다른 자극에도 침을 흘릴 수 있음을 보여준다. 음식에 침을 흘리는 것은 본능적이고 생리적이며 자동 발생적이지만 종소리에 침을 흘리는 것은 음식이 나올 것이라는 예상으로 인해 나타나는 반응이다. 이러한 파블로프의 고전적 조건 형성의 원리는 다음과 같이 정리된다.

첫째, 음식에 대한 개의 침 반응은 생리적이고 본능적이며 무조건적인 침 반응이므로 음식은 '무조건 자극(US)' 이고 침은 '무조건 반응(UR)' 이다.

둘째, 침을 흘리게 하는 자극이 아닌 종소리에 침을 흘리는 것은 '종소리' 조건에 대한 반응이므로 종소리는 '조건자극(CS)' , 이때 흘리는 침은 '조건반응(CR)' 이다.

셋째, 중성자극이었던 종소리가 침을 흘리게 하는 자극으로 변한 것은 음식과 연합되었기 때문이다. 즉, 반응을 일으키지 않는 중성자극이 반응을 일으키게 하는 자극과 함께 사용되어 반응을 유도하는 것은 자극의 연합이다. 반응을 일으키기 위한 자극의 연합은 시간 간격이 중요하며 이것은 조건화로 연결된다.

넷째, 조건자극에 반응을 나타내는 것을 조건화라고 한다. 개가 종소리나 불빛에 침을 흘리는 것은 그 자극들에 조건화(條件化)된 것이다.

다섯째, 조건반응을 위해 사용된 것은 강화(强化, reinforcement)이고 강화에 사용된 것을 강화물(强化物, reinforcer)이라고 한다. 파블로프 실험에서 강화는 음식과 불빛과의 연합을 통해 반응을 유도하는 것이며 음식은 강화물이다.

여섯째, 개가 조건자극과 비슷한 자극에 반응을 일으키는 것을 자극일반화라고 한다. 그러나 주어진 자극에만 반응하도록 하고 다른 불빛에 반응하지 않게 하는 것은 변별이라 한다. 불빛에 조건화된 개가 주어진 불빛 이외의 유사한 불빛에도 반응하면 자극일반화이나 이를 주어진 불빛에만 반응하게 하면 자극변별이 이루어진 것이다. 변별은 선택적 강화를 통해 비슷한 자극에 반응이 일어나지 않게 한다.

일곱째, 이미 형성된 조건반응을 없애는 것을 소거(extinction)라고 한다. 조건자극이 다시 제공되어 소거된 조건반응이 다시 회복되면 자발적 회복이라고 한다.

여덟째, 종소리에 조건반응을 보였던 개가 또 다른 중성자극인 불빛에 반응을 보이는 것은 2차 조건 형성이며 고차적 조건 형성이라고 한다.

아홉째, 조건화는 무조건 자극과 조건자극의 연합으로 이루어지며 이를 위한 강화계획이 필요하다. 강화계획에서는 시간간격과 횟수가 중요하다. 예를 들어 무조건 자극과 조건자극이 10분 간격이라면 무조건 자극과 조건자극의 연합효과는 나타나지 않는다. 하지만 10초의 시간간격이라면 조건화는 나타난다. 또한 연합된 자극이 자주 주어진다면 조건화는 나타난다. 그러므로 강화계획은 행동 형성에 중요하다.

2) 조작적 조건화

조그만 실험 상자 안에 있는 쥐의 움직임을 통해 얻은 결과로 조작적 조건 이론을 발표한 스키너에 의하면 조건화란 특정한 자극조건에 유기체가 보이는 반응률이다.

(1) 조작적 조건화의 원리

상자에서 먹이를 얻고자 쥐가 레버를 누르는 것은 시간의 흐름에 따라 증가한다. 쥐가 레버를 누르는 행동이 처음에는 거의 없지만 시간이 흐르면서 누르는 행동은 급격히 증가한다. 이처럼 어떤 조건에 대한 반응이 높아지면 그 행동은 학습된 것이다. 조작적 조건화의 개념과 원리들은 다음과 같다.

첫째, 스키너의 조건자극은 파블로프와 달리 조작된 상황이다. 쥐는 조작된 조건상황에 반응을 보여 조건화가 되는데 이러한 상황을 조작적 조건화라고 한다.

둘째, 조건반응을 일으키기 위해서는 계획이 중요하다. 쥐에게 조건상황이 제공된 것처럼 행동의 형성과 학습을 위해 강화계획과 같은 사전계획이 필요하다. 강화는 정적강화와 부적강화가 있다. 정적강화는 행동이 일어날 확률을 높이는 것이고 부적강화는 행동이 일어나지 못하는 원인을 제거하여 행동이 일어날 확률을 높이는 것이다. 어떤 행동이 일어나지 못하게 하는 원인을 혐오자극이라 한다.

셋째, 강화물로 사용되는 것은 반응을 일으키는 유기체의 기호나 습관 등과 관련이 있다. 쥐의 레버 누르는 행동반응을 낳게 하기 위해 먹이가 사용된 것처럼 학습자가 원하는 것을 강화물로 사용하면 조건 반응을 효율적으로 유도할 수 있다.

넷째, 이미 형성된 행동을 없애기 위해 사용하는 것은 벌(punishment)이다. 대체로 벌은 바람직하지 못한 행동을 없애기 위해 사용되는 것으로 불쾌자극을 제시하거나 좋은 자극을 더 이상 제공하지 않음으로써 주어진다.

3) 조건화 이론의 시사점

고전적 조건화와 조작적 조건화는 인간의 행동변화와 학습에 시사점을 준다.

첫째, 인간의 행동을 형성하기 위해서는 목표행동을 미리 정해야 한다. 행동이 학습자와 어떤 형태로 습관화되어 있는지 어떤 조건에서 그 행동이 나타나는지 등을 파악하고 이를 통해 목표행동을 정하는 것이 필요하다.

둘째, 행동 및 반응을 유도하기 위해서는 강화계획이 중요하다. 행동의 형성에 필요한 것은 강화이고 구체적인 강화계획으로 원하는 행동을 형성할 수 있다. 강화물의 종류, 강화의 시간적 간격 등을 통해 행동 및 반응을 형성할 수 있다.

셋째, 정적 강화 혹은 부적 강화를 정해야 한다. 또한 강화를 계속적으로 제공할 것인지 혹은 간헐적으로 제공할 것인지를 정하는 것이 행동 형성에 도움이 된다.

넷째, 바람직하지 않거나 원하지 않는 행동은 없앨 수 있다. 원하지 않은 행동을 학습자가 할 때 학습자가 싫어하거나 불쾌한 자극을 제공하면 그 행동의 반응빈도는 줄어들게 된다. 불쾌한 자극인 벌의 사용은 학습자의 행동을 지속시키는 원인에 대한 분석과 어떤 물건에 대한 선호도 등에 의해 결정된다.

여섯째, 환경의 조작을 통해 원하는 방향으로 행동을 조성할 수 있다. 가르치거나(coaching) 조성하여(shaping) 원하는 방향으로 행동을 형성할 수 있으며, 이러한 방법들은 교육현장에서 유아교사들에 의해 많이 사용되고 있다.

4) 사회학습 이론

사회학습 이론은 사회적 상황에서의 관찰과 모방에 의해 행동이 이루어진다는 것을 강조한다. 모델의 행동을 관찰하면서 상징적 표상을 형성하게 되고 이 표상을 이후의 행동에 표현하므로 관찰이 학습 및 행동변화의 주된 요인이다.

반두라(Bandura, 1977)는 인간은 자신의 행동과 행동 결과 사이의 관계에 대해 생각하며, 자기가 실제로 경험한 사건보다 일어날 것이라고 믿는 사건들에 의해 더 많이 영향을 받는 인지적 존재라고 한다. 즉, 우리가 무엇을 보고 어떻게 생각하는지가 중요하다. 조작적 조건화보다 어떤 사건이나 상황을 관찰한 것에 대한 인지적 심상이나 기대심리가 우리의 행동에 더 많은 영향을 미치므로 인간의 행동은 관찰을 통해 변화되거나 학습될 수 있다.

반두라의 주장은 모델과 모델의 관찰이 유아의 행동 형성에 중요한 요인임을 의미한다. 하지만 유아에게 영향력 있는 모델을 관찰하는 것이 행동의 학습이나 형성에 중요하다. 예를 들어, 애착으로 연결된 부모나 혹은 자율성과 독립성의 기초가 되는 유의미한 또래의 행동을 바라보면 따라할 가능성이 높다. 왜냐하면 내적으로 그 행동에 대한 인지적 심상이나 기대심리를 가지기 때문이다. 그러므로 유아 주변에 모방할 수 있는 어떤 모델이 존재하느냐가 행동의 형성에 중요하다.

관찰학습은 다음과 같은 단계를 거친다.

첫째, 주의집중 단계이다. 어떤 행동을 학습하려면 그 행동이 관찰하는 사람의 주의를 끌어야 한다. 관찰하는 사람은 자신의 주의를 모델에게 집중해야 하고 모델은 관찰하는 사람의 주의를 끌어야 한다.

모델이 관찰자의 시선을 끌기 위해서는 관찰자와 관련 있거나 하고 싶은 것이라야 하며 뭔가 특별하거나 따라하는 데 어렵지 않는 자극이어야 한다. 즉, 자극은 유인가가 높거나 특수한 자극이거나 혹은 이득을 주는 것이어야 한다.

둘째, 파지(把持) 단계이다. 관찰된 행동은 상징이나 자극의 특수성 등에 의해 관찰자의 마음에 기억되어야 한다. 기억되지 못하면 관찰된 것은 행동으로 나타나지 않으므로 관찰자는 모델의 행동에 주의를 기울임과 동시에 그 행동의 표상이 마음에 형성되어야 한다. 이것을 파지라고 한다. 관찰정보의 표상은 상징이나 심상을 통해 이루어지며 모델을 관찰한 후 어느 정도의 시간이 지난 다음에 일어난다.

셋째, 재생 단계이다. 재생은 표상한 것을 행동으로 나타내는 것이다. 관찰하여 파지한 것은 마음에 저장한 것이다. 그런데 이것으로는 학습된 것인지를 알 수 없다. 파지로만 끝난다면 비효과적인 학습이다. 실행을 통해 학습효과를 높일 수 있을 뿐만 아니라 외현적으로 재생산하는 것이 학습에 중요하므로 재생은 관찰학습의 중요한 단계이다. 관찰하여 기억한 모델의 행동을 외현적으로 재생산하는 과정에서 인지적 시연(cognitive rehearsal)도 중요하다.

넷째, 동기화 단계이다. 관찰된 것을 행동으로 재생산하려면 이에 대한 동기나 강화가 필요하다. 모델의 행동에 주의를 기울이는 것도 중요하지만 관찰한 것을 행동으로 표현하는 데 필요한 동기나 강화는 행동의 획득 가능성을 높여준다.

동기화 단계에서는 대리적 강화와 자기강화가 있다. 대리적 강화란 모델이 강화를 받는 것을 관찰하여 간접적으로 그 행동의 가능성을 경험하는 강화를 받는 것이다. 관찰하고 있는 행동이 좋은 결과를 얻거나 혹은 칭찬 등과 같은 강화를 받으면 그 행동은 지속적으로 일어날 가능성이 높다. 만약 벌을 받는다면 그 행동은 전이의 가능성이 줄어든다. 자기강화는 자신의 행동에 대한 스스로의 평가와 기준에 따라 자신의 행동을 강화하여 행동의 통제를 일으키는 것을 말한다.

사회학습 이론은 학습자 주위의 환경의 영향을 중요하게 취급한다. 동일시하여 모방할 수 있는 인물이 있다면 학습에 많은 영향을 미치게 된다. 관찰학습이 교육적으로 활용되기 위해서는 모델이 중요한 역할을 차지하며 어떤 모델을 어떻게 제공해주는가 하는 것이 중요하다.

5) 행동주의의 비판점과 적용

행동주의는 행동의 변화에 초점을 둔다. 마음에 있는 것은 볼 수 없으므로 행동주의의 관심이 아니며 행동변화가 눈에 보이는 것을 지향한다. 행동주의가 자극(S)과 반응(R) 간의 관계에 초점을 두지만 주목할 점은 환경이다. 사람들이 어떤 조건에 어떻게 반응하는지의 분석을 통해 행동의 변화에 필요한 환경을 만들고 필요한 자극을 계속 제공하면 우리는 그러한 자극 조건에 반응하게 된다. 환경의 강조는 현대의 행동주의에서만 강조된 것이 아니라 16세기 로크에 의해 주장되었으며, 철학적으로 문화전승주의, 심리학의 입장에서는 행동주의이다. 행동주의는 몇 가지 비판점이 있다.

첫째, 인간의 행동을 기계적으로 분석하고 구분하여 이끌어가므로 인간의 내적 및 자연적인 성장에 관심이 없다.

둘째, 스스로 자신을 통제할 수 있는 인간의 자유의지 능력을 무시한다.

셋째, 학습자를 기계적으로 대하고 학습자의 관점을 무시한다. 특히 학습자의 능동성을 고려하지 않는다. 자극과 반응간의 관계에 따른 변화가능성을 지향함으로 인해 학습자가 가진 흥미나 호기심은 고려의 대상이 아니다.

넷째, 강화물은 지속적인 효과를 낳지 못하기 때문에 더 강해져야 한다. 인간은 이전 자극보다 더 강한 자극이 주어져야 행동을 하는 부분이 있다. 따라서 행동변화의 지속성을 가지지 못할 가능성이 많다.

행동주의는 비판점이 있기도 하지만 행동을 형성하고 원하지 않는 행동을 제거하는 가장 빠른 방법이라는 점에서 매력을 가지고 있다. 이러한 매력은 인간 행동의 변화와 학습을 위해 보상, 반복 등을 바탕으로 하는 프로그램 학습법을 만들게 했다. 유아교육 사용되는 대표적인 프로그램은 베라이터 엥겔만 프로그램이 있다.

04 인지발달 이론

1) 피아제의 생애

피아제

피아제는 1896년 스위스의 뇌샤텔(Neuchatel)이라는 작은 마을에서 태어났다. 어린 시절부터 자연현상에 관심이 있어 새, 물고기 등의 행동을 관찰하였다. 10세 때 알비노(Albino) 참새를 관찰하고 글을 써서 뇌샤텔 박물학의 학술지에 기고하였고, 고등학교 시절에는 연체동물에 대해 연구하여 과학자들에게 호평을 받았다.

21세인 1918년 뇌샤텔 대학에서 박사학위를 받은 이후 피아제는 지식의 발생에 흥미를 가져 인식론적 철학을 공부하였지만, 철학은 해답을 찾을 수 없을 정도로 사변이어서 심리학을 공부하였었다. 파리의 비네 연구소에서 아동용 지능검사 제작에 참여하면서 유아들의 오답과 실수에는 일정한 형태가 있음을 발견한 피아제는 유아들의 생각은 성인과 다르다는 것을 알게 되었다. 이를 통해 피아제는 유아의 정신세계는 성인과 다른 독특함이 있다고 생각하였고 이것은 인지발달 이론 형성에 영향을 미치게 되었다.

피아제 이론은 1960년대에 들어 많은 관심을 보였지만 그의 연구 방법이 임상적 연구 방법이라는 이유로 비판을 받았고, 세 자녀의 관찰을 통한 연구결과이기에 보편화하기는 무리가 많다는 지적을 받았다. 하지만 피아제의 인지발달 이론은 오늘날 유아교육의 핵심 이론 및 구성주의의 중요한 이론으로 자리를 잡았다.

2) 기본 개념

(1) 인지구조

인지구조(cognitive structure)는 지적 활동의 기본적인 구조를 말한다. 인지구조를 직접 관찰할 수 있는 것은 아니지만 표현되는 행동을 통해 인지구조의 특징을 추론할 수 있다. 인지구조는 도식으로 구성된다.

도식(schema)이란 사물이나 현상을 이해하는 데 필요한 개념들의 집합이다. 개념들이 많이 모이면 사물이나 현상을 표현하는 데 어려움이 없지만 몇 개의 개념만 있으면 현상을 설명하는 데 어려움이 있다. 이처럼 도식은 사물이나 현상을 표현하는 데 사용되는 개념이나 개념들의 집합이 도식이자 인지구조이다. 그러므로 인지구조란 도식의 집합 혹은 사물이나 현상을 이해하는 데 필요한 기본적인 개념의 틀이다.

인지구조를 구성하는 도식은 사물이나 현상 혹은 사건 등을 설명하는 개념들이지만 현상이나 사건 및 사물의 특징에 따라 도식은 다양하다. 특정 물체나 사물 및 현상이 가지고 있는 구체적인 모습에서 추상적인 모습에 이르기까지 다양하기 때문이다. 인간은 이러한 도식을 어느 정도 받아들이고 보유하는가에 따라 이해의 폭이 달라진다. 하지만 이들 도식들은 서로 얽혀 또 다른 독립된 상위 도식을 구성하면서 이해의 폭을 구성하게 된다.

인지구조는 유기체의 능동적인 상호작용과정에서 동화와 조절을 통해 계속적으로 변하며 이전의 상황과 질적으로 다른 형태의 인지구조를 보이게 된다.

(2) 동화, 조절, 평형화

인지구조는 사람들마다 다르다. 인지구조의 차이는 내가 알고 있는 것과 타인이 알고 있는 것의 차이이다. 또한 사물이나 현상이 제공하는 것과 내가 알고 있는 것과의 차이이기도 하다. 이러한 차이는 개인의 불편함이다. 즉, 환경으로부터 들어오는 자극과 개인이 가지고 있는 도식간의 차이로 인해 개인은 불편함을 느낀다.

이처럼 환경으로부터 들어오는 도식과 자신이 가지고 있는 도식간의 불일치로 인해 야기되는 불편함을 인지적 갈등(cognitive conflict)이라 한다. 불편함이 생긴 인간은 외적 자극도식을 받아들이거나 자신의 도식을 수정하여 인지적 갈등을 해소하게 되어 다시 편안해지는데 이를 평형화라고 한다. 즉, 평형화는 인지적 갈등의 해소를 통한 인지적 균형 상태이다.

평형화의 과정에 동화(assimilation)와 조절(accommodation)이 작용한다. 동화와 조절을 통해 평형화가 이루어지면 학습자는 이전과 다른 구조의 인지적 발달을 보인다. 평형화의 과정은 학습자가 환경과 상호작용하는 가운데 계속해서 나타나게 되며 이 과정에서 학습자는 능동적인 역할을 수행한다. 평형화가 계속해서 이루어지면 유기체는 적응으로 나아가며 지적 발달이 이루어진다.

3) 발달의 단계

(1) 감각운동기

감각운동기는 출생에서부터 2세까지의 시기로 생득적인 반사도식이 나타나고 외부 대상에 대한 외현적인 활동을 통해 세계를 이해한다. 이 시기에 유아는 감각운동적 도식의 통합을 통해 사물에 대한 항상성(permanence)을 이해하고 대상영속성을 형성하며 사고의 기초가 되는 내적 표상의 기초를 형성한다.

감각운동기는 반사 사용기(0~1개월), 일차 순환반응기(1~4개월), 이차 순환반응기(4~8개월), 이차도식 협응기(8~12개월), 삼차 순환반응기(12~18개월), 내적 표상기(18개월~2세)의 하위 단계로 구분된다. 이 가운데 이차도식 협응기는 대상영속성 개념이 형성되는 시기이며 내적 표상기는 인지 수준의 질적 변화인 사고가 시작되는 시기이다. 지연모방(deferred imitation)은 내적 표상의 적절한 예로 지연모방을 통해 인지발달의 다음 단계로 나아간다.

(2) 전조작기

전조작기는 2세에서부터 7세 혹은 8세에 이르는 시기로 감각운동기와 질적으로 다른 형태의 사고패턴을 보여주는 시기이다. 이 시기는 중심화, 물활론, 실재론 등의 사고 형태를 보인다.

중심화는 전조작기의 대표적 인지특성으로 자아 중심적 사고(egocentric thinking)와 직관적 사고(intuitive thinking)로 구분된다. 자아 중심적 사고는 다른 사람의 입장을 이해하지 못하여 다른 사람도 자기와 동일한 방식으로 생각하거나 동일한 관점을 가지고 있다고 생각하는 것을 말한다. 직관적 사고는 사물의 현저한 특성이나 속성을 바탕으로 판단하는 것을 말한다. 직관적 사고에 의한 판단은 사물의 다양한 특성을 이해하지 못하고 자기 중심적 입장으로 판단하는 것이며, 보존개념이 안 되는 것이 대표적 현상이다. 중심화는 구체적 조작기에 접어들면서 해소가 된다.

물활론은 생명이 없는 사물에도 생명이 있고 감정과 의도를 가지고 있다고 생각하는 것을 말한다. 물활론은 자아 중심성의 또 다른 형태로 시간이 지나면 점차 생명에 대한 정확한 개념으로 정착된다. 물활론적 사고는 전조작기 유아들이 움직이는 것과 생명에 대한 개념이 서로 분화되지 못함을 보여준다.

물활론은 세 가지 과정을 거친다. 첫째, 사람에게 영향을 주는 모든 것은 살아있고, 둘째, 움직이는 모든 것은 살아있으며, 셋째, 스스로 움직이는 것만 살아있다는 것으로 변화하며 이러한 과정을 통해 생물과 무생물을 구분하게 된다.

실재론은 마음에 생각하는 것이 현실적으로 존재한다고 생각하는 것으로 꿈이 대표적이다. 꿈을 실재로 생각하는 유아들의 특성은 꿈에서 한 일을 실제로 한 일이라고 생각하며 이후의 현실은 꿈의 연장으로 생각한다. 또한 도덕적 판단에서도 실재적 사고를 보인다. 즉, 행위자의 마음을 고려하지 못하고 실제 결과에 근거하여 옳고 그름을 판단하는 특성을 보여 의도하고자 했던 마음과 실제 결과가 다를 수 있음을 인식하지 못한다.

이 시기의 또 다른 특징은 상징적 사고를 보이고 가역적 사고를 못하는 것이다. 가역적 사고는 일의 순서에 대한 역방향을 생각하는 논리적 조작능력인데 비가역적 사고는 그러한 조작능력을 보여주지 못하는 것을 말하고 지연모방이나 상징놀이 등을 통해 유아는 상상을 펼치며 가상의 세계를 형성하여 현실과 다른 표상을 그리는 것을 통해 상징적 사고를 보여준다.

(3) 구체적 조작기

구체적 조작기는 7세에서부터 11세 정도에 이르는 시기로 전조작기 유아와 질적으로 다른 사고 형태를 보여주는 시기이다. 구체적 조작기의 유아들은 보다 체계적이고 논리적인 사고를 하고 구체물의 조작을 통한 논리적 사고를 보여주며 연역적 사고 패턴을 보인다. 하지만 보다 가설적이고 추상적인 사고의 패턴은 아직 보여주지 못한다. 이 시기의 유아는 자아 중심성에서 벗어나는 탈 중심화 경향이 나타나고 또한 보존개념의 형성이 이루어진다.

가역적 사고를 통한 논리성의 획득을 보여주는 보존개념은 이 시기의 중요한 특징이다. 전조작기 유아의 보존개념은 더하거나 빼지 않았기 때문에 같고(동일성), 한 차원이 다른 차원을 보상하여 상쇄하기 때문에 같고(보상성), 거꾸로 해볼 때 다르지 않기 때문에 같다(가역성)는 형태로 발달한다. 그러나 피아제는 무게나 부피 등등에 대한 보존은 이 시기에서 획득하기 힘든 현상이라고 하였다.

(4) 형식적 조작기

형식적 조작기는 11세에서부터 15세 정도에 이르는 시기이다. 이 시기의 아동들은 구체물을 통하지 않고 연역적 가설을 세워 실제적으로 추론이 가능하고 여러 가지 가능한 과정들을 조합하여 인지적 성숙을 보인다. 또한 언어의 다양성이 나타나고 추상적으로 생각할 수 있어서 새로운 가능성을 모색하기도 한다. 과거의 경험이나 자신의 지각을 바탕으로 여러 가지 현상들을 조망할 수 있으며 가능성과 실제성 간의 체계적이고 논리적인 통합이 가능하게 된다.

4) 피아제 이론과 유아교육

환경으로부터 들어오는 자극과 적극적인 상호작용을 통해 도식을 확장시켜 인지적 발달을 이루는 이론적 설명으로 인해 상호작용론이라고도 불린 피아제의 이론은 우리나라의 유아교육에 많은 영향을 미쳤다. 유아들이 자기 중심적이라는 것과 직관적인 사고를 한다는 것의 이해를 통해 교사들은 유아들에게 접근하는 새로운 방식을 터득하게 되었다고 해도 과언이 아니다. 피아제 이론으로 인해 아동 중심적인 관점을 새롭게 생각하게 되었고 물리적 · 논리 수학적 · 사회적 지식의 향상을 위한 그룹게임이 소개되기도 하였다.

유아교육의 활동 프로그램들을 살펴보면 상당히 많은 프로그램들이 피아제의 인지발달 이론을 이용하고 있다. 대표적으로 하이스코프(high/scope)는 피아제의 이론을 적용하고 있으며 또한 발달에 적합한 실제(DAP: Developmental Appropriate Practices)에서도 찾아볼 수 있다.

그러나 이에 대한 비판이 없는 것은 아니다. 인지 발달 이론이 너무 지적인 면에 편중하고 있다는 점과 인간을 너무 논리적으로만 묘사하여 정의적 측면 등이 무시되었다는 점, 그리고 사회 문화적인 맥락에 따라 발달과 학습은 다를 수 있다는 점을 무시하고 있는 것이 주된 비판점들이다.

05 사회문화 발달 이론

1) 비고츠키의 생애

비고츠키

비고츠키(Lev Semionovich Vygotsky)는 1896년 11월 17일 러시아의 오르샤에서 태어났다. 유태인으로 인해 제한된 지역에서 살아야 했던 비고츠키의 아버지는 이로 인해 다소 냉소적이었지만 유머가 있었고 어머니는 자상하여 가정은 따뜻하고 자극적이고 문화적이었다.

공립학교에 가는 대신 몇 년 동안 가정교사에게 교육을 받은 비고츠키는 유태인 고등학교에서 중등교육을 마쳤다. 특히 가정교사인 아스피츠의 문답법에 기초한 교육 방법은 잘 적용되었으며 이로 인해 비고츠키는 많은 것을 배울 수 있었다.

학교에 다니면서 토론을 잘 하여 꼬마 교수로도 알려진 비고츠키는 모의법정과 같은 토론의 연출자 역할을 하면서 역사적 인물들을 탐구하였고 문학과 연극에 많은 관심을 가지기도 하였다.

모스크바 대학 법학부와 동시에 시야냐프스키 대학에서 역사철학과를 졸업한 비고츠키는 1917년부터 1923년까지 고멜의 대학에서 강의를 하였다. 1924년 학회에 『조건반사적 조사 방법과 심리학적 조사 방법』이라는 논문을 발표한 것이 계기가 되어 모스크바 심리학 연구소장을 만나 심리학 이론들을 재구성하고 심리학의 여러 문제들을 해결할 방안을 마련하고자 교육심리학과 치료심리학을 연구하였다. 루리아나 레온테프 등과 공동으로 연구하면서 피아제, 왓슨과 스키너, 프로이트 등의 이론을 연구하였다. 그리고 자신의 이론인 인간 정신기능의 사회적 및 역사적 맥락성과 그에 따른 정신 기능의 형성을 주장하게 된다. 또한 정신 기능의 형성에는 언어가 주도적인 역할을 한다고 하였다. 이러한 비고츠키의 이론은 현대 소련의 심리학의 기초를 만드는 역할을 하였다.

그는 1920년 경 결핵을 앓았으나 회복하여 연구에 전념하였지만 앓았던 결핵으로 인해 1934년 6월 11일 젊은 나이로 숨을 거두었다. 주요 저서로는 『고차정신기능의 발달사』(1931), 『언어와 사고』(1934) 등이 있으며, 그 외에 다수가 있다.

2) 기본 원리

비고츠키 이론은 사회적 상황에서의 협력적 학습을 기본적으로 가정하고 있다. 본질적으로 인간은 그 자체가 사회적 특성을 띠고 있기 때문에 사회 속에서 인간은 정신을 발달시켜 나가는 것은 당연하며 그러한 인간 정신의 사회적 및 역사적 기원을 언급하고 있다. 그리하여 사회적 상호작용을 통해 인간은 능동적 학습자로서의 역할을 하여 자신만의 독특한 정신구조를 형성하게 되고 이러한 정신은 내면화라는 과정을 통해 더욱 정교화되고 복잡해져 간다고 하였다. 언어는 이 과정에서 중요한 역할을 한다. 사회문화적 이론은 다음과 같이 몇 가지로 정리된다.

첫째, 지식은 사회문화적 맥락 속에서 구성되며 구성의 주체는 학습자 자신이다.
둘째, 학습은 발달을 이끈다.
셋째, 발달은 사회적 맥락과 분리될 수 없다.
넷째, 언어는 정신발달에 핵심적인 역할을 한다.

(1) 사회 문화적 맥락의 중요성

비고츠키에 의하면 사회 문화적 맥락이란 역사적 성격을 띤다. 인간의 정신은 사회 문화적 맥락을 바탕으로 나타나는 산물이며 개인의 과거 지식에 근거해서 나타난다. 개인의 정신적 기능과 지식은 사회적 상호작용을 통해 형성되므로 학습이나 발달을 이해하려면 개인의 사회적 상호작용과 과정들을 이해해야 한다. 우리 주변의 물리적 · 문화적 공간은 인간의 인지구조에 직접적 혹은 간접적으로 영향을 미치며 정신구조의 역사를 보여주는 맥락이다.

사회 문화적인 맥락에서의 상호작용은 미시적 수준과 거시적 수준으로 나눌 수 있다. 거시적 수준은 유아에게 미칠 수 있는 사회구조나 문화 특성들이다. 이 속에서의 상호작용은 사회적 관계나 사람간의 관계에 근거하여 이루어지며 고등정신을 발달시킨다. 미시적 수준은 개인 수준에서 학습한 것을 내면화하는 것을 말한다. 개인적 수준은 심리적 수준으로 유아 내부에서 일어나는 개인 내적 상호작용이다.

인간이 정신사회의 어떤 문화에서 의사소통을 하느냐가 우리의 인지구조의 형성에 영향을 미치므로 문화적 경험은 인지구조의 이해 구조, 논리 구성, 해결 방법 등을 이해하는데 필요한 중요한 사회적 맥락이다. 사회적 맥락은 사회적 정신이 공유된 부분으로 개인의 정신으로 내면화되어 정신기능으로 자리 잡는다. 그러므로 인간의 정신기능 발달은 개인에게 국한된 내면화 과정이 아니라 사회의 정신이 시대와 역사에 걸쳐 개인에게 내면화되는 것이다. 이런 과정에 협력이나 교류, 교환 등은 유아의 정신구조 형성에 영향을 미치는 상호작용이다.

(2) 학습과 발달

비고츠키의 이론에서의 학습과 발달의 관계는 피아제의 이론과는 사뭇 다르다. 인지발달은 인지적 성숙을 바탕으로 새로운 정보나 기능을 학습할 수 있다고 한다. 즉, 발달의 전제조건은 인지적 성숙이다. 예를 들어 유아가 전조작기에서는 불가능한 논리적인 조작을 하는 것은 구체적 조작기에서이다. 이러한 사고구조의 질적인 차이가 있어야 발달이 이루어진다. 유아는 인지적 갈등을 평형화라는 내적 활동으로 해소하여 새로운 이해와 앎을 형성하고 새로운 도식을 형성하여 인지적 적응을 한다. 결국 고차적인 정신이나 사고의 획득은 그에 상응하는 도식의 확보가 필요하다. 이것은 인지적 발달이 이루어져야 학습이 전개된다는 것을 의미한다.

비고츠키의 이론에서는 발달을 통한 학습보다는 학습과 발달의 상호보완적인 측면을 강조한다. 학습을 위한 필요 전제조건으로서의 인지적 성숙이나 도식보다 학습과 발달은 복잡한 역동성을 띠는데 그것의 대표적인 예는 근접발달지대이다.

① 근접발달지대(Zone of Proximal Development)

비고츠키는 행동의 발달은 근접발달지대의 경계가 되는 두 수준 사이에서 나타난다고 하였다. 근접발달지대는 정신의 현재 발달 수준(알고 있는 부분)과 곧 이루어질 발달 수준(곧 알게 될 부분)과의 사이 부분이다. 즉, 독립적으로 수행할 수 있는 수준과 누군가의 도움을 받아 발달할 수 있는 수준 사이를 말한다. 누군가의 도움을 받아 발달할 수 있는 수준이란 정신 능력의 잠재적 부분을 지칭하는 것으로 현재는 이해하고 있지 못한 부분이지만 이해할 수 있는 범위 안에서 또래나 성인과의 상호작용(예 협력, 지원 등)으로 곧 이해하게 되는 정신적 부분을 지칭한다.

유아는 자신이 '알고 있는 것'(혼자 할 수 있는 수준)을 바탕으로 사회적 상호작용을 하다가 '곧 알게 될 부분'(도움을 받아 발달된 수 있는 수준)이 점차로 '알고 있는 부분'으로 변하게 된다. 시간이 지나면서 유아의 성취 수준은 달라지고 정신기능도 변한다. '곧 알게 될 부분'은 '알고 있는 부분'에 누적되어 쌓이고 새로운 '알고 있는 부분'으로 바뀌고 '알게 될 부분'은 다시 나타난다.

정신발달의 과정은 학습과 발달의 관계를 잘 보여준다. 유아 입장에서 '곧 알게 될 부분'은 아직 정신기능으로 발달하지 않은 부분이다. 사회적 상호작용에서의 의사소통이나 협력적 교류 등을 통한 배움은 유아가 혼자 할 수 있게 만든다. 그러므로 학습은 유아의 발달을 조장한다.

성인이나 보다 유능한 또래와 근접발달지대에서의 상호작용은 역동적인 모습을 띤다. 이러한 상호작용은 비계(scaffolding) 설정이 포함되어 있다.

② 스캐폴딩(Scaffolding)

비계라고도 하는 스캐폴딩은 비고츠키의 후학들이 사용한 개념이다. 비계는 건축물의 건축에 사용되는 지지대를 말하는데 건축물은 아니지만 건축과정에 이것이 없으면 건축이 힘든 도움구조물들을 말한다. 유아가 능동적으로 자신을 구성해 나가는 하나의 건물이라고 한다면 유아 주변의 사회적 환경은 유아가 앞으로 나아가고 계속 새로운 능력을 구축하게 하는 필수적 지원 체제이자 비계(scaffolding)이다.

유아들이 사회적 상황 속에서 타인과의 상호작용을 할 때는 맥락, 감정, 파트너, 언어 등이 포함된다. 이것들이 서로 조화되어 유아의 정신능력 발달에 영향을 미친다. 상호작용을 하는 구성원들 사이에 사용되는 다양한 상호작용전략은 알게 모르게 상대방의 이해에 도움을 준다. 이해를 돕는 자가 이해하는 자에게 사용하는 방법과 전략은 맥락에 따라 다르지만 이것은 이해하는 자의 정신능력 발달에 영향을 미친다. 즉 이해를 돕는 자가 사용하는 기법들이 비계(scaffolding)이다.

학습상황에서 비계는 다음과 같이 나타난다. 보다 능력 있는 협력자가 과제에 대한 상대방의 수행능력에 따라 도움을 조절해 가는 것으로써 교수를 하는 동안 도움의 질을 계속 변화시키게 된다. 예를 들어 교사는 학습자의 과제가 새로운 것일 때는 보다 많은 도움을 주지만 학습자가 점차적으로 과제를 스스로 할 수 있는 책임을 늘려가면서 학습자의 자율성, 독립성, 책임감을 길러주게 된다면 비계설정이 된 것이다. 이때 사용된 비계는 단서 제공하기, 시범보이기, 설명하기, 질문하기, 토론하기, 함께 참여하기, 격려하기, 주의집중 시키기 등이다.

교실상황에서 사용되는 비계는 교수학습 상황에서 사용되는 교수전략이기도 하다.

교사는 학생들을 이해시키기 위해 다양한 교수기법을 사용하여 학습자가 이해할 수 있게 하므로 학습자에게 교사는 이해를 돕는 도우미이며 협력자이다.

③ 내면화(internalization)

근접발달지대와 비계는 학습과 발달의 역동성과 고등정신기능의 사회적 수준과 개인적 수준이 서로 관계있음을 보여준다. 즉, 학습자인 유아는 사회적 수준에서 사회의 정신이나 대상, 혹은 관계 등을 학습하게 된다. 사회적 수준은 유아의 개인내적 수준에서 고등정신기능으로 변하여 발달하게 된다. 사회적 수준은 외적 기준이지만 개인 수준은 개인의 심리내적 기준으로 사회의 여러 가지 현상들이 개인의 내면적 수준에서 내면화하는 것을 의미한다. 그러므로 사회의 여러 가지 기능과 수준들은 사회구성원들 사이에 의미를 공유하는 간주관성(intersubjectivity: 서로 다른 두 참여자가 공유된 이해에 도달하는 것)으로, 혹은 의미의 공유(shared meaning)로 존재하게 된다. 당연히 학습의 주체는 유아 자신이며 스스로 지식을 구성해 나가지만 협력적 상호작용을 바탕으로 하는 지식의 구성이다.

(3) 발달과 언어

비고츠키의 사회 문화적 이론에서 언어가 차지하는 비중은 아주 높다. 언어는 본질적으로 사회적이지만 인간의 의사소통을 위한 상징이다. 비고츠키는 언어가 고등정신 기능의 내면화에 중요한 역할을 한다고 주장하지만 피아제는 언어는 사고를 표현하는 수단이고 매개체로 본다. 비고츠키는 언어를 통해 새로운 상황을 접하고 정보를 형성하고 고등정신기능으로 나아가는 정신적 도구로 본다. 따라서 언어는 사회적 언어(social speech)에서 혼자말(private speech)로 그리고 개인 내적 언어(inner speech)로 발달해 나간다.

첫째, 사회적 언어는 다른 사람에게로 향하는 언어이다. 사회적 의사전달의 기능을 가지고 있으며 사회 문화적 맥락에서 사용되므로 문화적 언어이다. 그러므로 문화적 범주, 문화적 개념, 사고양식 등을 포함한다.

둘째, 혼잣말은 다른 사람에게 향하는 언어가 아니라 자기 자신에게로 향하는 언어이다. 자기 행동의 통제기능을 가지고 있는 혼잣말은 다른 사람이 들을 수도 있고 듣지 못할 수 있어서 자기 중심적으로 보이기도 한다. 인지적 정신기능이 성숙됨으로 인해 혼잣말은 개인 내적으로 되어 언어적 사고를 구성하는 역할을 한다.

셋째, 혼잣말이 개인 내부로 들어가면 내적 언어(inner speech)가 된다. 유아의 정신을 정교하고 세련되게 하는 역할을 하는 내적 언어는 논리적이고 상징적 사고를 하는데 중요한 역할을 한다. 놀이에서 표현되는 유아들의 혼잣말은 유아의 개인내적 언어로 발전하여 놀이를 다양하고 세련되게 하는 역할을 한다. 또한 혼잣말은 가설적 및 논리적 사고인 개인의 언어적 사고(verbal thinking)를 조장한다.

비고츠키 이론에서 언어는 과거에 대한 기억과 미래에 대한 기대를 표현하게 하고 유아로 하여금 상상하고, 조작하며, 새로운 생각을 만들어 내고, 다른 사람들과 나누는 것을 가능하게 하는 정신적 도구이다.

3) 유아교육에의 시사점

사회문화 발달 이론은 유아들의 학습과 발달에 많은 시사점을 제공한다. 또래와의 상호작용을 통해 유아들은 정보를 내면화하고 고차적인 정신기능이 발달한다는 사회문화 발달 이론이 유아교육의 구성에 영향을 미친 점들은 다음과 같다.

첫째, 학습에서 과정을 강조한다. 전통적 수업 활동의 교사 중심의 수업 활동보다 유아들의 흥미나 호기심을 바탕으로 지식을 찾아가는 학습과정을 강조한다.

둘째, 유아들의 능동적 상호작용을 통한 협력적 참여와 안내된 참여가 학습에서 강조된다. 이를 통해 유아는 자신의 고등정신 기능을 발달시켜간다.

셋째, 교사의 역할은 계획자이고 상호작용자이며 촉진자이다. 계획자란 유아의 관찰을 통해 어떤 활동을 준비해두어야 하는지를 의미하고 그러한 계획을 통해 어떻게 상호작용을 하고 유아들을 자극하고 촉진시킬 것인지를 계획하게 된다.

현재 유아교육 프로그램 가운데 비고츠키의 사회문화발달 이론을 잘 보여주고 있는 것은 레지오 에밀리아 프로그램이다. 레지오 에밀리아에서는 협력, 토론, 기록하기 등 등을 통해 유아들의 정신기능을 발달시키는 데 기여하고 있다.

06 포스트모더니즘과 유아교육

1) 포스트모더니즘의 특징

20세기 중 · 후반에 걸쳐 대두된 포스트모더니즘은 모더니즘을 극복하자는 취지의 사상적 흐름이다. 포스트모더니즘을 이해하기 위해서는 무엇보다도 모더니즘과의 관계를 파악하는 일이 선행되어야 한다. 즉 모더니즘이란 이성 중심, 계몽적 사고 중심, 객관적 과학을 강조하는 합리적 절차가 특징이다. 포스트모더니즘은 모더니즘에 대한 연속적 수용, 거부, 발전적 개혁 등을 의미한다. 포스트모더니즘과 모더니즘의 관계는 다음과 같이 구분할 수 있다.

첫째, 양자를 연속의 관계로 파악하는 입장이다. 이 경우에는 'Post' 라고 하는 접두어가 'After' 의 의미로 해석된다. 포스트모더니즘이란 모더니즘의 범주에서 이해되고 해석되는 하나의 활동이 된다.

둘째, 가장 비판적인 입장인 양자를 단절의 관계로 파악하는 입장이다. 이 경우에는 'Post' 는 'Anti' 나 'Against' 의 의미로 해석된다. 이러한 입장은 가장 극단적인 경우로 포스트모더니즘은 모더니즘을 거부하고 모더니즘의 준거를 비판하는 입장이 된다.

셋째, 양자의 관계를 연속과 동시에 단절의 관계로 파악하는 입장이다. 이는 모더니즘의 단점을 극복하고 이를 바탕으로 포스트모더니즘의 입장을 세련되게 하는 입장이다. 양자를 단절과 연속의 과정으로 보는 두 준거를 통합한 보다 긍정적인 입장으로 평가될 수 있다.

포스트모더니즘은 반정초주의, 다원주의, 반권위주의 등을 기본원리로 표현한다. 그러나 포스트모더니즘의 기본원리나 근거 등은 그 논리적 전개과정이 매우 모호하다. 또한 포스트모더니즘의 범위는 인문과학은 물론 사회과학과 자연과학, 예술, 교육학 분야에 이르기까지 폭넓게 형성되어 있다. 포스트모더니즘을 연구하는 학자들이 공통적으로 지적하고 있는 포스트모더니즘의 특징을 요약하면 다음과 같다.

첫째, 포스트모더니즘은 반합리주의이다. 절대적 합리성은 근대인에게 요구되었던 사고와 행동의 전형이다. 근세 사회는 이성적이며 합리적인 인간상을 추구하였다. 포스트모더니즘 사상가들은 합리적 자아라는 것이 일반인을 속박하기 위하여 만든 허구라고 규정한다. 단순히 합리성에 반대하는 입장에서 더욱 진보된 실천적 합리성을 지지하는 견해를 취하기도 한다. 종합하면 이성적이고 관념적인 합리성을 거부하고 인간의 삶과 연결되는 합리성을 지지하는 것이 포스트모더니즘의 입장이다.

둘째, 포스트모더니즘은 인식론적 상대주의를 표방한다. 서양의 전통적인 지식관은 고정불변의 실재를 전제하고 이 실재를 인간의 합리적 사고를 통하여 인식할 수 있으며, 인식결과는 보편타당한 합리적 지식관이라고 할 수 있다. 그러나 포스트모더니즘 사상가들은 보편타당한 지식을 추구하는 지적 탐구 활동의 절대적 기준을 거부한다. 즉, 인간의 모든 인식 활동은 인식자의 주관에 따른 상대적인 인식이 이루어질 수밖에 없다. 불변의 실재와 그것에 대한 합리적 인식은 허구라는 것이다.

셋째, 포스트모더니즘은 탈정전화(脫正典化)를 지향한다. 근대 사회에서 문화적 정전은 보편적 진리와 가치를 반영하고 있다는 점에서 정당화되었다. 그리고 정전에 부합하는 생활양식은 고급문화로 간주되어 사회 구성원으로 하여금 인정, 수용, 계승하게 하였다. 그런데 보편적 진리란 근거 없는 해체의 대상이라는 포스트모더니즘 사상가의 견지에서 볼 때 정전이란 보편적 진리로 인정될 수 없는 것이다.

넷째, 포스트모더니즘은 유희적 행복감의 향유를 중시한다. 포스트모더니즘의 입장에서 역사나 삶의 현장은 끝없는 유희의 장소로서 텍스트에 지나지 않는다. 따라서 포스트모더니즘 사회의 대중들은 총체성이나 역사성에 관심을 가질 필요가 없다. 포스트모더니즘 사상가에 의하면 삶의 관계에서 인간은 자신과 자기 주변에 대한 실험적, 유희적, 감성적 접근 태도를 갖는 것이 바람직하다.

이상에서 살펴본 포스트모더니즘은 전통적 모더니즘 사상의 객관적 · 절대적 · 합리적 성격에 반대하여 주관적 · 상대적 · 비이성적 성격을 지닌 사상이다. 포스트모더니즘은 인간의 삶을 규정짓고 속박하는 모든 사상적 흐름을 반대하고 인간의 삶과 관계된 실천적 철학을 지지하는 사상이다.

2) 포스트모더니즘의 교육

포스트모더니즘의 교육은 전통적 교육상황에 대한 비판과 대안을 제시한다. 포스트모더니즘은 학교교육을 통하여 생겨난 메타논리를 비판하고 학습자 개개인의 차이를 존중할 것을 제안한다. 포스트모더니즘의 교육적 특징을 설명하면 다음과 같다.

첫째, 포스트모더니즘의 교육은 차이에 대한 인내이다. 포스트모더니즘 교육에서 중요한 문제는 모던적 교육관의 억압을 탈피하기 위해 차이의 표현을 교육목적으로 상정하고, 차이를 드러내고 차이를 관용하는 태도를 지닌 사람의 양성이다. 그러나 차이는 이질적 담론 구성의 문제에 의해 공적 언어로 표현될 수 없는 성격을 지닌다. 차이로서의 교육목적이 표현될 수 없는 것이라면 공적 교육목적으로 진술되기 어렵다. 따라서 포스트모더니즘의 교육은 차이를 드러내고 다양한 분쟁의 상황에 인내하는 태도의 양성하는 것이다.

둘째, 포스트모더니즘의 교육은 상상력의 고양을 통한 숭고의 교육관을 길러주는 것이다. 포스트모더니즘의 입장에서 학습자의 상상력을 고양할 수 없는 교육은 비판의 대상이 된다. 모더니즘적 학교에서는 숭고의 감정을 고양하는 순수한 상상력의 가치가 배제되어 왔다. 모더니즘의 교육은 모더니즘의 이상에 부합하지 않는 상상력의 발현을 규제와 훈육이라는 교육방식을 통하여 억제하고 학습자의 다양한 사고의 가능성을 억압한다. 포스트모더니즘의 주장은 숭고의 교육관에 따라 표현될 수 없는 사고가 존재함을 인정하고, 그 사고를 기르는 상상력의 고양을 교육 내용으로 편입하고자 시도한다. 이러한 시도는 기존의 모던적 교육관이 메타 담론화되고 전체적 폭력이 되는 점을 비판하고 숭고의 교육관을 통하여 모던적 교육관의 오류를 비판하는 맥락에서 나타난 것이다.

셋째, 포스트모더니즘의 관점에서는 기존 지식인이 담당하던 교육자의 역할이 달라진다. 포스트모더니즘이 강조하는 상상력의 표현으로서 숭고의 교육이 정당하다면 모더니즘적 지식인이 사라진 자리를 대처하여 무한한 상상과 표현되어질 수 없는 사고를 열정적으로 지지하는 포스트모더니즘적 지식인이 요청된다. 전문가의 이름을 가진 지식인의 개념은 언제, 어디서나 표현할 수 없는 것을 표현하고자 하는 열정으로 상상력을 드러내고자 헌신하는 사람으로 대처될 수 있을 것이다.

넷째, 포스트모더니즘의 교육은 지식의 언어 게임적 화용을 통한 배리의 원리를 허용한다. 포스트모더니즘 교육의 장은 공통의 합의를 지향함이 아니라 다양한 언어게임의 무한한 경우의 수를 창조하는 배리의 입장을 지지한다. 배리의 규칙은 잠정적 계약을 선호하며 그 계약 속에 또 다른 규칙의 생성 가능성을 내포한다. 따라서 배리의 입장을 따르는 교육의 장에서 학습자는 기존 메타법칙에 질문을 던지는 도전자로 기능한다.

지식의 기능이 기존의 지배적 패러다임을 극복하는 측면에서 사용된다면 교육의 목적은 오류가능성, 개선가능성, 그리고 비영구적인 것으로 변화되어야 한다. 이때 교육은 모더니즘 교육의 수동성, 즉 고정된 교재에 의지한 관습적 학습을 극복하고 변화되어지는 상황과 교재구성에 의한 활동적인 학습 방법을 따라야 한다. 이러한 교육이 이루어지는 연구의 장(場)은 교실이며 교실에서의 연구 작업은 '진리의 재진술이 아니라 탐구의 보고서'가 되어야 한다.

다섯째, 포스트모더니즘은 정보화 교육을 옹호한다. 정보화 교육은 다음과 같은 목적과 과정을 지향할 때 그 가치를 지닌다. 모든 대중에게 모든 메모리 뱅크와 데이터 뱅크의 접근통로를 개방하고 교육의 보조적 위치에서 그 기여점을 찾는 역할로 그 기능을 한정시켜야 한다. 이때 정보화의 언어게임은 순간에 완벽한 정보게임이 될 것이고 그 게임은 제로섬 게임으로 전락할 가능성을 벗어난다. 이는 무한한 지식이나 정보를 게임의 판돈으로 사용하는 경우의 수를 창조하는 것이다. 이때 정보화 게임의 판돈이 모두 소모되는 경우는 존재할 수 없고, 게임의 참여자는 모두 게임의 상황에서 의미 있는 주체가 된다. 포스트모더니즘의 교육은 정보적 매체를 통한 지식전달에 내재된 전략을 드러내는 데 기여할 수 있다. 또한 그 전략을 구성하는 암묵적 논리를 탐색하는 배리의 교육 방법은 현재 정보화 교육의 방법에 대한 비판적 접근의 한 준거로 기능하고 다양한 교육실천에 기여할 수 있다.

이상에서 살펴본 포스트모더니즘의 교육은 차이의 원리에 입각해 숭고의 교육목적을 정립할 것을 시사한다. 또한 기존의 '지식을 소유한 사람'이라는 지식인의 관점을 '상상력을 고양하는 사람'으로 전환된다. 포스트모더니즘의 교육은 교실의 다양한 학습자의 목소리를 언어게임 이론을 적용하여 이해하고 다양한 변수의 존재를 인정하는 것이다.

(3) 포스트모더니즘의 유아교육관

이상에서 살펴본 포스트모더니즘의 사상과 교육관을 바탕으로 유아교육적 의미를 유추할 수 있다. 포스트모더니즘의 입장에서 유아교육의 의의를 살펴보면 다음과 같다.

첫째, 포스트모더니즘은 감성적 지식관에 의거한 새로운 유아교육의 목적을 요청한다. 포스트모더니즘의 특징 중의 하나가 이성 중심에서 탈피하는 것이고, 이러한 포스트모더니즘이 지향하는 유아는 이성의 분별력보다는 감성적 상상력을 가진 따뜻하고 정감 있는 인간이다. 따라서 포스트모더니즘은 유아기 발달 특성을 고려하여 풍부한 감성을 가진 유아의 양성을 그 교육목적으로 제시한다.

둘째, 포스트모더니즘은 유아교사와 유아 사이의 의사소통의 공약 불가성을 인정하고 유아의 상상력을 고양할 수 있는 교사를 제안한다. 포스트모더니즘의 입장에서 볼 때 교육적 상황에서 교사와 학생 간의 동일한 언술로 가치판단을 실시하거나 하나의 메타 논리를 모든 상황에 적용하고자 하는 시도는 정당화될 수 없다. 예를 들면 유아교육의 상황에서 교사가 말한 '산이 푸르다'와 유아가 말한 '산이 푸르다'라는 말은 동일한 단어와 어구로 구성되어 있지만 그 의미와 적용은 다르다. 유아교육 현장에서 존재할 수 있는 유아교사와 유아들 사이의 의사소통상의 불일치를 인정하고 다양한 차이에 대한 인내의 태도로 교육에 임해야 한다. 또한 유아교육이 실현되는 교육의 장에서 교사는 자신이 소유한 지식에서 부여되는 선험적 권위에 의존하는 사람이 아니라, 늘 변화하고 예측할 수 없는 유아의 상상력을 드러내고자 노력하고 유아의 상상력을 자신의 사고틀로 구속하지 않는 역할을 담당해야 한다.

셋째, 포스트모더니즘은 유아에게 학습의 구성권을 주는 시도가 요구된다. 즉, 유아 스스로 학습 자료를 기존 방식과 다른 새로운 방식으로 배열할 수 있도록 하는 능력의 배양이 요구된다. 포스트모던 사회에서 전통적 교육의 핵심이던 지식의 소유 여부와 소유된 지식의 양은 중요하지 않다. 현대 유아교육에서 유아에게 요구되는 능력은 자신의 상황에 적합한 지식을 찾고 그 지식을 문제해결에 적합하게 구성하는 기본적 능력을 기르는 것으로 이해된다. 이때 상상력은 중요한 지식구성의 요소가 된다. 유아교육의 중요한 표현은 고정된 이성의 표현이 아니라 다양한 상상력의 발현이다. 상상력의 표현으로 유아교육을 강화할 때 기존 유아교육을 지배하던 메타권위는 해체될 수 있다.

07 페미니즘과 유아교육

1) 페미니즘의 전개

페미니즘이란 역사적으로 남성이 주도권을 쥐고 여성을 억압해 온 사실을 인정하고 보다 평등하고 여성의 역할이 인정되는 사회를 만들자는 사회운동을 말한다. 페미니즘을 사전적으로 정의하면 19세기 중반에 시작된 여성 참정권 운동에서 비롯되어 그것을 설명하는 이론까지 포함하는 개념으로 여성억압의 원인과 상태를 기술하고 여성해방을 궁극적인 목표로 하는 운동 또는 그 이론을 말한다. 페미니즘 운동의 중요한 계기는 1949년 프랑스의 보봐르가 자신의 저서에서 사고의 출발점을 '여성들의 경험'에서 찾을 수 있다. 이 상징적인 주장은 서구 주류인 남성주의가 간과하고 억압해 온 여성의 목소리를 찾는 출발점이 되었고, 전통과 문화의 편중된 주체로서 남성을 비판하게 된 것이다. 남성의 기준으로 여성을 이해하려는 전통적인 시도는 여성의 경험이 중심이 되는 이론에서 여성의 시각으로 여성의 세상을 이해하는 노력으로 진화되었다. 이는 가부장적인 사회에서의 성차별적인 경험에 대한 해방, 전통적 여성의 역할에서 오는 삶의 해방 등을 포함한다.

현대의 페미니즘은 1960년대 후반 미국에서 결성된 전미여성연맹(NOW: National Organization for Women)의 활동에서 시작된다. 전미여성연맹은 여성의 지위를 조사하기 위하여 조직된 여성지위 위원회에 참석했던 소수의 여성을 중심으로 결성되었다. 이들은 각계의 회원들, 즉 정부 · 언론 · 근로자 등의 여성들을 받아들이고, 성별에 따른 차별을 철폐하라고 주장했다. 또한 고용 · 교육의 기회균등, 동일노동 · 동일임금 보장, 낙태(落胎)의 자유 등을 주장하였다. 이후 페미니즘은 여성의 남성에 대한 동일성을 바탕으로 형식적인 평등에 치중하는 자유주의 페미니즘으로 전개되었다.

그러나 1980년대의 페미니스트들은 여성 고유의 특성을 인정하고 여성의 다른 목소리를 강조하였다. 이들은 급진적 페미니스트들과 함께 사회에 만연한 남성의 일반적 대표성을 비판하였다. 1990년대의 페미니즘은 포스트모더니즘의 특징을 이어받아 일반화와 정형화된 이론을 반대하였다. 포스트모더니즘 페미니즘의 특징은 차이에 대한 인내이다. 이상에서 살펴본 페미니즘은 단순한 차별적 인식에 대한 항거에서 역사적 · 문화적 · 인종적 · 생물학적 차이에 대한 인식으로 확대 발전되었다.

2) 페미니즘과 포스트모더니즘

포스트모더니즘과 페미니즘은 매우 유사한 이론적 배경을 지닌다. 즉, 모든 메타서사에 대한 거부를 표방하는 포스트모더니즘은 남성의 이름으로 자행된 폭력을 거부하는 페미니즘과 그 맥락에 있어 유사하다. 즉, 이성적 전통을 비판적으로 바라보고 모든 권위를 해체하고자 하는 시도는 동일하다. 또한 모든 메타 이론을 거부하고 작은 이야기, 지역성, 개별성 등을 강조한다는 점에서 유사하다.

그러나 급진적 포스트모더니즘의 입장에서 보면 페미니즘은 자신들의 이론적 기반과 실제적 활동을 위한 다양한 활동과 담론화를 통하여 하나의 여성해방이 메타담론화 된다는 점에서 비판의 대상이 된다. 즉, 포스트모더니즘은 모든 종류의 메타담론을 거부한다. 포스트모더니스들에게 페미니즘이란 현대를 대표하는 많은 서사 중 하나이다. 따라서 기존권위에 대한 반대로 이루어졌지만 자신들이 또 다른 권위가 되는 페미니즘은 정당화될 수 없다.

이에 대한 페미니스트들의 반론은 기존 정치입장이 포스트모더니즘을 이용하여 자신들의 이론적 기반을 약화시키는 시도를 하고 있다고 보고, 자신들의 개혁적 의지를 가로막는 포스트모더니즘의 시도를 강력히 비판한다. 즉, 포스트모더니즘의 비판을 기존 기득권자가 이용하여 페미니즘의 존립 자체를 거부하는 것으로 인식하였다.

이상의 차이에도 불구하고 포스트모더니즘과 페미니즘은 여성의 경험이라는 소수의 목소리를 논의한다는 점에서 유사점이 더 많다. 즉 인류가 살아온 이래 역사적으로 소수였던 계급, 문화, 인종 등의 문제의 한 부분이 여성이라는 점으로 접근하면 포스트모더니즘이 페미니즘을 이해하는 데 무리가 없다. '남성의 역사' 가 아닌 '여성의 역사', 결국 '여성의 역사' 가 아닌 '모두의 역사', '모두의 역사' 를 넘어 '개인의 역사' 를 지향하는 것이 포스트모더니즘이다. 이러한 논리로 볼 때 페미니즘은 포스트모더니즘의 전개의 중심에 있다고 보아도 무방하다.

3) 페미니즘의 구분

페미니즘을 역사적 전개와 사상적 특징을 고려하여 볼 때 자유주의적 페미니즘, 마르크스주의적 페미니즘, 생물학적 페미니즘 등으로 구분할 수 있다. 각각의 특징을 간략하게 설명하면 다음과 같다.

첫째, 자유주의적 페미니즘이다. 이들은 여성의 사회진출과 성공을 가로막는 관습적, 법적 제한을 남성에 대한 종속으로 파악한다. 그들은 남성 중심의 관습적 흐름이 여성의 기회를 박탈하고 기득권에 접근하지 못하게 하는 원인이라 파악한다. 이에 대한 해결점으로 여성에게도 남성과 동등한 교육기회와 사회적 인식을 제공하여 여성의 종속을 제거해야 함을 주장한다.

그러나 자유주의 페미니즘은 기성의 정치적 · 사회적 구조를 완전히 변화시키기 보다는 기존 사회의 틀에서 점진적 개혁을 요구하는 이론을 주장한다. 즉, 기존 사회의 틀을 유지하고 여성의 의견이 반영되도록 사회구조를 변화시키는 일에 관심이 더 많다. 이들의 수정주의적, 미온적 태도는 혁명적 · 급진적 페미니스트들에게 비판의 대상이 된다.

둘째, 마르크스주의 페미니즘은 자유주의적 페미니즘을 비판하는 입장이다. 이들은 남성 위주의 사적 소유가 존재하는 한 진정한 기회균등은 이루어질 수 없다고 한다. 이들은 여성의 억압이 생산수단의 사적 소유로부터 시작되었으며, 자본주의가 바로 여성 억압의 근원이라고 주장한다. 따라서 마르크스적 페미니즘은 자본주의의 전복을 통한 남성과 여성의 권력 소유를 제거하는 것이 유일한 여성해방의 길이라 본다. 상당히 급진적이며 실패로 확인된 공산주의 이론의 적용은 논의 대상이다.

셋째, 급진적 페미니즘은 생물학적인 성(性)이 여성의 정체감과 억압의 주된 원인으로 본다. 이들은 여성해방이 출산 · 양육 등의 여성 역할에 대한 근본적인 변혁을 통해 이루어질 수 있다고 주장한다. 출산과 양육을 담당할 수밖에 없는 여성성은 결국 남성과 차별되는 점이고, 이를 통해 남성은 권위적인 자기 합리화를 한다는 것이다. 여성의 출산능력을 남성이 통제하고 이를 통하여 여성억압이 발생하였다. 따라서 여성이 주체적으로 피임, 낙태, 출산에 관련된 문제를 통제해야 한다. 또한 육아 문제도 여성의 관점에서 결정해야 함을 주장한다.

넷째, 생물학적 페미니즘은 남녀 간의 생물학적 차이가 생물학적 열등감을 생산하고, 생물학적 성차(性差)와 연결된 사회적 성문제를 야기한다는 입장이다. 이는 가부장제에 기초한 법적 · 정치적 구조와 사회 · 문화적 제도가 여성 억압을 가능하게 한다는 다른 견해와 달리 여성의 고유한 성적 정체성이 남성과 여성을 구분짓게 하는 것이라 주장한다. 이들은 생물학적으로 여성을 더욱 복잡하고 완전한 성으로 규정한다. 즉 여성의 유전자는 남성보다 진화된 유전자이며 우월한 성이다. 이들은 '자연은 페미스트다' 라는 주장을 할 정도로 여성의 유전적 우위를 강조한다. 또한 여성의 뇌가 남성의 뇌보다 열등하다는 남성들의 주장에 대해 후천적 발달에 의한 뇌 발달이 더욱 중요하고 남성 우월주의는 근거 없음을 주장한다.

이러한 다양한 생물학적 종(種)의 차이를 강조한 이론을 여성성에 활용하여 억압된 여성의 문제를 풀어간다. 이들은 전통적인 생물학적 결정론에 근거하여 여성의 열등함을 강조한 이론들이 남녀의 불평등을 조장하고 하나의 이데올로기화되었음을 주장한다. 따라서 남성 중심주의를 조장하는 생물학을 거부하고 여성 생물학을 연구하여 젠더(Gender)로서의 여성을 위한 이론적 기반으로 페미니즘을 활용하였다.

다섯째, 사회주의적 페미니즘은 마르크스주의 페미니즘이 성별 특성을 간과했다고 지적하고, 여성억압을 노동자억압과 동일한 준거로 해석할 것을 주장하였다. 즉 마르크스주의가 간과한 것은 여성과 노동자는 동일한 위치에 있다는 점이고, 여성 또한 부르주아의 착취에 시달리는 노동자와 같이 남성의 착취에 시달리고 있다는 것이다. 따라서 사회적 혁명을 통하여 기존 권위를 소유한 남성의 특권을 무력화하고 이를 다시 사회적으로 배분해야 한다는 입장이다.

4) 페미니즘의 유아교육

역사적으로 교육은 강자의 논리를 정당화하고 강자에게 이익이 되는 사회적 기제였다. 즉, 교육은 약자의 입장에서 약자를 옹호하기보다 강자와의 동일시를 통하여 그들의 논리를 합리화하고 무의미한 경쟁을 조장해 왔다. 따라서 기존 교육을 통하여 길러진 인간은 더불어 사는 삶의 의미를 무시하고 경쟁우위를 확보하기 위해 수단과 방법을 가리지 않는다. 또한 점수 위주의 교육을 통하여 학벌 획득과 자신의 이익에 치중하는 결과를 낳았다. 이러한 현실에서 여성은 무시되고 간과되어 왔다.

또한 교육의 내용에서 여성은 보조자의 역할을 담당하거나, 남성을 위해 희생하는 역할 모델을 학습하며 자랐다. 여성은 남성의 권위를 말없이 받아들이고 남성의 권위를 오히려 인정해 주는 역할을 담당하였다. 이러한 교육의 현실을 페미니스트들은 비판하고 다음과 같은 교육관을 주장한다.

첫째, 기존 남성 중심적인 교육 내용을 비판한다. 현대교육에서의 중요한 교재는 주로 백인남성의 가치관 위주로 구성된 정전(Canon)이며, 학습자는 이를 교육 내용으로 학습한다. 학습을 받을수록 양성 평등의 교육이 아닌 편중된 성역할을 학습받게 된다. 페미니스트들은 여성이라는 이유로 제외된 위대한 여성들과 일상의 평범한 여성의 삶이 교육과정에 반영되도록 주장한다.

둘째, 페미니즘은 여성성의 특징인 보살핌(Caring)의 교육목적을 지지한다. 나딩스(Noddings)는 보살핌의 교육목적을 가장 중요시해야 함을 주장한다. 이는 교육의 질이 보살핌의 질에 의해 좌우된다는 것으로 의사, 간호사, 교육자 등의 직업에 있는 사람들이 보살핌의 목적을 실행하고 있다. 학습지진아, 노인, 어려움에 처한 사람들은 보살핌의 우선 대상이다. 보살핌의 교육을 통하여 아동은 올바른 인격 형성이 가능하고, 교사가 가진 보살핌의 마음은 아동에게 전해져 또 다른 보살핌의 품성을 함양한다. 이러한 보살핌의 마음을 통하여 학교는 보살핌의 공동체를 이룰 수 있다.

셋째, 여성성의 다양한 특징을 교육에 활용하도록 교육과정을 개편해야 한다. 페미니스트들은 여성이 가진 '책임지향성', '타인에의 관심', '차이에 대한 인내와 통합에의 배려' 등을 '여성성'으로 규정한다. 이들의 방식은 기존 남성들의 구분되고, 분리된 인식과 다른 것이며 여성들이 상대적으로 많이 소유한 종(種)의 특징이다. 따라서 남성 중심적 교육이 가지는 개별성, 차별성 등을 해결할 단초가 될 수 있다. 페미니즘의 교육관을 따른다면 관계적이고, 통합적인 여성적 성향을 교육과정으로 표현하여 모성적이고 실천적인 안방교육과 유사한 안정된 교육을 이룰 수 있을 것이다.

넷째, 전문교육 중심의 교육에서 기초교육 중심의 교육으로 전환을 요구한다. 즉, 진정한 교육자로서 여성의 역할은 어머니의 역할과 같다. 어머니의 교육적 가치는 기초교육, 정서교육으로서 역할을 담당할 때 빛난다. 따라서 상대주의와 개인주의가 만연한 교육현장에서 페미니즘의 교육은 인간의 기본적 의미에 대한 재확인과 기초교육의 강화 등으로 정리된다.

이상에서 살펴본 페미니즘은 백인 중심, 남성 중심 등의 권위를 거부하고 새로운 사회질서를 정립하고자 하는 시도이다. 이들의 움직임은 포스트모더니즘과 연결되어 있고 여성의 역할, 즉 어머니의 역할에 대한 재확인과도 관련된다. 페미니즘의 윤리는 정의의 윤리(A Morality of Justice)와 배려의 윤리(A Morality of Care) 중 배려의 윤리의 중요성을 강조한다. 따라서 이들의 교육은 정의를 지키는 자율의 문제가 아닌 배려를 강조하는 관계적 특징을 가진다. 페미니즘의 교육은 관계성을 회복하는 좋은 근거이며, 이를 실천으로 이어갈 때 교육의 다양한 문제를 해결할 단초가 될 수 있다.

PART Ⅱ

한국의 유아교육

Chapter 11

한국의 전통 유아교육 사상

1. 고대의 교육 사상
2. 불교와 유아교육
3. 유학과 유아교육
4. 동학과 유아교육

01 고대의 교육 사상

서양의 고대교육과 유사하게 한국의 전통교육에서 고대의 교육은 유아를 위한 특별한 고려나 공식적인 유아교육기관이 존재하지는 않는다. 다만 비형식적인 형태의 교육을 찾을 수 있는데 이를 간략하게 살펴보면 다음과 같다.

1) 성년식으로서 교육

전통 성년식

성년식(成年式)은 고대사회에서 보다 직접적인 교육적 의미를 갖는 사회적 의식이다. 이는 고대사회에서 청소년을 그 사회의 구성원으로 공인하는 의식으로서, 사회의 유지와 존속을 위해 구성원의 자격을 사회적으로 공인해야 할 필요성에서 생겨난 것이다. 대개 성년식은 종교적 의식과 함께, 육체적인 고통과 시련을 가하여 이를 이겨낸 사람을 사회의 일원으로 인정하는 과정이었다. 이 과정을 통하여 종교적 의식과 사회적 규범 그리고 실용적인 지식과 기술이 전수되었다. 이 점에서 성년식은 고대사회에서 찾아볼 수 있는 교육의 원형이라고 할 수 있다.

우리나라의 고대사회에서 성년식이 시행된 자취는 중국 사서의 기록을 통해 찾아볼 수 있다.

'나라 안에 할 일이 있으면 관가에서 성곽을 쌓게 하는데 이때는 나이 어린 용감하고 건장한 자들을 골라 그들의 등가죽을 뚫고 큰 노끈으로 그것을 꿰어 1장쯤 되는 나무

막대를 매달게 하여 종일 시끄럽게 외치며 힘을 기르게 했는데 이렇게 하여 등가죽이 아프지 않을 때에야 작업을 권했으며 또 그렇게 함으로써 건장한 소년이 되었다'

『삼국지』「동이전」

이는 우리 고대사회에서도 신체적 훈련과 고통을 이겨냄으로써 사회구성원으로 인정받는 일정한 의식이 있었음을 보여주는 예라 할 수 있다.

이상의 내용을 종합할 때 고대의 교육은 성년식과 동일한 의미로 활용되었으며 생존을 위한 기본적 조건이었다.

2) 홍익인간의 교육 이념

단군

단군신화는 건국신화의 형태를 띠고 있지만 그 속에는 우리 민족의 의식과 삶의 원형을 형성하는 인간관, 세계관, 사회관이 응축되어 있다. 특히 고조선의 건국 이념이라고 할 수 있는 홍익인간(弘益人間)이라는 표현 속에는 우리 민족의 삶의 이상이 담겨 있다.

단군신화에 나타난 홍익인간의 의미는 인간세계를 널리 이롭게 하고자 하는 천상의 이상이 고조선의 국가 이념으로 받아들여진 것으로 볼 수 있다. 교육 이념으로서 홍익인간의 의미는 덕치, 예치, 왕화 등으로 표현되는 고대 동양의 정치적 이상에서 찾을 수 있다. 즉, 홍익인간의 이념은 이상적 사회의 모습을 권력에 의한 지배가 아니라 문화에 의한 교화에 의해 실현되는 것으로 그리고 있으며, 여기에는 교육에 의한 이상적 사회의 실현이라는 이념이 담겨 있다고 할 수 있다.

02 불교와 유아교육

한국의 전통교육 사상의 입장에서 불교의 영향력과 그 공헌점은 간과할 수 없는 독자적인 영역을 확보하고 있다. 삼국 시대 공인된 불교는 한국 전통교육 전반에 걸쳐 그 교육적 기여를 하고 있었다. 본 장에서는 불교의 교육적 역할과 교사관, 교육 방법론을 살펴보고, 이에서 유추된 유아교육관을 살펴보고자 한다.

1) 불교의 교육

(1) 교육의 역할

불국사

불교에서는 인간을 항상 대립된 감정과 선택의 갈등을 겪으며 고뇌하는 삶을 살아가는 존재로 간주한다. 인간의 삶은 생과 사, 선과 악, 행복과 불행, 기쁨과 슬픔 등과 같은 대립되는 두 감정이 공존하고 있으며 번뇌 망상과 지혜, 중생과 부처가 한 마음에 공존하고 있다. 긍정과 부정의 두 대립된 현상이 서로 같은 공간에 위치하여 마음의 움직임에 따라 변화를 거듭한다는 점에서 인간은 불확실하고 불안한 삶을 살아간다. 그러나 인간은 불안한 삶의 상황 속에서 긍정적이고 선한 것을 추구하고 지향하려는 성향을 가지고 있다. 이러한 성향을 불성(佛性)이라 명명한다(황옥자, 2009).

불성의 근본 의미는 불(佛)의 성품이다. 즉, 부처님이 될 수 있는 가능성을 말한다. 불교는 부처가 될 수 있는 가능성이 모든 인간에게 차별 없이 내재되어 있다는 평등주의 인간관을 기초로 성립된다. 불교는 올바르고 선한 것을 추구하고 이를 실현하고자 노력하는 것이 인간의 궁극적인 성향이며, 이를 생활 속에서 표현하고 실천하는 것이 교육의 역할이라 본다.

불교에서는 인간을 누구나 부처가 될 수 있는 창의적 자주적 존재로 파악한다. 인간은 각자 주어진 업(業)에 따라 개인차가 존재하기에 각자의 근기(根基)에 적합한 교육을 실시해야 한다. 불교는 절대적 신이나 초월적 존재에 의지해 구원받는 것이 아니라 현실을 직시하고 모든 현상과 우주의 진리를 체득하여 깨달음을 얻는 종교이다. 따라서 불교의 목적은 모든 인간이 부처와 같은 지혜와 자비를 갖춘 인격자가 되는 것이며, 이를 성취하기 위해 연기론적 세계관에 입각하여 수행 방법을 익히고 실천해야 하는데 이때 교육이 중요한 역할을 담당할 수 있다는 것이다.

불교는 발달에 적합한 교육, 평등성과 공동체성의 존중, 우리문화를 기반으로 한 다문화 교육의 가능성, 연기(緣起)를 바탕으로 하는 생태 중심 교육의 가능성을 제시하고 있다(권은주, 2008).

(2) 불교의 교사관

불교의 수행

불교에서 가장 대표적인 교사의 모델은 부처이다. 부처는 당대 제자들의 인격적 · 인간적 · 인지적 · 정서적 사표로서 그 역할을 담당했으며 말 보다는 실천과 존재 자체로 교육을 진행시킨 대표적인 교사이다. 불교의 사상에서 추론되는 교사는 자격 여부나 나이, 지식의 양과는 관련이 없는 불교의 인간관과 동일한 의미로 사용된다. 즉, 불교의 교사는 지식의 전수나 행동양식의 모방을 통해 가르치는 사람이 아니라 존재 자체로 그 역할을 다하는 전인적 사람이다. 따라서 불교의 교사관은 불교의 인간관과 동일한 의미로 볼 수 있다.

불교에서 지향하는 인간은 지혜롭고 자비로운 자주적 인간이다. 불교에서 보는 바람직한 인간은 사실을 바르게 밝게 알고 자신의 이익(自利)과 남을 위하는 마음(利他)을 둘로 보지 않는 자비로운 마음을 지닌 사람이다. 이러한 인간은 '깨달음'을 통해 길러질 수 있다. 불교적 깨달음은 단순한 개념이나 지식을 아는 것이 아니라 전인적 인격이 개입되는 총체적 · 체험적 과정이다.

불교의 깨달음은 지식의 획득과 관련된 이입(理入)과 몸으로 체득하는 행인(行入)의 두 측면을 모두 포괄하는 것이다. 이 두 가지 요소는 불가분의 관계로 자리행(自利行)을 통해 개체의 근원을 파악하는 것(理入)과 이타행(利他行)을 통해 전체의 본질을 파악하는(行入) 것을 포함하는 것이다.

이러한 불교의 교사는 전인적 · 인격적 모범으로 깨달음을 얻는 존재라 할 수 있다. 그렇다면 불교의 교사는 누구나 쉽게 될 수 있는 것이 아니다. 치밀한 내면적 수행과 수련의 과정을 통해 하나의 전인적 인격을 갖춘 인간만이 교사의 역할을 수행할 수 있다. 깨달음을 얻은 교사는 특별한 교육 행위가 없이(無爲)도 바람직한 교육을 실행할 수 있는 것이다. 따라서 교사는 자신의 존재 자체가 학습자에서 영향을 주고 감화를 주어 인격적 변화를 이끈다는 사실을 인지하고 자신의 존재를 끊임없이 가다듬기 위해 노력해야 한다. 교사의 올바른 삶을 위한 노력과 바른 인식을 위한 정진의 과정은 이미 그 자체로 학습자에게 큰 힘을 주어 올바른 이해와 공감, 태도와 가치관의 변화를 이끌 수 있는 것이다.

불교에서 말하는 인격적 완성과 깨달음의 존재라는 기준으로 교사를 규정하게 되면 기존 교육과는 전혀 다른 교사관이 형성될 수 있다. 즉, 교사와 학습자는 모두 교육의 주체이고 대상으로 서로 도움을 주고 서로 깨달음을 이끄는 상호협력 관계이다. 또한 교사는 학습자의 자발적인 깨달음을 이끄는 사람이기에 인간본질에 대한 자각을 이룬 사람이라면 누구나 교사가 될 수 있다. 그러나 교사의 역할을 담당하는 사람이 자신보다 높은 수준의 교사를 만나게 되면 학습자의 지위로 돌아가 교사의 인격적 요소에 감화를 받게 된다. 이와 같이 불교의 교사는 교사이자 학생이며, 불교의 학생은 학생이자 교사가 될 수 있다. 불교의 사상에서 추론할 수 있는 교사는 가르치는 가운데 스스로 배우고, 학습자에게 영향을 주는 과정을 통해 교사 자신 또한 성장할 수 있는 교학상장(教學相長)의 모델을 따른다고 볼 수 있다.

(3) 불교의 교육 방법

불교의 교육 방법은 부처가 제자들에게 지혜의 길을 설법한 다양한 방법에서 그 유형을 찾을 수 있다. 부처는 제자들에게 진리의 길을 가르치면서 고정된 방법론을 고수하지 않았다. 오히려 제자들 개개인의 능력이나 상태 또는 처한 상황에 따라 존재하는 개인차를 고려하고 각자의 근기(根機)에 따라 방법론을 달리하는 것을 원칙으로 삼았다. 불교의 대표적인 교육 방법을 간략하게 살펴보면 다음과 같다.

십우도

① 대기설법

대기설법이란 상대에 수준을 고려하여 적합하게 문답을 이끄는 방법으로 소크라테스의 대화법과 유사한 교육 방법이다. 불교의 경전에서 무상(無常), 고(苦), 무아(無我)와 같은 핵심 불교 이론을 설명하는 데 문답법을 활용하고 있다. 부처는 질문을 통하여 제자들의 생각을 이끌고 제자들의 질문에 답하는 과정을 통하여 제자들 스스로의 통찰을 이끌고 있다. 부처는 '왜' 라는 단어보다 '어떻게' 를 더욱 많이 사용한다. 즉 '어떻게 생각하는가(於意云何)?' 라는 의문사를 사용하여 '왜' 라는 질문보다 그 대답의 가능성을 넓혀 놓는다. 부처는 문답을 통해 상황과 근기에 따라 순관(順觀)과 역관(逆觀)을 취하고 토론을 유도하고 반문하면서 논리적 추구를 시도하기도 한다. 불교가 체득의 종교라는 견지에서 개별적이고 주체적인 교육을 지향하는 부처의 대화법은 제자들의 자각을 이끌고 편견에서 벗어나 진리에 다가가는 길을 안내해주는 교육 방법으로 볼 수 있다.

② 비유적 설법

부처는 비유를 통하여 설명하기 어려운 인생에 대한 심오한 진리와 경험을 제자들에게 전수하였다. 적절한 비유는 상대방의 견해나 주장이 구체적으로 어떤 성격의 것이며, 논리적으로 어떤 문제를 내포하고 있는 것인가를 분명하게 깨닫게 하고 나아가 학습자 스스로 올바른 견해를 지니게 할 수 있다. 따라서 다양한 비유를 활용한 불교의 교육 방법은 현대 교육의 상황에서도 그 의미가 크다. 특히 유아를 대상으로 한 교육에서 비유적 교육 방법은 더욱 효과가 기대되고 있다.

③ 훈습(薰習)의 교육 방법

원효

훈습은 어떤 사물이 상대하는 다른 어떤 사물에 의해 동일한 자극이나 영향을 받아 동화되는 현상이라 할 수 있다. 비유적으로 훈습을 설명하면 사람이 향수가게에 들렀다 나오면 향수를 구입하지 않더라도 몸에 향기가 스민다. 또한 가죽가게에 들어가면 물품을 구입하지 않더라도 몸에 가죽의 냄새가 스미게 된다. 이처럼 의도하지 않았지만 향기나 냄새가 몸에 스며들 듯 교육의 과정을 모종의 훈습과정으로 생각한 것이 불교의 교육 방법이다.

교육의 과정은 훈습의 습관화를 의미하는데 이는 학습자의 외부적인 영향과 내면으로부터의 영향이 상호작용하며, 전인격적 차원에서 인간됨이 형성되어 가는 과정으로 볼 수 있다. 그러나 훈습의 비유에는 치명적인 단점이 내포되어 있다. 즉, 인간의 삶의 과정에서 꼭 좋은 것만 훈습될 수는 없는 것이다. 나쁜 습관이나 나쁜 일들 또한 반복적으로 노출되다 보면 비교육적인 방향으로 훈습될 수도 있다. 상식적 수준의 생각이지만 비교육적 요소의 훈습 또한 교육의 과정이 될 수 있다. 이러한 단점을 해결하는 것은 교사가 가지는 학생에 대한 기본적 신뢰이다. 즉 수행자가 어려움에 봉착했을 때 이를 해결하는 것은 수행자의 강한 믿음이듯이 교사가 겪게 되는 비교육적 요소의 훈습은 학습자의 깨달음을 신뢰하는 교사의 마음에서 그 해결점을 찾을 수 있다. 교사의 믿음은 교사의 인내를 이끌고 이는 학습자의 교육과정 자체에 대한 신뢰를 이끌게 된다. 교사가 학습자의 가능성을 신뢰한다면 학습자 스스로도 바람직한 행위를 이끌 수 있는 신념을 형성할 수 있게 된다. 학습자 내면과 외면의 변화를 부지불식간에 이끄는 훈습의 과정은 교사의 학생에 대한 신뢰를 바탕으로 하나의 교육 방법으로 활용될 수 있을 것이다.

2) 불교의 유아교육관

불교에서는 유아가 출생과 동시에 종교적 성향과 정서를 가지고 있다고 본다. 불교의 입장에서 한 생명이 수정된 순간 생명이 부여된 것으로 보기에 태아를 인격을 갖춘 생명체로 존중하고 보호하는 생명존중 사상을 가진다. 불교는 태아가 모친이 느끼는 정서를 그대로 느낀다는 입장을 지지하고 태아의 정서를 안정시키고 진정시키는 주체가 모친이라 본다. 따라서 임산부의 마음을 고요하고 편하게 만들어 주는 태교의 방법으로 기도, 염불, 명상, 팔정도 태교법을 강조한다. 임산부가 심신정화를 위해 현상적 본질을 있는 그대로 파악하고 자신을 맑게 깨어있는 상태로 가꾸어 간다면 임산부의 마음은 자비심으로 변화하게 된다. 이에 태아가 영향을 받아 그 맑은 에너지가 태아에게 전달된다. 이처럼 불교에서는 태아가 모친과 가지는 친밀한 교감을 통해 맑은 심성이 뿌리 내릴 수 있다는 생명존중 사상을 강조한다.

발달심리학적 견지에서 '유아' 라는 용어는 미성숙자라는 의미를 내포하고 있다. 즉, 스스로 독립된 생활을 영위하기엔 부족함이 있고 심신이 덜 발달된 상태이기에 성인의 보호와 감독이 필요하다는 것이다. 그러나 불교의 유아관은 연령이나 발달의 차원으로 인간을 이해하는 것이 아니라, 불성이 내재된 인간성 혹은 본질적 의미의 인간으로 파악한다. 불교에 있어 유아는 연령과 관련된 것이 아니라 정신적인 미성숙이나 지혜롭지 못한 사람을 의미한다. 따라서 어린 동자도 수행을 통해 깨달음을 얻으면 깨달음을 얻지 못한 어른이 오히려 유아에 가까운 것으로 본다. 불교에서 바라보는 유아는 태아기 때 이미 인격이 형성되는 독립적인 존재이며 성인에게 무언중에 교육적 자극을 주고 보살로 화현하여 민중을 제도하는 존재이다.

이와 같은 불교의 유아관은 발달이론에 근거하여 연령적으로 어린 존재로 유아의 능력을 폄하하거나 가능성을 간과하는 것이 아니라, 불성을 소유한 적극적 발전 가능성의 존재로 존중하는 것이 그 특징이라 하겠다.

03 유학과 유아교육

조선조에 이르러 숭유억불 정책의 시행으로 유학이 국가의 근간을 이루게 되었고 유학의 이념이 조선의 사상과 문화 교육 전반에 큰 영향을 미치게 되었다. 중국에서 전래된 유교가 사회문화 전반에 지배적인 영향력을 발휘하던 것과 동일한 맥락으로 교육의 목적과 내용, 방법 등의 문제가 모두 유학의 범주에서 구상되고 실천되었다.

유학의 교육학적 의의를 탐구한 자료는 많지만 유아 교육적 의미를 찾을 수 있는 일차적 자료는 그다지 많지 않다. 그러나 조선 시대 5~15세 사이의 유아 및 아동기를 지칭하는 '동몽(童蒙)'과 그들을 대상으로 하는 '동몽교육(童蒙教育)'이라는 용어가 존재하였음을 고려할 때 유아기와 아동기 교육의 중요성을 인식하고 있었음을 알 수 있다. 동몽은 관례를 치르지 않은 15세 이전의 미성년 아동을 포괄적으로 지칭하는 용어이다

(장정호, 2006). 동몽의 시기는 현대적 연령 구분과 완전히 일치하는 것은 아니지만 한국 전통사회에서 유아 및 아동기 어린아이들을 주로 동몽이라고 지칭하였고 그들을 대상으로 한 교육 및 교재 역시 동몽교육, 동몽교재라 지칭하는 것이 일반적이었다. 조선조 유아를 위한 유학교육이 조선의 학자들에 의해 편찬된 기초 유학교재들로 이루어졌다는 점에 주목하면 조선조 유아를 위한 별도의 교육적 고려가 존재하였음을 알 수 있고 조선조 시대적 상황을 반영한 유아교육이 존재했음을 알 수 있다.

본 장에서는 유학의 유아교육적 의미를 찾기 위해 유학이 주장하는 기본적 인간관을 살펴보고 그곳에서 유추되는 유아관을 먼저 살펴볼 것이다. 다음으로 조선조 교육이 주로 유학교재의 숙달과정으로 구성되었음에 주목하여 유아들을 대상으로 한 교재의 특징과 활용을 살펴보는 것으로 유학의 유아교육적 의미를 추론해보고자 한다. 먼저 조선조 유학의 가장 기본이 되는 이기론(理氣論)의 개요를 살펴본다.

1) 이기론

(1) 이기론의 개요

퇴계 이황

성리학의 가장 기본적인 이론은 이기론(理氣論)이라고 할 수 있다. 이기론은 이와 기라는 두 개념으로 만물의 생성과 변화를 설명하는 이론이다. 이의 개념은 본래 불교에서 유래했으나 이를 성리학적 이기론으로 발전시킨 사람은 남송의 주돈이(周敦頤, 1017~1073)였다. 그는 『태극도설(太極圖說)』에서 만물의 변화와 생성을 태극이 있고 음양이 생기며 오행이 따르고 만물이 생성 · 변화한다고 설명하고 있다. 여기에서 만물의 본체로서의 태극(太極)은 이(理)로 개념화되고, 만물의 차별성을 낳는 음양(陰陽)과 오행(五行)은 기(氣)로 개념화된다. 이기론은 만물의 생성과 변화에 있어서 이와 기가 작용하는 방식을 어떻게 설명하느냐에 따라 여러 입장으로 나뉜다. 이황은 이기론에 있어서 이기이원론(理氣二元論)의 입장을 취하게 되는데 이는 주희(朱熹, 1130~1200)의 이기론적 입장을 받아들인다. 주희는 이와 기의 관계에 있어서 양자의 부잡성(不雜性)과 불리성(不離性)을 말하면서, 이와 기는 이물(二物)이라고 주장하여 이기이원론적 입장을 취했다. 이기이원론은 변화하는 현상보다는 변화하지 않는 법칙이나 원리를 더 근본적이고 중요한 것으로 간주하는 것이 그 특징이다.

(2) 심성론

심성론(心性論)은 이기론적 원리를 적용하여 인간의 심성을 설명하는 이론이다. 주희는 자신의 이기이원론적 관점을 인간의 본성에 대한 설명원리에 적용한다. 주희에 의하면 태극의 이(理)가 하나하나의 사물에서 구현된 것이 바로 그 개체의 성(性)이다. 만물은 그 성이 이(理)라는 점에서는 동일하며 음양과 오행의 결합과정에서 기(氣)의 작용으로 차별이 생겨난다. 인간의 본성도 이 점에서는 동일하다. 사람은 정교한 기를 타고난다는 점에서 잡박한 기를 타고 나는 사물과 구별된다. 그러나 인간의 성이 순선(純善)한 것만은 아니다. 주희는 인간에게 부여된 성을 본연지성(本然之性)과 기질지성(氣質之性)으로 나누어 생각하였다. 본연지성은 이 그 자체로서 선한 것이며, 기질지성은 선악의 구별이 있다. 인간에게 수양, 혹은 교육이 필요한 것은 인간의 기질지성의 탁함을 맑게 함으로써 인간의 심성을 순선한 경지로 끌어올리기 위해서이다. 이런 인간의 경지가 바로 성현(聖賢)이다. 이황은 주희의 이러한 이기심성론의 관점을 추종하면서 거기에 함축된 몇 가지 주요한 이론적 쟁점들을 심화시키고 발전시켰는데, 기대승과 벌인 사단칠정논

월봉서원

변*이 그 대표적이다.

(3) 이기론에 나타난 인간관

조선조 성리학의 근간을 이룬 이기론은 인간의 가능성에 대한 신뢰를 표방하는 입장이다. 인간에게 부여된 본성인 본연지성은 그 자체로 선한 것이며, 이후 다양한 요인에 의해 혼탁해진다 하더라도 기본적 본성의 순수함은 변하지 않는 것이다. 이러한 점을 고려하여 이기론에 나타난 인간관을 정리하면 다음과 같다.

첫째, 인간은 하늘과 땅에 근거하여 착하게 태어났다는 순선한 본성을 주장하여 인간의 가능성에 대한 신뢰를 표한다.

둘째, 본성은 선하지만 삶의 과정에서 생기는 이욕과 이단이 인간을 악하게 만들 수 있다.

셋째, 순수한 본성을 찾기 위해 성인의 말씀을 모델로 지속적인 공부와 수행이 필요하다.

넷째, 인간다움을 되찾는 보편적 도덕교육이 모든 교육의 근간을 이루고 다른 어떤 것 보다 우선하는 교육적 가치이다.

2) 동몽을 위한 유학교재

한자문화권에 속한 조선에서 동몽을 대상으로 한 교육은 가장 기본적인 한자 학습과 초보적인 유학교재를 통한 유학적 지식의 습득이 주된 내용이었다. 조선조 모든 교재

* **사단칠정논변:** 사단칠정논변(四端七情論辯)은 인간의 심성에서의 사단(四端)과 칠정(七情)의 지위와 관계에 관해 이황과 기대승 사이에 벌어졌던 논쟁이다. 이 논쟁은 조선에 수입된 주자학을 단순히 이해하는 수준을 넘어서서 거기에 내재하는 문제점을 검토하고 그 논점을 재정리했다는 점에서 조선 성리학의 독자적인 발전을 보여준다.

는 한자로 기술되어 있었기에 한자의 학습은 현대 유아교육에서 한글의 학습만큼이나 기본적이고 중요한 교육의 내용이었다. 그러나 동몽을 대상으로 한자의 음과 훈을 습득하게 한다는 것이 결코 쉬운 일은 아니었고 한문의 문장을 이해하는 것 또한 쉬운 과정이 아니었다.

전주향교 명륜당

또한 조선조 기초한자 교육이 단순히 한자를 익히고 습득하는 내용으로만 구성된 것이 아니라 한자교육을 통해 기본적인 도덕교육을 병행하였다는 점을 고려하면 동몽이 감당하기엔 매우 어려운 내용과 수준으로 이루어졌음을 미뤄 짐작할 수 있다.

그러나 조선 시대에 교육의 대상이 된 동몽이라면 누구라도 초보적 한자 습득과 한문의 이해를 이루어내야 했으며, 일종의 입문으로서의 교육과정을 경험하여 상위의 유학교재를 습득할 자질을 길러야만 했다. 조선조 동몽들을 대상으로 가장 기본적인 한자 학습의 입문 교재 역할을 한 것이 『천자문(千字文)』과 『소학(小學)』이었다. 천자문과 소학은 기초 한자 학습에 유용한 교재이지만 중국에서 수입된 교재를 그대로 활용하였다는 점에서 다소간 난이도 조절에 어려움이 있었다. 즉 천자문과 소학에 기술된 한자들은 결코 초보적 수준의 한자가 아니었고, 어려운 고사 위주의 문장으로 이루어져 기초적 한자 학습에 어려움이 있었다. 따라서 학자들을 중심으로 천자문과 소학의 어려움을 보완하고자 여러 가지 보조 교재를 집필하게 되었다. 그 대표적인 것으로 『훈몽자회(訓蒙字會)』, 『신증유합(新增類合)』, 『아학편(兒學篇)』, 『동몽선습(童蒙先習)』 등이 있다.

(1) 천자문

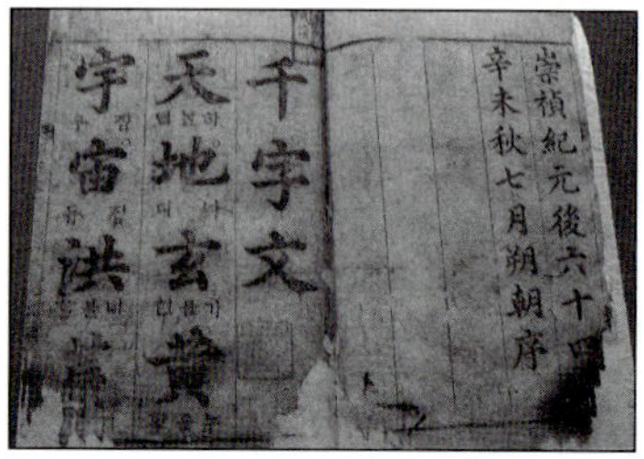

천자문

천자문은 중국 양(梁) 무제(武帝) 때 주흥사(周興嗣, 470~521)에 의해 편찬된 것이다. 천자문은 사자성구(四字成句)의 형식으로 천문, 역사, 인물, 인륜, 교육 등의 내용을 포함한 250구의 사언고시(四言古詩)로 이루어져 있다. 천자문은 사자성구로 이루어져 있기에 운율을 맞춰 암기하기가 쉽고 모든 글자가 겹치지 않아 다양한 글자를 접할 수 있다는 점에서 기초 문자 학습 교재로 널리 활용되었다. 백제 왕인이 일본에 천자문과 논어를 전했다는 기록에서 알 수 있듯이 삼국 시대 이미 유입되었고 이후 고려, 조선 시대를 거쳐 널리 보급되었다.

조선 시대 한자 학습을 시작할 때 동몽이 최초로 접하는 교재가 천자문으로 한자 학습 교재의 역할뿐만 아니라 서체의 모범을 삼아 보급한 기록들에서 알 수 있듯이 습자(習字) 교본으로도 활용되었다. 천자문이 조선의 동몽교육에 끼친 영향은 조선 시대 학자들로 하여금 새로운 한자 학습용 교재를 편찬하도록 유도하는 계기로 작용했다는 점이다. 조선 시대 독자적인 문자 교재는 대부분 천자문의 약점을 비판하며 그것을 보완하고자 하는 과정에서 등장한 것이다. 정약용은 천자문의 글자가 사물의 종류별로 분류되어 있지 않아 동몽들이 체계적으로 문자를 학습하는데 난점이 있음을 지적하고 『아학편』을 집필하였다. 최세진은 천자문이 고사 위주로 구성되어 문자의 의미 구조에 대한 학습이 어렵고 실제 사물을 파악하는 데 도움이 되는 실자가 부족하다는 점을 지적하고 이를 보완하기 위해 『훈몽자회』를 집필하였다.

천자문은 그 자체로 훌륭한 문자 학습 교재로 역할을 담당하기도 했지만 수많은 해설서와 다른 문자 학습 교재의 출간을 초래하는 계기를 마련했다는 점에서 조선조 초보적 유학 교재의 개발에 큰 영향을 미쳤다.

(2) 소학

『천자문』이 한자 학습 교재로서 위상을 지닌다면 『소학』은 유학 입문 교재로서 천자문만큼의 영향력을 지닌 교재였다. 『소학』은 남송대(南宋代) 주희(朱熹: 1130~1200)가 그 제자들과 함께 집필한 것이다. 소학은 「입교(立教)」, 「명륜(明倫)」, 「경신(敬身)」, 「계고(稽古)」 등의 내편(內篇)과 「가언(嘉言)」, 「선행(善行)」 등의 외편(外篇)으로 구성되어 있다. 『소학』은 유교사회에서 동몽이 갖추어야할 기본적인 예의범절, 도리 등이 수록되어 있다.

소학은 일정한 수준의 한자해독 능력을 갖춘 뒤 학습이 가능한 교재로서 유교의 실천적 규범을 전수시키는 역할을 담당했다. 소학은 동몽이 보다 상위의 유학교재를 학습하기 위한 기초지식을 학습하는 데 최상의 교재였다. 그러나 소학은 학습이 쉬운 교재로 볼 수 없었고 보다 쉽게 학습하기 위한 선수서(先修書)가 필요한 교재였다. 따라서 조선 중기에 이르러 소학을 학습하기 이전에 학습에 도움이 되는 각종 언해서(諺解書)와 주해서(註解書)들이 출간되었다. 대표적인 것으로 박세무의 『동몽선습(童蒙先習)』을 들 수 있다.

천자문과 같이 소학 또한 조선의 유학자들이 동몽의 교육에 관심을 가지게 하는 계기를 제공하였고, 조선사회에 적합한 수많은 유학교재를 편찬하는 기초가 되었다는 점에 그 교육적 의의가 있다.

(3) 훈몽자회

최세진이 집필한 『훈몽자회』는 천자문이 구체적인 '사물과 글자가 연결되지 못하는 현상[字與物二]' 을 비판하고 집필된 것이다. '글자와 사물이 둘로 나뉘는 현상' 은 글자가 구체적으로 어떤 사물이나 상태를 의미하는지 알지 못하는 상태로서 비록 학습자가 많은 한자를 안다 하더라도 그 실체를 깨닫지 못하고 암기한 글자를 기계적으로 풀이하는 결과를 낳게 되는 것이다. 최세진은 이러한 천자문 학습의 폐단을 비판하고 천자문의 한자를 32종으로 유목화하고 실생활에 사용하지 않는 글자는 줄이고 실제 사용하는 한자 위주로 그 의미를 풀이한 『훈몽자회』를 집필하였다. 『훈몽자회』는 동몽들로 하여금 주변 세계의 사물과 그것을 지칭하는 글자를 쉽게 연결시키고자 하는 집필의도에 충실한 교재이었다. 나아가 최세진은 『훈몽자회』의 한자에 한글로 된 음과 뜻을 표기한 부록판을 출간하기도 하였다.

『훈몽자회』는 천자문이 가지고 있는 '자여물이'에 대한 해결책으로 유목화된 문자의 묶음을 강조하고 실제 사용하는 실자(實字) 위주로 한자를 체계적으로 제시하였다. 또한 한글로 된 음과 훈을 표기하여 실물 위주 감각 위주의 한자교육을 시도하였다는 점이 동몽을 위한 교육적 의미라 하겠다.

(4) 동몽선습

동몽선습

『동몽선습』은 조선 중종 때 박세무에 의해 편찬된 유학 입문서이다. 『동몽선습』은 막 천자문을 끝낸 동몽들로 하여금 평이한 한자문장을 접하게 하고 기초적 유학 지식을 습득하게 할 목적으로 제작된 교재이다. 『동몽선습』의 목차는 크게 '경(經)'과 '사(史)'로 구분되어 있다. '경' 부분은 '총서'와 '본문', '총론'의 세 부분으로 되어 있고, '사' 부분은 '중국사'와 '동국사'로 구분되어 있다. '경' 부분의 본문에는 오륜(五倫)을 각론으로 설명하고 있고, 총론에서는 오륜의 의미와 그에 따른 행동규범을 설명하고 있다. '사' 부분에서는 중국의 역사를 기술하고 있고 동국사 부분에서는 단군에서 조선에 이르는 한국사를 설명하고 있다.

『동몽선습』의 '경'과 '사'의 구분은 당시로서 획기적인 시도로 유교적 덕목과 역사적 지식을 순차적으로 배열하여 서술하고 있다. '경'은 역사를 이끄는 기본 원리에 해당하고 '사'는 '경'이 적용된 실제적인 사람을 구체적으로 표현한 것이다. 따라서 동몽선습의 학습을 통해서 동몽들은 '경학'과 '역사'의 내용을 동시에 학습할 수 있었고 덕목과 현실의 접목이 가능하였던 것이다. 이러한 노력은 동몽교육에 있어 지나친 규범화를 지양하고 현실과의 접목을 중요한 교육적 가치로 인정한 것으로 그 교육적 의미를 찾을 수 있다.

04 동학과 유아교육

1) 동학의 사상

동학운동

조선말기 최제우(1825~1864)에 의해 태동된 동학은 천 · 지 · 인의 일원화를 통한 우주와 인간 세계를 통합하고 우주생명공동체를 지향하는 학문이다. 동학은 음양상균(陰陽相均)하는 천도관과 시천주(侍天主) 사상을 근간으로 하늘과 인간의 통합, 하늘과 인간의 차이를 두지 않는 인간존엄, 사물과 미물에 내재한 생명을 존중하는 사상 등을 인정하는 일원론적 통합 사상이다.

이러한 동학 사상을 이해하는 핵심용어는 동귀일체(同歸一體)이다. 이는 사람과 한울이 하나임을 깨닫고 참된 하나의 진리로 돌아가 모든 사람이 하나로 귀일한다는 사상이다. 즉 정신과 물질, 인간과 사물의 조화를 강조하는 통합 사상이고 인간의 깨달음을 통한 참 사람의 지향점을 제시하는 사상이라 할 수 있다.

동학의 통합 사상, 즉 하늘과 땅 그리고 인간이 근원적으로 하나의 생명으로 연결되어 있다고 보는 일원론적 생명관(天地一氣魂也. 天地人 都是一理氣而已 人是天魂 天是萬物之精也)은 삼경(三敬) 사상으로 발전되었다. 하늘과 사람, 하늘과 사물의 구분을 지양하고, 인간으로부터 모든 조수, 미생물에 이르기까지 모두 다 한울의 현현(顯現)으로 존중되어야 한다는 것이다. 이러한 사상은 만물(萬物) 만사(萬事)에 하늘이 내재하기에 경천(敬天), 경인(敬人), 경물(敬物)해야 한다는 의미를 내포하고 있다. 따라서 사람을 한울처럼 공경하고 더 나아가 한울이 내재해 있는 만물을 공경해야 한다는 자연존중의 태도를 형성하게 되었다.

동학의 자연존중 사상은 불교의 자연존중 사상과 상통하는 측면이 있다. 불교는 인간과 자연이 다르지 않다는 '불일불이(不一不二)' 라는 사상을 주장한다. 불교에서는 인간을 자연의 일부로 보고 자연으로 돌아가는 것이 순리라고 본다. 여기서 자연은 스스로 그리워 한다는 의미로 '무위(無爲)' 의 상태를 의미하고 이를 '무위자연' 이라 한다. 이러한 사상적 유사점은 동학의 자연존중 사상이 형성되는 과정에 불교의 자연관이 직간접적으로 영향을 미쳤음을 시사한다.

이상의 동학은 사람과 함께 모든 자연환경에 대해 경(敬)을 다할 것을 가르치고, 전우주의 생명의 존귀함을 지적하고 인간 이외의 자연에 이르기까지 한울이 내재한 것으로 확대시켜 생명존중의 교육관을 주장한 것으로 정리될 수 있다.

2) 동학과 유아교육

첫째, 동학은 생명존중과 상생의 교육을 강조한다. 동학의 생명존중 교육은 우주의 모든 사물이 살아있으며 하나의 생명과 통합되어 있다고 본다. 개별 개체는 분리되어 있지만 그 본체는 완전히 하나로 통합되어 있기에 어떠한 생명도 가볍게 볼 수 없다.

이러한 우리 내부의 신성한 법칙을 인식하게 되면 개체성과 전체성이 결국 하나임을 깨닫게 되고, 우주가 하나의 생명이라는 사실을 깨닫게 되어 궁극적 실재에 이를 수 있게 된다. 따라서 생명존중 교육은 생활 세계의 교육과 동일한 의미이다. 인간과 문화가 자연과 분리된 것이 아니기에 이를 인식하고 인간과 자연의 이분법적 분리의 관점을 지양하는 교육을 실시해야 한다. 생명존중 교육은 인간 생명의 기반인 자연과 인간의 관계에 대해 새로운 인식을 제안하며 인간 각자가 가진 개별성과 자율성을 존중하며 살아가되 서로 협력적으로 기대어 사는 '호혜관계망(互惠關係網)'을 구성할 것을 주장한다. 동학의 생명존중 교육은 현대 유아교육의 생태 중심 교육관과 상통하며 자연과 인간, 신과 인간 이 모두 하나라는 공동체 의식의 함양을 통해 인간과 자연이 조화되는 이상적 사회를 지향한 것이라 할 수 있다.

둘째, 동학은 여성 중심 · 아동 중심 교육관을 강조한다. 전통유교가 장유유서(長幼有序), 부부유별(夫婦有別) 등의 관습으로 여성과 유아를 교육의 대상에서 제외했음을 지적하고, 잘못된 유교의 인습을 바로잡아 동학의 시천주 사상을 실현하고자 하였다. 기존 유교 관습에 의해 세상을 바라보는 패러다임이 남성 중심, 성인 중심으로 고착되어 있었는데 동학을 통해 '시천주' 하고 '양천주' 하면 이러한 인식의 패러다임이 혁파될 수 있고 세상을 공평무사하게 바라보는 식견이 생길 수 있다는 것이다. 동학에서는 세상 만물이 모두 한울님이라는 견지에서 여성과 아동를 함부로 대하고 학대해서는 안 된다는 것이 논리적으로 전제되어 있다. 동학의 여성과 아동에 대한 강조는 원래 귀한 존재이기에 별다른 강조가 필요 없는 존재이지만 전통적 유교의 관습에서 귀하게 여겨지지 않았던 존재이기에 재차 언급한 것으로 이해된다. 여성과 아동존중의 핵심은 시천주의 근원이 태아에서 시작되기 때문이며 갓 태어난 영아의 마음을 '내유신령자(內有神靈者)'라 할 정도로 동학에서 아동존중은 각별한 것이었다.

Chapter 12

한국의 전통 유아교육 기관과 제도

1. 한국의 전통 유아교육 기관

2. 한국의 전통 유아교육 제도

01 한국의 전통 유아교육 기관

사실 우리나라 전통교육에서 유아를 위한 공식적인 교육기관은 전무하다는 표현이 적합할 것이다. 우리나라 전통교육에 있어 유아를 위한 공식적인 교육기관은 존재하지 않았고 별도의 교육제도도 운영되지 않았다. 비록 전통교육에서 일반적인 유아교육의 대상이 되는 5, 6, 7세 사이의 연령을 위한 별도의 교육기관은 존재하지 않았지만, 가정에서 기본적인 예법의 전수와 초보적인 문자해독이 주된 내용으로 유아교육이 실시되었다는 점은 사실이다. 또한 초등 수준의 교육을 실시한 별도의 교육기관도 존재하였다. 이러한 점을 고려하여 본 장에서는 현재 초등교육기관의 역할을 담당했던 경당, 서당을 중심으로 간략하게 그 교육적 면모를 살펴볼 것이다.

1) 경당

고구려에서는 우리나라 최초의 사학인 경당에서 청소년을 교육시켰다. 경당에 대해서는 중국의 사서인 『신당서(新唐書)』와 『구당서(舊唐書)』에 그 기록이 나와 있다. 『신당서』에는 '풍속이 서적을 좋아하여 누추하고 빈궁한 집에 이르기까지 거리에 큰집을 지어 이를 경당이라 하고 미혼의 자제들이 여기에서 주야로 독서와 습사(習射)를 했다' 라고 기록되어 있다. 『구당서』에는 '사람들이 배우기를 좋아하여 궁벽한 마을의 빈궁한 집에 이르기까지 서로 삼가고 힘써서 거리에 모두 큰 집을 짓고 경당이라 불렀다. 미혼의 자제들이 모여서 송경(誦經)과 습사를 했다' 라고 기록되어 있다. 이 기록으로 미루어 볼 때, 경당은 서민의 자제를 교육하기 위하여 지방에 세운 사학(私學)으로서, 유교적 교양과 무예를 아울러 가르쳤다는 특징을 찾을 수 있다. 경당은 민간의 청소년 집회의 성격을 가지며 문무 겸비의 교육을 했다는 점에서 신라의 화랑도와의 유사성을 찾아 볼 수 있다.

2) 서당

(1) 서당의 개요

단원의 서당 풍속도

서당(書堂)에 대해 남아 있는 기록이 많지 않지만, 고려 시대(서기 937~1392) 중기의 10세기부터 지방에서 생겨나 자생적으로 민간에서 운영되어온 초등 수준의 사학이다. 교육 수준은 초급 수준에서 과거 준비 수준에 이르기까지 다양했던 것으로 보인다. 서긍(徐兢)이 저술한 『고려도경(高麗圖經)』에 나오는 민간의 사립학교에 대한 기술을 보면, 당시 서당은 전국 각지에 세워져 아주 성행했던 것으로 보인다. 서당은 17세기 이후부터 본격적으로 나타나게 되는데 이는 관학의 침체와 신분질서의 동요 등의 이유로 비양반층의 교육수요가 확대되었기 때문이다. 서당은 조선 시대 가장 활발하게 운영되어 글방, 서재, 서방, 책방으로 불리기도 했다. 조선 시대에 서당에서는 대체로 아동들을 대상으로 한 문자교육과 초보 수준의 유학교육이 이루어졌지만, 과거준비를 위한 상급 수준의 유학교육이 이루어지는 경우도 있었다.

서당교육에는 일정한 학규가 적용되지 않았고 교육 내용이나 교육 절차의 표준화가 이루어지지 않아서 임의적인 성격이 강했다는 점이 한계로 지적될 수 있다.

(2) 서당의 교육

① 서당의 교육 내용

서당에서는 문해 교육을 기본으로 하였으며, 학습 수준에 적합한 수준별 학습을 중심으로 공부를 하였다. 서당에서 이루어진 교육 내용의 특징은 다음과 같다.

첫째, 『천자문』에서 시작하여 『동몽선습』, 『소학』을 익히고, 『통감』 그리고 『대학』·『논어』·『맹자』·『중용』의 사서의 순으로 배워 나갔다. 이는 교재의 난이도에 따른 배열로 진도에 상관없이 학습자의 수준에 따라 출발점을 달리하는 특징이 있었다.

둘째, 『당음(唐音)』, 『고문진보(古文眞寶)』 등의 교재를 통해 시문을 익히고, 초보적인 시작과 습자교육도 이루어졌다. 천자문과 여타 교재를 활용한 교육은 문해 교육과 유교경전의 이해에 치중한 반면, 이후 상위 교육기관의 입문을 전제로 하거나 과거를 준비하는 기초 수준의 습자와 시문의 교육을 실시하였다.

② 서당의 교육 방법

첫째, 학생의 능력과 수준에 따른 개별교수법을 활용하였다.

둘째, 교재를 반복하여 읽고 암송하여 문리가 통하도록 하는 강독이 주된 교육 방법이었다.

셋째, 책 한 권을 마치고 나면 훈장에 대한 사은과 자축의 뜻을 갖는 괘책례(掛册禮), 혹은 책세식(册洗式)이라 부르는 회식을 실시하고 다음 단계로 진급하였다.

③ 서당의 구성

서당은 훈장(訓長)·접장(接長)·학도(學徒)로 구성되었다. 훈장의 학식은 일정하지 않아 수준차가 심했다. 학도 중 나이가 들고 학력이 높은 자를 선발하여 접장으로 삼아 훈장을 보좌하여 학도를 가르치게 했다.

④ 서당의 운영

서당은 설립과 운영에 상당한 자율성이 부여되었다. 따라서 다양한 형태의 서당이 설립 · 운영될 수 있었는데, 설립과 운영의 형태에 따라 다음과 같이 분류될 수 있다.

- 훈장자영서당(訓長自營書堂): 여러 형태의 서당 중에서 가장 많은 수를 차지했다. 지방 유지나 유학자가 훈장이 되어 생계의 수단으로 경영하거나, 아니면 교학일체의 취미로 운영하는 서당이다.
- 유지독영서당(有志獨營書堂): 마을에서 경제적 여유가 있는 사람이 자기 자제를 교육시키기 위하여 훈장을 초빙하고 서당운영의 경비를 부담하는 서당이다. 경우에 따라 친척이나 이웃집 자제들을 같이 교육하기도 하였다.
- 유지조합서당(有志組合書堂): 마을의 유지 몇 사람이 서당조합(계)을 만들어 훈장을 초빙하고 자제들을 공부시키는 서당이다.
- 동리공동서당(洞里共同書堂): 마을 전체가 경비를 공동으로 부담하여 훈장을 초빙하고 그들의 자제를 공부시키는 서당이다.
- 동족조합서당(同族組合書堂): 같은 종친끼리 조합(계)을 구성하여 경비를 공동으로 부담하면서 가문의 자제들을 교육시키는 서당이다.
- 관립서당(官立書堂): 지방관청의 소재지에 지방행정관이 관권으로 설립하고 운영하던 서당이다.

서당은 조선 시대에 국가가 적극적인 관심을 보이지 않았던 초등 수준의 문해교육을 실질적으로 담당했으며, 조선후기에는 유명무실했던 관학을 대신하여 확대되는 비양반 계층의 교육적 요구를 수용했다는 점에서 그 중요성을 찾아볼 수가 있다. 조선 후기의 서당은 1911년 제정된 조선교육령에 나타난 만 8세에 입학하는 보통학교의 하위 학교로 4, 5세 아동의 조기교육을 위해 존재하였다. 또한 유아가 3세 이전에 천자문을 마치는 경우가 자주 있던 것으로 보아 독자적인 유아교육기관은 아니지만 그 속에 유아들을 포함하여 운영하였다는 것을 추측할 수 있다. 이는 우리나라 독자적인 조기교육 기관의 존재와 연결되는 중요한 단서라 하겠다.

02 한국의 전통 유아교육 제도

1) 태교

전통적 사상에서 태교의 중요성은 종교와 사상을 막론하고 공통적으로 강조된 부분이다. 태교는 모친의 태내에서 자라나고 있는 태아를 대상으로 하는 매우 특수한 형태의 교육이다. 비록 태아가 신체적, 정신적으로 미완성의 존재이지만 전통사회에서 태아는 존재 그 가치로 존중받았다. 전통적 사상에서 태교의 중요성을 강조한 대표적인 사상은 불교와 동학, 유교가 있다. 불교에서는 태교의 의미를 다음과 같이 강조하고 있다.

첫째, 불교의 업 사상, 윤회 사상과 인과 사상에 기초하여 볼 때 태교는 끊어짐이 없는 연속적 교육이며, 교육의 기초 단계라 할 수 있다.

둘째, 불교의 태아교육은 부모와 태아와의 교육으로만 볼 수 없다. 그것은 태아의 발생이 부모와 자식 간의 만남이라는 생물학적 관계뿐만 아니라 태아의 발생까지 다겁다생의 인간과 인간, 인간과 자연, 과거와 현재의 수많은 관계의 만남으로 이루어진 것이다.

동학에서는 여성의 잉태가 생명의 근원이며 잉태된 생명을 성장시키는 첫 소임이 여성에게 있는 만큼 여성을 천지를 창조하는 근원이라 생각했다. 따라서 여성의 태교는 동학의 현실적 교육 내용과 실천지침의 핵심을 이루고 있다. 구체적으로 동학은 여성이 포태 중 태교를 비롯하여 지켜야 할 준칙을 『해월신사법설』의 각 장인 「내칙」, 「부인수도」, 「내도수문」 등에 기술하고 있다.

> 태기가 있거든 몸을 더욱 조심하되 아무것이나 함부로 먹지마라. 모든 일에 태아를 위해 조심하라.
>
> 『해월신사법설』「내도수문」

이들의 내용은 공통적으로 여성의 생명 잉태의 중요성을 강조하고 이러한 의식이 여타 생명존중의 사상과 연결된다는 논리를 펴고 있다.

불교와 동학에서 강조된 태교는 조선조에 이르러 매우 구체적으로 강조되고 있다. 전통교육에서 태교는 주로 조선 시대 문헌을 중심으로 그 명맥을 확인할 수 있다. 조선 시대 태아는 부모에게서 분화되지 않은 존재로 가문의 한 구성원으로 생각되었다. 따라서 조선 시대 교육의 시작은 태교라 할 수 있다. 태교의 대상은 임신 이전 부모의 몸가짐에서 출산 직전까지의 태아를 의미한다. 태교의 근본은 임신 이전부터 부모 심신의 안정에서 출발하며 태교의 대상으로 아버지 어머니 모두를 고려하였다. 아버지의 태교는 금주, 금연을 기본으로 음양교합의 금기사항을 지키는 것으로 구성되어 있다. 그러나 아버지의 교육적 역할은 태아가 출생하고 성장하여 7세 이후 전통사회의 예학과 학문을 학습하는 측면에서 강조가 된다. 따라서 태교에 있어 아버지의 역할보다 어머니 역할의 중요성은 더욱 크다고 볼 수 있다. 즉, 조선 시대 출산에서 6세까지의 교육을 모친의 책임으로 보고 있으므로 태교에 있어 모친의 역할을 더욱 강조하는 입장이었다.

태교는 태아가 태중 10개월 동안 어머니의 성품 기질을 닮게 된다고 생각하여 엄격한 교육을 실천하는 것으로 구성되어 있다. 태교를 소홀히 하는 것은 여성 스스로의 의무를 포기하는 것으로 간주되었다. 태교의 중요성을 강조한 문헌으로 중국의 『언씨가훈(彦氏家訓)』, 『소학(小學)』 등에 일부 소개되어 있고, 사주당 이씨의 『태교신기(胎敎新記)』, 인수대비 한씨가 저술한 『내훈(內訓)』, 빙허각 이씨의 『규합총서(閨閤叢書)』, 허준의 『동의보감(東醫寶鑑)』, 송시열의 『계녀서(戒女書)』, 율곡의 『성학집요(聖學輯要)』 등에 강조되어 있다.

태교의 범위는 출산 후부터 영아 양육에까지 해당되는데 『동의보감』과 『규합총서』에 제시된 「양아십요(養兒十要)」의 내용을 살펴보면 다음과 같다.

> 등을 따뜻하게 하라
> 배를 따뜻하게 하라
> 발을 덥게 하라
> 머리를 차게 하라
> 가슴을 서늘하게 하라
> 괴이한 것을 보이지 마라
> 간과 위를 따뜻하게 하라
> 울음 갓 그쳐 젖을 먹이지 마라
> 딱딱한 것[輕粉]과 쌀에 섞인 모래가루[米砂]를 먹이지 말고 세욕(洗浴)은 적게 하라

조선조 태교는 특히 왕실에서 그 중요성이 강조되었다. 태교에 대한 조선왕실의 입장은 인수대비(仁粹大妃) 한씨(韓氏)가 왕실 여성들을 가르치기 위해 저술한 『내훈(內訓)』에 잘 나타나 있다. 내훈은 중국 유교 경전과 역사서에서 여성의 모범이 될 내용을 뽑아 서술한 것으로 한문과 한글본이 있다. 내훈의 대표적인 태교 관련 문장을 제시하면 다음과 같다.

> 옛날의 부인이 회임을 하게 되면
> 잠잘 때 옆으로 눕지 않았으며

앉을 때 치우치게 앉지 않았으며
설 때 한 발로 서지 않았다.
음식의 맛이 이상하면 먹지 않았으며
음식을 썬 것이 단정하지 않으면 먹지 않았으며
자리가 단정하지 않으면 앉지도 않았다.
이렇게 하고 자녀를 낳으면
그 아이는 얼굴과 몸이 단정하고 재주와 덕이 뛰어났다.
임신부가 선한 것을 보고 들으면 자녀가 선하게 되고
임신부가 악한 것을 보고 들으면 자녀가 악하게 된다.
사람이 태어나 무엇인가를 닮게 되는 것은 왜인가?
그것은 뱃속에 있을 때 그의 어머니가 무엇인가에 감화되었기 때문이다.
사람은 태어난 이후에도 뱃속에서 들었던 모습과 소리를 닮게 된다.
그러므로 문왕의 어머니는 닮게 하여 감화시키는 방법을 알았다고 할 것이다.

『내훈(內訓)』 卷3, 「母儀」

『내훈(內訓)』이 궁중의 여성을 대상으로 한 왕실의 교육 서적이라 한다면 사주당 이씨가 저술한 『태교신기(胎敎新記)』는 보편적인 조선의 태교 서적이다. 『태교신기』는 한국 전통사회 태교에 관한 가장 체계적인 서적으로 여타 서적들이 태교를 여성교육의 한 부분으로 다루고 있는 반면, 태교와 관련된 지식과 경험을 저술한 전문적인 태교서이다. 『태교신기』에서 제시하는 내용을 중심으로 조선 시대 태교의 특징을 정리하면 다음과 같다.

첫째, 조선 시대 태교는 인간의 기질적 부분을 결정하는 중요한 과정으로 간주되었다.

인간의 근원적 성품은 하늘에 근본하고 기질은 부모에게서 이루어지는 것이니, 기질이 한쪽으로 치우치게 되면 점차 성품을 가리게 되는 것이다. 그러므로 부모가 낳고 기름에 어찌 삼가지 않을 수 있겠는가.

『태교신기(胎敎新記)』, 제1장

『태교신기』에서는 한 사람의 근본적인 인간됨은 하늘이 부여하는 것이지만 기질적인 부분 즉 성격이나 성품에 관련된 부분은 잉태와 동시에 부모에 의해 영향을 받는 것으로 본다. 태아기 부모의 심신 상태에 따라 태아의 기질이 영향을 받게 되고 그 기질에 따라 하늘이 부여한 본성 또한 가려질 수 있다. 따라서 태교는 한 인간의 기질 및 그로 인한 성품의 형성과 직결된다는 측면에서 그 중요성을 주장하고 있다.

둘째, 조선 시대 태교는 모성태교(母性胎教)와 부성태교(父性胎教) 모두를 강조하였다.

> 아비의 낳음과 어미의 기름과 스승의 가르침은 모두 하나다. 의술이 뛰어난 자는 아직 병들지 않았을 때 다스리고, 잘 가르치는 자는 태어나기 전에 가르친다. 그러므로 스승의 십년 가르침이 어미가 잉태하여 열 달 기름만 같지 못하고, 어미의 열 달 기름은 아비의 하루 낳는 것만 같지 못하다.
>
> 『태교신기(胎教新記』, 제1장

『태교신기』는 독특하게 부성태교(父性胎教)의 개념을 도입하고 있다. 전통 사상에서 태교를 말할 때 주로 모친에 의한 태교를 강조하는 경향이 있지만 『태교신기』는 부친의 중요성을 역설하고 있음이 그 특징이다. 윗글에 의하면 태어난 후 스승에 의한 가르침과 같은 후천적 교육은 기질이 형성되는 과정에 교육하는 태교에 비할 수 없음을 알 수 있다. 또한 모친에 의한 태교의 중요성에서 더 나아가 잉태 전 부친의 마음과 몸의 중요성을 강조하고 있다.

셋째, 출생 후 교육보다 태교의 교육적 가치를 더욱 인정하였다. 태교의 중요성을 강조하는 이유는 출산 후 이루어지는 교육과는 달리 한 인간이 형성되는 그 장면에 관여하는 교육이라는 점이다. 출생 후 교육은 한 인간으로 가지는 기질과 성품이 형성된 후 이루어지는 것인 반면에 태교는 한 생명이 그 형체와 기질을 만들어 가는 과정에 개입되는 교육이다.

> 무릇 태란 천지의 출발이자 음양의 근원이고 조화의 원동력이며, 만물을 담는 그릇으로 태초에 음양이 조화되고 섞이어 구멍이 뚫리지 않았을 때 그 오묘한 기운을 발휘할 수 있는 것이고 그것을 돕는 것은 사람의 일이다.
>
> 『태교신기(胎敎新記』, 서(序)

넷째, 태교는 모친의 마음을 바로잡는 일과 관련되고 부수적으로 올바른 몸가짐을 강조하였다. 태교는 임부의 마음 변화와 관련된 일이며 특별히 마음을 바로잡는 것(正心)을 중시한다. 태교는 임부의 한결같고 신중한 태도를 통하여 '잡된 것'을 제거하는 것이다. 따라서 임부의 각종 행동은 모두 마음을 바로 잡는 것과 관련되고 이러한 행동들을 통하여 임부의 마음의 변화를 일으키고 그것이 태아에게 영향을 미치고자 시도한 것이다.

> 태교를 알지 못하면 어미 될 자격이 부족한 것이니, 반드시 마음을 바르게 가져야만 한다. 마음을 바로 하는 데는 방법이 있으니 그 보는 것과 듣는 것을 삼가며 그 앉고 서는 것을 삼가며 그 잠자고 먹는 것을 삼가되 잡됨이 없으면 가하다. 잡됨이 없는 공이 넉넉하면 능히 마음을 바로 할 수 있는 것이니 오직 삼가함에 있을 뿐이다.
>
> 『태교신기(胎敎新記』, 제5장

이상에서 살펴본 바와 같이 조선조 유학 이념을 기반으로 발전된 태교는 수태 이전 부모의 심신 안정과 바른 마음이 태아의 성향과 기질 형성에 직접적으로 관여하는 것으로 파악하였다. 따라서 태교는 출산 이후 실시하는 어떤 교육보다 더 중요한 가치가 있는 것으로 보았고 태교를 담당하는 데 부친과 모친의 구별은 없었다.

2) 전통놀이

(1) 전통놀이의 사회 문화적 의미

한국 유아교육에서 전통놀이는 단지 재미와 즐거움을 찾는 차원이 아니라 공동체 사회의 신앙과 가치관의 새로운 생산을 위한 준비와 기원이 담겨 있다. 이은화 등(2001)이 주장한 전통놀이의 사회 문화적 특징은 다음과 같이 설명된다.

첫째, 토착 신앙인 무속을 바탕으로 한 제천의식이나 외래 종교인 불교나 유교의 제사 의식이 시대적 변화와 더불어 놀이화된 것으로서 윷놀이, 제기차기, 산가지놀이, 관등놀이 등을 예로 들 수 있다. 윷놀이의 경우 한 해의 농사를 점치는 농점, 가정이나 개인의 길흉을 점치는 신수점으로 시작하였으나 시간이 흐르면서 설날에 일반인들이 즐기는 놀이로 정착되었다.

둘째, 자연적 조건에 따른 세시풍속이 놀이로 발전한 것으로 풍악, 달맞이, 다리밟기, 지신밟기 등이 있다. 그 예로서 모를 심고, 논을 매고, 벼를 베는 농사의 일 장단과 풍악의 장단은 일치한다.

셋째, 전쟁에 대비한 훈련술이나 전략으로 사용된 것이 후에 놀이 형식으로 전환된 것으로서 연날리기, 강강술래, 승경도놀이 등이 그 예가 된다. 강강술래는 임진왜란 때 이순신 장군이 왜군에게 아군의 강함과 조직력을 보여주기 위한 의병술에서 비롯되었다.

넷째, 공동체 사회가 추구하는 가치관이나 사상을 전달하는 도구로 놀이의 형식을 담아 표현한 것으로서, 비석치기, 남승도놀이, 원놀이 등이 있다. 예로서 비석치기는 봉건적 관료사회의 유물인 비석처럼 생긴 네모난 돌을 치며 노는 것이다. 비석의 대부분은 탐관오리들이 그들의 조상이나 자신들의 업적을 기리기 위해 백성들로부터 수탈한 돈으로 세운 것이다. 민중들은 이에 대한 자신들의 분하고 억울한 심정을 비석을 치는 놀이를 통해 간접적으로 표현하고 해소시켰던 것이다.

(2) 전통놀이와 창의적 사고

앞의 설명과 같이 전통놀이를 사회 · 문화적 측면에서 접근한 입장도 존재하지만 전통놀이가 유아의 창의적 사고를 자극하고 다양한 인지발달을 이끌 수 있다는 입장도 존재한다. 다음으로 김혜숙(2006)이 제안한 전통놀이의 유아 심리적 측면의 의미를 간단한 몇 가지 놀이를 중심으로 살펴본다.

① 수수께끼

전통사회에서 수수께끼는 동요와는 달리 후미진 곳, 아늑한 공간에 모여서, 유아들이 자신이 듣고 배운 것을 서로 나누고 학습하는 놀이의 일종이었다. 수수께끼는 가족의 호칭, 계절, 동물과 식물 및 생활도구 등에 관한 유아의 지적 · 사회적 호기심을 충족시켜 줄 수 있는 놀이로서 질문과 대답을 반복하는 과정에서 언어를 유창하게 구사하게 된다. 또한 사물을 면밀히 관찰해서 사물의 가장 특징적인 속성을 포착 발견해서 계속적으로 새롭고 독창적인 것을 만들어 나간다. 하나의 사물(아이디어)이 담고 있는 다양한 범주(종류)를 생성해 내는 것도 창의성의 하위요인 중 융통성과 관련 있다.

또한 수수께끼는 질문하고 대답하는 과정에서 유추(비유)를 사용하게 된다. 유추란 두 개의 사물이 여러 가지 면에서 비슷하다는 것을 근거로 다른 속성도 유사할 것이라고 추론하는 것이다. 수수께끼 놀이를 통하여 유추적 사고가 가능하고 새로운 아이디어를 자극할 수 있다.

② 전래동요

전래동요는 속성의 발견, 개념 형성, 어휘 발달, 유머 및 위트 감각의 발달, 상상력의 자극 등의 기능을 담당할 수 있다. 전래동요는 주로 조모, 삼촌, 연상의 형제, 또래 등에 의해 학습되었다. 전래동요는 정해진 가사는 있지만 유아 각자가 개사하여 부를 수 있어 유아의 창의적 사고와 관련이 있다. 전래동요의 창작을 통하여 유아는 상상력을 발휘할 수 있었고 다른 사람과 구분되는 독창적 능력을 기를 수 있었다.

③ 비석치기

비석치기는 3~4cm의 간격으로 선을 긋고 각자 돌을 가지고 순위를 정하여 진 편의 돌을 맞추고 쓰러뜨리는 활동이다. 비석치기는 다양한 신체부위를 활용하여 진행되며 운반과 목표물을 향해 던지는 과정에서 신체적 균형을 요하는 놀이이다. 비석치기는 실외놀이로 유아 스스로 놀이의 전략을 세우고 도구를 선택해야 하는 상당히 창의적 놀이이다. 비석치기는 신체의 다양한 부위를 이용하므로 신체의 구조와 역할을 인식하고 그 기능을 연마하는 데 기여할 수 있었다. 또한 다양한 문제 상황을 개방적으로 해결하는 과정을 통하여 유아의 창의적 문제 해결능력을 기를 수 있는 놀이로 평가된다.

④ 윷놀이

윷놀이를 통하여 유아는 기본적인 수 개념과 도형의 인식, 공간지각력, 언어적 발달과 탈중심화를 돕는 논리적 사고의 발달을 이끌 수 있다. 윷놀이의 말판을 사용하면서 유아들은 놀이의 순서와 규칙이 존재한다는 것을 인식할 수 있고, 상대를 지각하는 과정을 통하여 창의적 문제해결을 경험할 수 있다. 윷놀이에서 유아가 자신이 기대하지 못한 결과가 나올 때 다양한 방법으로 대처하게 된다. 유아들끼리 논쟁이나 합의를 통해 윷놀이 규칙을 임의적으로 정하거나 규칙을 바꾸는 경우도 존재한다. 이러한 과정들은 규칙에 대한 반론과 경우의 수를 수정하는 대안적 판단을 가능하게 하고 창의적 문제해결을 가능하게 한다.

(3) 전통놀이의 유아교육적 의의

첫째, 전통놀이를 통하여 유아의 전인적 발달을 이끌 수 있다. 전통놀이는 유아의 정서와 자아 존중감을 증진시키고 신체적 건강과 운동능력을 이끄는 등 유아의 전인적 발달을 촉진할 수 있다.

둘째, 전통놀이는 놀이 진행 중 다양한 창의적 변수와 경우의 수를 해결하는 과정을 거쳐 수렴적 사고와 확산적 사고의 증진을 초래할 수 있다. 또한 전통놀이를 통하여 유아의 상상력, 유추능력 등을 기를 수 있고 유창한 언어발달에 도움이 된다.

셋째, 전통놀이는 물리적 · 논리 수학적 · 사회적 지식 등을 자연스럽게 길러줄 수 있다.

넷째, 전통놀이를 통하여 자연친화적이고 여유 있는 유아의 인성교육을 실시할 수 있다.

Chapter 13

현대한국의 유아교육

1. 구한말과 일제 시대의 유아교육

2. 현대 한국의 유아교육

3. 생태주의와 유아교육

01 구한말과 일제 시대의 유아교육

우리나라에서 현대적 의미의 유아교육이 시작된 것은 구한말 근대적 교육운동이 전개되는 것과 그 맥을 같이 한다. 전통적 교육기관이 근대적 교육기관으로 변모하고 다양한 정치적 사회적 변화를 겪으면서 유아교육의 영역도 변화의 바람이 불기 시작했다. 그 기원은 일본 사람들이 자신의 자녀들을 교육시키기 위해 세운 유치원과 미국 기독교 선교회에 의해 설립된 유치원에서 찾을 수 있다. 그러나 민족운동의 차원에서 유아교육에 관심을 둔 부분도 존재하였던 것이 사실이다. 구한말과 일제 시대의 유아교육은 일본인 자녀를 위한 유치원, 선교사들이 설립한 유치원, 민족운동 차원의 유치원으로 설명하고자 한다.

1) 일본인 자녀를 위한 유치원

고종이 교육입국 조서를 발표하고 학무아문을 설립하여 각종 학제를 개편함과 동시에 근대적 교육을 위해 소학교령(1895)을 발표한 2년 뒤(1897) 조선황실은 유년학교를 세웠다. 또한 부산유치원(1897), 인천 기념 공립유치원(1900), 경성 공립유치원(1900)을 설립했다는 기록이 존재하는데 이들 유치원은 일본인들의 자녀들을 위한 것이었다. 한일합방 이전 설립된 유치원에서 우리나라 자국민은 대상으로 한 유치원은 없었던 것으로 파악된다.

한국인 자녀를 대상으로 설립된 최초의 유치원은 1913년 경성부 인사동에 조중응이 세운 경성유치원이었다. 경성유치원은 당시 고관의 자녀를 대상으로 설립되었으나 엄밀한 의미에서 한국인을 위한 유치원으로 보기 어렵다. 이는 일본의 교육정책이 일제 동화교육이었고 유치원의 설립도 한국인을 위한 것이 아니라 한국인 자녀들을 일본인으로 동화시키기 위한 시범 유치원의 성격을 지닌 것이기에 기존 일본인을 위한 유치원과 큰 차이를 찾을 수 없었다.

2) 선교사들이 설립한 유치원

구한말과 일제 시대 한국인을 위한 최초의 유치원은 서울 이화학당 내에 미국 감리교 선교회 브라운리(Brownlee)가 1914년 1월 설립한 이화유치원이다. 원아 16명으로 개원한 이화유치원은 이후 1918년 콜롬비아 대학 출신의 밴플리트와 하워드에 의해 운영되었다. 1915년에는 이화학당에 유치원 사범과가 개설되었고, 미국에서 유학한 한국인 교사에 의해 서구적 유아교육이 실시되었다.

1915년 정신여학교에서 유치원을 개설하였고, 1916년에는 영신학교 교감인 박희도가 주도하여 정동교회에 중앙유치원을 설립하였다. 이후 1917년 배화유치원, 1919년 영화유치원이 설립되었는데, 이들 유치원의 설립과 운영은 모두 기독교 선교사들과 밀접한 관련이 있었다.

이상금(1985)에 따르면 1930년대 한국 유치원의 75% 이상이 기독교 선교회가 세운 유치원으로 파악되며 교회가 있는 곳이면 유치원을 찾을 수 있을 만큼 교회와 유치원은 불가분의 관계였다. 기독교 선교회는 유아교사의 교육에도 관심을 가졌으며 이러한 영향으로 교사교육의 내용과 철학에 기독교의 교리가 반영되었다. 선교사들이 설립한 기독교 계열의 유치원들은 초기 현대 유아교육의 정초를 확립하는 데 큰 공헌을 하였다.

3) 민족운동과 유치원

일본 제국주의의 침략으로 고유한 한국의 문화와 전통이 말살되는 위기를 맞이하여 새로운 신지식의 학습을 통해 민족정신의 강화와 국권회복을 주장한 민족 선각자들의 민중운동이 발생되었다. 구한말과 일제 시대에 설립된 대부분의 공립학교는 일제가 설립주체였기 때문에 반민족적 정서가 강했다. 이러한 일제의 교육에 반대하고 민족주체의식을 확립하려는 민족적 요구에 부응해 애국지사들을 중심으로 교육단체들이 조직되었고 교육사업도 활발하게 진행되었다. 을사조약(1905년)이 체결된 이후부터 1908년까지 우리나라 전국의 학생 수는 5천여 명에 달했고 전국에 수많은 학교가 설립되었다. 이러한 시대적 상황과 그 맥을 같이하여 1910년과 1920년 사이 급증하게 된 유치원은 민족 운동의 맥락으로 볼 수 있다.

1920년 유치원이 30개소 원아가 2,094명이었지만 1930년에는 유치원 206개, 원아 수는 11,252명으로 유치원은 약 7배, 원아 수는 약 6배 증가하였다. 이후 일제의 동화정책과 황국신민 정책이 적용된 초 · 중등 교육과 달리 유치원 교육은 총독부의 별다른 간섭 없이 지속적으로 발전하였다. 이는 일제의 유치원 교육에 대한 무관심이 반영된 역설적 결과로 해석된다. 그 실례로 일제 시대 공포된 조선교육령에서 유치원 규정들은 대부분 일본의 것을 모방하였고, 교육 내용에 있어서는 유희, 창가, 수기 및 대화라는 항목 이외에 별다른 설명이나 규제가 없었다는 점을 들 수 있다. 또한 유치원 설립의 존폐규칙만 강조된 점으로 보아 일본 관리당국의 유치원에 대한 관심이 상대적으로 미약했던 것으로 볼 수 있다. 그 역설적인 결과로 민족운동 차원의 유치원은 그 명맥을 유지할 수 있었다.

4) 소파 방정환의 어린이 문화운동

일제 시대 유아교육의 큰 흐름중 하나는 '색동회' 의 발족과 '어린이 날' 의 제정, '어

방정환

린이'의 발간 등을 특징으로 하는 '어린이 문화운동'이다. 일제 시대 어린이 문화운동을 주도한 인사들은 대부분 아동문학가와 음악가들로 1908년 최남선에 의해 『소년』지가 창간되었고, 이후 『붉은 저고리』(1913)', 『아이들 보이』(1913), 『새별』(1913) 등의 아동 잡지가 발간되었다.

방정환과 '천도교 소년회'는 1922년 5월 1일 '어린이 날' 행사를 개회하고 1923년 매년 5월 5일을 '어린이 날'로 제정하기로 결정하였다. 또한 방정환을 중심으로 창간한 잡지 『어린이』(1923)는 1934년까지 12년 동안 통권 122호까지 출간되어 일제 시대 아동문학을 대표하였다. 초기 별다른 주목을 받지 못했으나 1930년 7월호(통권 76호) 이후부터 평균 3만부 이상이 출판될 만큼 그 영향력이 증대하였다. 『어린이』의 보급을 통하여 어린이 문화운동이 펼쳐졌고, 아동 존중의식과 민족주의적 소양을 증진시키는 통로 역할을 담당하기도 하였다. 이러한 어린이 문화운동의 핵심 역할을 담당한 소파 방정환의 사상을 살펴보면 다음과 같다.

(1) 방정환과 어린이 문화운동

소파(小波) 방정환(方定煥, 1899~1931)은 서울 출생으로 선린상업학교를 중퇴하고 보성전문(普成專門)을 마친 후 도요(東洋)대학에서 철학을 수학했다. 그는 1924년 아동운동에 전념하기 위해 일본에서 귀국하여 본격적으로 출간운동과 아동문화운동을 시작한다. 그는 암울한 일제 시대 억압되었던 아동의 가치를 높게 평가하고 최초로 아동문화운동을 실시하였다.

소파는 해방 이후 서양의 진보주의 교육관이 우리나라로 유입되기 전에 이미 아동 중심교육 사상을 주장한 아동교육의 선구자였다. 또한 외국의 사상을 기반으로 한 아동교육 사상을 주장하지 않고 순수하게 우리나라에서 태동된 자생적 교육운동을 실시하였다.

그는 교육운동을 담당한 단체로 색동회, 청년구락부, 소년운동협의회 등을 조직하였다. 출판을 통한 아동문학운동도 실시하여 그가 편집을 맡은 한국 최초의 순수 아동잡지 『어린이』(1923)를 창간하고 『신청년(新青年)』, 『신여성(新女性)』, 『별건곤(別乾坤)』 등의 잡지를 편집 · 발간하였다. 그는 출판문화운동, 예술문화운동, 소년단체운동 등의 아동운동을 실시하였고, 구체적으로 동화대회, 소년 문제 강연회, 아동예술 강습회, 소년 지도자 대회 등을 주재하여 아동문화운동을 선도하였다. 창작동화뿐만 아니라 많은 번역 · 번안 동화와 평론을 통해 아동문학의 보급에 힘썼고 아동보호운동도 실시하였다.

(2) 방정환의 유아교육적 의의

안경식(2000)은 소파의 교육 사상이 유아의 개성과 창의성을 무시하고 도구적 교육관으로 유아를 대하는 현대교육의 문제점을 해결할 모델이 될 수 있음을 주장하고, 다음과 같이 그의 교육적 의의를 정리하였다.

첫째, 어린이는 한울(하늘)이다. 착하고 순진무구한 존재이다. 이는 '사람이 곧 한울'이라는 동학과 천도교의 사상에 영향을 받은 것이다. 소파는 가톨릭의 성악설이나 자연주의의 성선설적 아동관과 달리 동학의 영향 아래 천지인의 종합적 틀에서 아동을 이해하였다.

둘째, 어린이의 세계는 성인의 세계와 다르다. 어린이의 세계를 인정하고 이해하여야 하며, 모든 것을 그들의 입장에서 생각하라.

셋째, 존댓말을 쓰라. 어린이는 독립된 한 인격체다.

넷째, 기쁨 속에 자라게 하라. 어린이는 기뻐할 때 몸과 생각과 기운이 자라나며, 흥미도 싹튼다.

다섯째, 자유롭게 활동하게 하라. 성인의 욕심을 채우기 위한 압박과 구속은 가하지

마라. 자유로운 활동은 어린이의 생명이요 생활의 전부이다.

여섯째, 동화를 많이 들려주어라. 어린이가 동화를 좋아하는 것은 본능적이고 자연적인 욕구이다. 동화는 상상력을 키워주는 완전하고 훌륭한 예술이다.

일곱째, 동요를 짓게 하고 부르게 하라. 동요는 어린이의 심성을 부드럽고 곱게 한다.

여덟째, 그림을 마음대로 그리게 하라. 어린이가 본 대로 느낀대로 솔직하게 표현하게 하라. 어린이의 기교는 몹쓸 것이다.

아홉째, 건전한 소년단체 활동을 하게 하라. 소년단체 활동은 어린이의 기상을 길러주고, 단결심을 함양시켜 준다.

열째, 우리 민족과 문화를 생각하게 하라. 우리 민족은 우수한 문화를 가진 민족이며, 우리 문화는 우리 아동이 자라날 터전이 된다.

이러한 소파 방정환의 아동교육관은 루소의 자연주의 교육관과 유사한 측면이 있다. 즉, 유아의 가치를 간과하던 시대적 상황과는 달리 유아를 존중하는 이론을 주장한 것은 대단한 업적이라 볼 수 있다. 현대교육에서 유아를 존중하는 것은 당연한 것이지만, 일제 시대나 유럽 근대에서는 익숙하지 않은 이론이었다. 시대적 흐름을 거슬러 새로운 아동인식을 시도한 것 자체로 교육적 의의가 있다. 또한 유아의 자발성을 존중하고 다양한 정서적 활동을 통하여 유아의 자아실현을 이루려고 한 점도 교육적 기여점이다.

우리나라의 소파 방정환과 서양의 루소는 공통적으로 아동 중심교육을 강조하였다. 두 사람 모두 성인에 의한 유아의 변화를 금기시하고 유아만의 고유한 특성을 개발시키는 것이 아동교육의 중요한 목적이라 보았다. 그러나 루소의 교육관이 귀족적 · 엘리트 중심적 성격이 있는 반면 소파 방정환의 교육관은 현실에 근거하여 일제 시대를 살아간 유아를 대상으로 실천한 이론이라는 점에서 차이가 있다.

소파 방정환의 아동교육 사상은 실천적이며, 유아의 입장에서 교육을 구성한 점에서 한국교육사의 중요한 위치를 점하고 있다.

02 현대 한국의 유아교육

해방 이후 약 20년은 대한민국의 탄생과 6.25 전쟁 등 혼란의 요소가 많은 시기였다. 교육부분도 일제 시대 잔재의 미청산과 해방 이후의 혼란과 정부의 정책 부재 등의 이유로 큰 발전을 이루지 못했다. 특히 유아교육의 부분은 교육의 방임 시기라 할 수 있을 정도로 다른 교육기관에 비해 발전이 미미하였다.

정부 수립 이후 1949년 제정된 교육법을 통하여 우리나라 교육의 기본적인 이념 및 목적이 결정되었다. 이때 유치원 교육은 교원의 자격, 유치원 시설 기준령이 제정되어 교육환경의 개선을 위한 법적 근거를 가지게 되었다. 이후 1950년 '국립유치원설립계획'을 발표하였으나 한국 전쟁의 발발로 시행되지 못하다가, 1976년에 이르러서야 공포되었다. 이렇듯 유아교육의 법적 근거나 정책은 해방 이후 계속 표류해오다가 1970년대를 기점으로 정착하게 된다. 즉, 우리나라에 유치원이 처음 도입되고 70여년이 지난 1969년에 유치원 교육과정이 문교부령으로 제정되어 공포되었다. 이때 교육과정은 흥미 중심, 경험 중심, 생활 중심으로 미국 진보주의 교육 모형을 따라 설계되었다. 이후 1972년 제정된 북한의 11년 의무교육제와 1976년 제정된 어린이보육교육법은 우리나라 유아교육의 관심을 불러오는 계기가 되었다. 1970년대의 유아교육은 유아기의 중요성을 널리 알리고 교육기관으로 흡수하는 준비기간으로 정의할 수 있다.

1980년대는 유아교육을 아동 및 청소년 인력자원 개발의 일환으로 인식하기 시작했다. 1981년 유아조기교육의 필요성을 대통령 연두교서로 밝힘으로써 정부가 공식적으로 유아교육에 개입하게 되었다. 이에 따라 1980년대를 기점으로 2차, 3차 유아교육과정 개정이 이루어졌다. 이 개정을 통하여 유아교육의 법적 정책적 기반이 만들어졌다. 이러한 현대 유아교육의 흐름을 정리하면 다음과 같다.

첫째, 해방 이후 1970년대에 이르는 시기는 민감한 국가 사안에 밀려 유아교육의 법적 정책적 기반이 확립되지 않았다. 그러나 유아교육을 정책적으로 공론화하려는 시도는 지속적으로 존재하였고, 이는 1970~80년대 유아교육의 공적 논의의 기초가 되었다.

둘째, 1970년대는 유아교육의 공교육화가 진행되어 1980년대 유아교육의 양적 성장에 기초가 되었다. 1970년대를 거치면서 유아교육의 중요성이 일반인들에게 널리 인식되었으며 경제성장, 미국의 헤드스타트(Head Start) 운동, 북한의 어린이 보육교양법 제정 등은 정부의 유아교육에 대한 관심을 고조시킨 계기가 되었다.

셋째, 1970년대 유아원 교육이 시작되었다. 1971년 4월 20일 이화여자대학교에 의해 3, 4세 유아를 위한 유아학교가 설립되었다. 당시 사범대학 인간발달 연구소의 연구기관 형태로 출범된 유아원은 6명의 유아와 원장, 두 명의 교사, 한 명의 직원으로 운영되었다. 이는 어린이집과 탁아소와는 달리 유아원 교육을 목적으로 설립되었는데, 그 구체적 설립목적은 다음과 같다.

- 조기교육이 중요하다는 다양한 유아교육 이론을 실험적으로 연구하자는 취지
- 유아발달을 위한 시범 교육기관으로서 기능 수행
- 취업모 증가와 가족 기능의 변천에 따른 요구에 적합한 교육

이 유아원은 건강, 언어, 사회, 자연, 예능 영역으로 구분하여 교육을 진행하였고, 자유놀이 활동을 강화한 것이 그 특징이었다.

넷째, 1980년대는 유아교육의 공적 기반이 확립되고 양적 확대가 이루어진 시기이다. 1980년에 이르러 유치원은 1979년 794개소에서 1981년 2,958개소로 급격한 양적 성장을 이루었으며 이에 따른 질적 만족도의 문제도 진지하게 논의되었다. 1980년대 후반에는 평생교육 정책의 일환으로 유아교육을 강화하여 유아의 취원율을 높이고, 유아교사 연수의 강화, 유아용 교육 자료의 보급 등을 통하여 유아교육의 양적 · 질적 수

준을 올리고자 노력하였다. 이때 유아교육 기회 확대를 위해 지원된 국가 예산은 총 83억 원에 달한다. 1980년대 이루어진 유아교육의 발전 흐름을 보다 자세히 제시하면 다음과 같다.

- 국립대학교에 유아교육과를 설치하여 유치원 교사를 국가에서 양성하고자 하였다. 기존의 사립대학교 및 전문대학에서 유아교사를 양성했던 것과 달리 국립대학교에 유아교육과를 설치한 것은 유아교사 양성에 대한 국가가 책임을 표현하는 것이었다. 이에 따라 부산대학교, 전남대학교, 한국방송통신대학교, 한국교원대학교에 유아교육과가 설치되었다.
- 유아교육의 발전을 위한 유아교육 진흥법이 1982년 12월 31일 법률 제4475호로 제정, 공포되었다. 이는 유아교육의 양적 확충과 취학 전 교육의 기회를 균등하게 제공해야 한다는 취지 아래 당시 유치원 아동과 탁아시설 아동을 대상으로 공포되었다. 이 법안에는 초등학교 취학 전 1년의 유아교육을 무상교육으로 하되 국가의 재정여건을 고려하여 순차적으로 실시한다는 내용과 유치원 수업을 반일제, 시간연장제, 종일제로 나누어 실시한다는 것, 그리고 교원의 자질 향상을 위해 직무연수를 실시한다는 내용이 들어 있다. 이로 인해 유아교사에 대한 자격연수도 진행되었다.
- 문교부에 유아교육 관련 업무를 담당하는 인력이 배치되었다. 1983년 2월 23일 대통령령 제11057호에 의거 '유아교육담당관'을 두게 되었으며 이를 통해 실질적인 유아교육에 관한 업무가 추진되었다. 그러나 유아교육담당관은 독립된 부서에서 일을 하는 것이 아니었고, 시도교육청의 경우에도 초등교육을 담당하는 장학사가 겸무하는 형식이었다.
- 병설유치원의 운영이다. 농어촌을 중심으로 병설유치원이 먼저 운영되고 점차 대도시로 확대되었다. 당시 유아교육이 대부분 사립 유치원 위주의 상황에서 병설유치원의 운영은 국가가 유아교육의 중요성을 인식한 계기로 볼 수 있다. 이로 인해

저소득 가정의 유아들이 교육의 해택을 받을 수 있었으며, 병설유치원은 국립대학교 유아교육과를 졸업하고 유치원 교사가 되려는 예비교사를 흡수할 수 있는 제도적 장치의 역할도 하였다. 물론 당시 새마을 유아원에 근무하던 유아교사들이 자격연수를 통해 병설유치원 교사가 되기도 하였다. 전반적인 유아교육의 질적 수준은 오늘날에 비해 미미하였지만, 국가가 다양한 형태의 시도를 실시한 것은 유아교육에 대한 국가의 책임을 인식하고 그 역할을 수행하고자 노력했다.

- 새세대 육영회의 설립이다. 새세대 육영회의 설립은 제5공화국에 들어서면서 유아교육에 대한 실질적인 변화를 이끌게 계기가 되었고, 이를 통해 유아교육의 질적 변화를 도모하였다. 새세대 육영회는 유아교육에 대한 실질적인 자료나 교수기술, 교사 연수 등의 중추적 역할을 수행하였다. 특히 새세대 육영회에서 개발하여 보급한 종이블록은 유아들의 놀이의 교육적 효과를 더욱 풍부하게 만들기도 하였다.

다섯째, 1990년대는 영유아보육법이 제정 공포되어 유아교육과 탁아의 문제를 동시에 고려하기 시작한 시기이며 유아교육의 질적 발전을 이룬 시기였다. 1991년 제정 공포된 영유아보육법을 통하여 보건사회부에서 보육정책을 일괄 주관하게 되었고, 1993년 교육부 산하의 유치원, 보건사회부 산하의 어린이집으로 이원화되었다. 1992년 5차 유아교육과정이 개정되어 공포되었다. 이 교육과정은 우리나라 최초로 유아교육 전문가들이 교육과정 개발에 참여하여 설계한 질적 수준을 올린 교육과정으로 평가된다.

여섯째, 2000년대에 들어 유아교육 선진화 방안이 정책적으로 수행되어 '만 5세 무상교육', '누리교육과정도입' 등 유아교육의 질적인 발전이 이루어지고 있다.

이상에서 살펴본 현대 유아교육과정의 흐름은 '유아교육에 대한 관심증대 시기', '유아교육의 공론화 시기', '유아교육의 양적 확대 시기', '유아교육의 질적 확대 시기' 등으로 나눌 수 있다. 이러한 유아교육에 대한 지속적인 관심과 노력을 통하여 오늘날 유아교육의 체계를 갖추는 기반이 되었다. 그러나 현대 유아교육에 산적한 문제도 과거의 유아교육 흐름의 산물이므로 과거를 반추해 현재를 조망하고 발전시키는 노력이 필요하다 하겠다.

03 생태주의와 유아교육

자연 속 유아들

최근 우리나라의 유아교육 학계와 현장을 중심으로 유아교육 현실에 대한 반성과 새로운 유아교육 패러다임의 필요성을 지지하는 움직임이 나타나고 있다. 그 중 생태주의에 근거한 생태유아교육은 경제성장과 과학발달에 따른 비인간화된 유아교육 환경을 비판하고 '생명', '돌봄', '관계', '사랑', '감성', '순리', '몸' 등의 요소를 존중할 것을 주장하며 기존 유아교육의 대안적 패러다임으로 떠오르고 있다. 생태유아교육은 1990년대 초반 부산대학교를 중심으로 제안되었고 이후 지속적으로 발전되었는데 최근에는 전국적 규모의 유아교육 사조로 그 기능과 역할을 담당하고 있다. 본 장에서는 생태주의 유아교육이 나타나게 된 배경을 사회적, 사상적 부분으로 나누어 살펴보고, 생태주의에 근거한 유아교육의 전개방향에 대해 살펴보고자 한다. 먼저 생태주의 유아교육의 배경을 살펴보면 다음과 같다.

1) 생태주의 유아교육의 배경

(1) 사회적 배경

20세기 과학과 의학의 발달의 영향으로 인간은 삶의 질의 향상과 수명의 증가로 물질적 풍요를 누리게 되었다. 그러나 대기와 수질 및 토양의 오염, 새로운 질병의 확산, 자연의 파괴, 환경호르몬의 폐해, 생태계 파괴현상이 광범위하게 일어나 기본적인 인간의 생존이 위협받는 현실에 직면하게 되었다. 생태주의 유아교육은 이러한 현실을 해결하기 위해 대두된 사회적 운동에서 시작되었다.

급진적 근대화와 과학화로 파괴된 환경을 되살리기 위한 환경운동은 1970년대 대학가를 중심으로 민중운동의 형태로 시작되었고, 1980년대와 1990년대를 거치면서 다양한 생태적 환경운동으로 승화되었다. 대표적인 예로 '한살림', '생명운동', '환경운동연합', '녹색연합' 등과 같은 사회단체를 통해 자연 생태계의 파괴를 막고자 하는 환경운동이 일어났다. 또한 종교계를 중심으로 한 환경운동 또한 획기적으로 발전하였다. 불교의 '정토회', '인드라망 생명공동체', 가톨릭의 '생명문화 연구소', 기독교의 '생명가치를 찾는 민초들의 모임', 원불교의 '천지보은회' 등이 그 예이다. 이러한 사회적 종교적 운동이 생태주의 유아교육을 태동하게 한 사회적 배경이 되었다.

생태주의 유아교육은 1990년대 생태론적 세계관으로 방향전환을 모색하며 '아이들에게 잃어버린 자연과 놀이와 아이다움을 찾아주자'는 슬로건 아래 자연친화적이고 생명존중의 교육을 시도하고 있다.

(2) 사상적 배경

생태주의 유아교육의 사상적 배경은 서구 철학뿐만 아니라 동양과 우리나라의 전통철학에 이르기까지 광범위한 사상들에서 그 기원을 찾을 수 있다. 서구 철학에서 인간중심의 담론을 비판하고 인간이 환경에 가하는 생물학적 피해가 다시 인간에게 돌아와 위협이 될 것을 경고하는 움직임의 환경 사상이 발전되고 있다. 또한 전통적인 불교, 도교, 유교 사상의 근저에 환경 중심의 철학이 내재되어 있었다. 이러한 사상적 흐름들이 현대 철학에 이르러 종합되고 정리되어 '생태학(ecology)' 이라는 새로운 학문분야를 낳게 되었다. 생태학은 살아있는 유기체의 습성, 생활양식 및 그 주변과의 관계를 다루는 학문으로 생물학의 한 분야로 출발했다. 인간과 자연의 총체적 순환관계에 주목하던 생물학적 생태학이 철학적 사유와 접목되어 자연을 대상화한 인간의 인식을 비판하고 대안적 존재로서 '이성적 존재로서 인간이 아닌 새로운 인간 이해', '그 자체로서 자연', '인간 이외의 생명에 대한 가치 인정과 배려' 등을 존중하는 '심층 생태학(deep ecology)' 으로 발전하였다.

이러한 사상들의 공통적인 주장은 인간이 자연을 정복할 수 있다는 인간 중심적 세계관을 버리고 자연 속의 모든 유기체나 존재가 평등한 내재적 가치를 갖는다는 생명 중심적, 생태 중심적 가치관을 지향하자는 것이다.

2) 생태주의 유아교육

(1) 생태주의 유아관

식물 키우기 체험

생태주의 관점에서 유아는 생명의 본질로서 하나의 생명체이다. 또한 유아는 자연의 모든 생명체 중 하나이다. 모든 생명은 상호 연결되어 있는 유기적 통합체이다. 이 하나의 생명이 자연의 본성이며 유아의 본성이다. 따라서 유아는 생명의 본성 즉 자연의 순리에 따라 스스로 살아가는 존재이자 동시에 다른 생명체들과 더불어 살아가는 존재이다. 따라서 유아를 살리는 것이 생명의 살림이고 생명의 살림이 곧 유아의 살림이다. 이러한 측면에서 볼 때 유아는 성장이나 발달의 대상이 아니라 몸과 마음 영혼의 조화로 이루어진 전인적 존재이다. 또한 유아는 인간의 타고난 본성을 순수하게 지닌 존재이며 독립된 인격을 지닌 독특한 존재이다.

이러한 유아관을 지지하는 생태주의 유아교육은 아동 중심 교육에서 생명 중심 교육으로, 개인 중심 교육에서 공동체 중심 교육으로, 이성 중심 교육에서 몸과 마음을 모두 고려하는 전인적 교육으로 변화되는 과정을 그 특징으로 한다. 따라서 생태주의 유아교육은 현대사회에서 아이들이 잃어버린 자연과 놀이와 아이들이 타고난 본성인 아이다움을 찾아주는 교육을 지향한다(임재택 · 김은주, 2007).

(2) 생태주의 유아교육

① 생태주의 유아교육의 특징

하정연(2004)에 따르면 생태주의 유아교육의 특징은 다음과 같다.

체험 활동

첫째, 생태주의 유아교육은 생태 중심교육을 지향한다. 생태주의 유아교육은 유아교육 사상의 체계를 인간 중심에서 생명 중심으로 전환시키고 있다. 즉 생태주의 유아교육은 종래의 인간 중심교육의 한계를 극복하고 인간과 자연의 공존, 상생을 목적으로 하는 생태 중심, 생명 중심교육을 표방한다.

둘째, 생태주의 유아교육은 공동체 중심교육을 지향한다. 생태주의 유아교육은 개체의 생존 유지 능력의 배양 못지 않게 더불어 사는 힘을 길러주는 공생과 상생의 능력을 함양하는 데 관심을 가진다. 비록 사람이 개별 생명체로 태어나지만, 사회라는 울타리에서 같이 살아가는 존재로서 사회적 공생의 능력이 무엇보다 요구된다. 생태주의 유아교육은 사람과 사람이 더불어 살아가는 공동체 사회, 사람과 자연이 같이 살아가는 생명 공동체를 지향한다.

셋째, 생태주의 유아교육의 프로그램은 생명 중심적 내용으로 구성되어 있다. 현행 6차 유아교육과정은 발달영역에 주목하여 선정한 5가지 생활영역 즉 건강생활, 사회생활, 표현생활, 언어생활, 탐구생활로 이루어져 있다. 그러나 생태주의 유아교육 프로그램은 산책, 텃밭 가꾸기 등의 생명가치의 실현과 미래를 위한 준비가 아닌 '지금, 여기'를 살아가는 유아들의 몸과 마음의 조화를 꾀하는 내용을 기초로 구성되어 있다.

넷째, 생태주의 유아교육은 전인교육을 지향한다. 생태주의 유아교육은 몸과 마음, 영혼이 하나 되는 전인교육을 지향한다.

② 교육목적

생태주의 유아교육의 목적은 유아의 타고난 본성을 지키고 유아의 내면에 내재한 자연의 본성을 드러내는 것이다. 따라서 생태주의 유아교육은 유아의 타고난 본래의 천성과 잠재가능성을 키워주어 자연과 인간이 조화되는 삶을 살아가게 하는 것이다.

③ 교육 내용

생태주의 유아교육의 내용은 유아들의 몸 · 마음 · 영혼의 일치를 이루고 유아들이 실제 삶에서 체험하고 자연과 하나가 될 수 있는 내용을 중심으로 구성되어 있다. 구체적인 프로그램의 예를 제시하면 다음과 같다.

바깥놀이, 산책, 텃밭 가꾸기, 세시풍속, 몸짓놀이, 절약, 명상, 동물 기르기, 들꽃체험, 갯벌체험, 곤충체험 등

④ 교육 방법

첫째, 생태주의 유아교육은 자연의 순리를 따르고 기다리는 느림의 교육을 주된 방법으로 채택한다. 생태주의 유아교육은 미래를 위한 준비로 유아를 재촉하지 않는다. 기다림과 느림은 생태적 소양을 갖춘 유아를 기르기 위한 기본적 요건이다. 자연의 순리에 따라 잠재된 가능성이 발현되는 시기를 기다려주는 느림의 교육이 생태주의 교육 방법의 중요한 원칙이다.

둘째, 생태주의 유아교육은 유아의 몸을 살리기 위한 교육 방법을 채택한다. 유아의 몸은 마음과 연결되어 있고, 세계를 경험하고 자아 정체감을 확인하는 중요한 통로이다. 따라서 몸의 건강은 마음의 건강과 전인적 성장과 불가분의 관련이 있다. 따라서 생태주의 유아교육은 몸을 살리기 위한 다양한 프로그램을 채택한다. 대표적인 것으로 유기농 먹거리 제공, 제철음식 섭취, 차 마시기, 명상 등이 있다.

셋째, 생태주의 유아교육은 삶을 체험하는 놀이 중심교육 방법을 지지한다. 생태주의 유아교육은 생활 속의 교육을 통하여 유아가 스스로 살아가는 힘을 기르는 것을 목적으로 한다. 따라서 자연체험 교육, 그리고 이와 관련된 놀이를 중심으로 교육 방법을 구성한다. 놀이의 외형적인 모습은 기존 유아교육의 놀이와 큰 차이는 없지만 놀이가 '학습' 의 차원에서 이루어지는 것이 아니라 '재미' 를 목적으로 삼는다. 즉 '재미' 라는 요인을 중심으로 사람과 관련된 경험을 재구성하여 놀이를 실시할 때 유아는 놀이에 집중하고 그 놀이를 통하여 삶을 경험할 수 있다. 이러한 놀이는 유아의 자발성에서 기인하는 자연스러운 현상으로 교육의 수단이 아닌 공동체의 의미와 삶의 의미를 일깨우는 체험의 방법이다.

⑤ 교사론

교사는 생태주의 유아교육에서 가장 핵심적인 역할을 한다. 즉, 생태주의 유아교육의 이상을 이해하고 이를 구체적 현실로 실현할 일차적 책임은 교사에게 있는 것이다. 비록 생태주의 유아교육이 유아의 주체적 발달을 지지하지만 교육적 상황을 계획하고 구현하고 돌보는 역할을 하는 것은 교사이다. 따라서 생태 유아 교사가 될 수 있는 기본 자격은 유아와 인격적 관계를 형성하고 내면적 이해와 공감을 이룰 수 있는 전인적 인간이다. 생명존중의 마음과 아동존중의 마음을 하나로 통합할 수 있는 전인적 교사에 의해 생태주의 유아교육은 더욱 풍부하고 긍정적인 방향으로 나아갈 수 있을 것이다.

부록(주요사상가 연대표)

연대	주요사상가		
BC 400	**플라톤(BC 427~347)** • 이분법적 사고(현상계 대 이데아) • 교육목적: 사회 각 계급에 적합한 능력과 임무에 부합하는 덕목의 교육 • 연령별 · 계층별 다른 교육내용과 방법을 주장 • 유아교육의 특징 – 조기교육의 강조 – 음악과 체육활동 중심 – 유희와 시사의 강조 – 각 발달단계에 따른 교육내용의 적용	**아리스토텔레스(BC 382~322)** • 실재론적 사고 • 행복한 인간의 추구 • 교육목적: 이성적 능력의 개발을 통한 덕의 획득 • 능력심리학에 기초한 형식도야론 • 이론적 교과와 지성적 교과의 가치 강조 • 교육을 통한 행복한 생활 추구 • 일반시민을 교육대상으로 함 • 유아교육의 특징 – 신체단련을 중요시하는 교육단계 주장 – 유희의 중요성 인정 – 음악의 가치 인정 – 모든 교육단계에서 가정교사의 감독 강조	
300			
200			
100			**키케로(BC 106~43)** • 성선설을 기본이념으로 함 • 교육목적: 타고난 소질을 개발하여 이성적 덕성을 발휘하는 것 • 유덕론(有德論) 강조 • 인문적 교양을 지닌 웅변가 양성교육 • 교육환경의 중요성 강조 • 상벌의 공평한 부과 중시

연대	주요사상가		
AD 100 200 ~1100	퀸틸리안(35~95 경) • 교육관 – 인간은 천부적 능력을 지니며 적절한 훈련으로 개발될 수 있다. – 타고난 능력은 충동적 행동, 수동적 인지, 추론 – 세 가지 능력의 발달은 개인차가 심하다. – 인간능력은 교육을 통해 개발이 가능하다. • 교육목적: 인간의 선천적 능력을 개발하는 일 • 유아교육의 특징 – 가정교육을 통한 유아 조기교육의 강조 – 체벌 반대 – 교사의 중용적 태도 중시		
1200 1300 1400		토마스 아퀴나스(1225~1274) • 신앙이 이성으로 옹호될 수 있는 이성교육의 이론과 원칙 제시 • 교육이란 잠재적 능력의 개발을 통해 온전한 인격체로 발전시키는 것 • 교육목적: 하나님과의 관계를 설정할 수 있는 성화(聖化) • 교육의 주체: 하나님 • 교사의 역할 – 신과 인간 사이의 중재자 – 강한 권한으로 학생들을 엄격하게 지도해야 함 • 가부장적 가족제도를 교육에서의 기초로 인식 • 실제적 경험을 통한 교육 강조	

연대	주요사상가		
1500 1600	루터(1483~1546) • 종교개혁 • 교육내용이자 기초로서 성서 강조 • 조기교육으로서의 정규교육 강조 • 시민을 위한 학교설립 주장 • 부모의 자녀교육 강조 • 교육의 평등화 강조 • 아동의 능력을 고려한 교육 강조 • 본보기나 규범을 통한 교육 강조	코메니우스(1592~1670) • 범지학에 기초한 범교육 지향 • 유아를 자연법칙에 따른 초목에 비유 • 교육목적: 인간과 하나님과의 합일상태에 이르게 하는 것 • 조기교육, 부모교육의 강조 • 모든 사람이 다닐 수 있는 학교제도 주장 • 교육방법: 자연을 통한 교육, 실물을 통한 교육, 감각을 통한 교육, 그림책을 통한 교육, 놀이를 통한 교육	에라스무스(1466~1536) • 후마니타스 개념에 기초 • 아동에 대한 관점 – 변형될 가능성이 많은 존재 – 선한 존재이며 가공되지 않은 재료 – 가소성이 풍부하여 무엇이든 될 존재 – 모방능력이 뛰어난 존재 – 성인과 다른 존재 • 교육내용 및 방법 – 모방을 통한 학습 – 실제 능력과 자질을 통한 학습 – 습관화를 통한 교육 • 교사의 역할과 자질 – 유아가 잘 학습할 수 있는 환경 조성 – 유아를 사랑하는 마음 • 교육에서의 부모역할 강조 로크(1632~1704) • 백지설의 주장 • 교육목적: 신사양성과 습관형성 • 지육 · 덕육 · 체육의 조화로운 발달 강조 • 주변 인물 환경의 강조 • 교육내용: 경험주의 지식론에 근거 • 교육방법: 감각적 훈련을 통한 학습, 습관형성을 통한 학습, 칭찬과 존중을 통한 학습, 부끄러움 혹은 수치심을 통한 학습, 구체적 경험을 통한 학습, 인간의 자연적 본성에 따른 학습

연대	주요사상가		
1700	루소(1712~1778) • 교육관: 자연주의 교육, 발달단계에 따른 교육, 아동중심적 교육, 소극적 교육, 가정교육의 중요성 • 교육내용: 자연 자체, 실생활에서 나타나는 경험적 내용 • 교육방법: 합자연의 원리, 실제적 감각교육, 실물관찰을 통한 교육, 소극적 교육, 흥미 위주의 자발성의 원리	페스탈로치(1747~1827) • 교육이란 인간성의 계발 • 교육원리 – 인간의 능력은 지적 · 도덕적 · 기능적 영역으로 되어 있으며, 이 영역은 상호 의존적임 – 사회적 맥락 속에서 발전하는 사회적 원리 제시 – 가정생활과 학교생활을 통한 사회개혁 강조 – 실물을 통한 직접 교육 – 직관에 의한 교육, 노작교육 • 유아교육의 원리: 가정교육, 부모교육 • 유아교육 방법: 조화와 균형의 원리, 직관의 원리, 방법의 원리, 자기활동의 원리, 생활공동체의 원리	오웬(1771~1858) • 사회계층구조가 가지고 있는 불합리한 점을 교육을 통해 바꾸려 함 • 인간의 성격은 환경 상황에 의해 형성됨 • 성격형성학원 설립 • 교육사상 – 인간의 좋은 성격 형성을 위해 어린 시절부터 교육해야 함 – 교육에 대한 환경의 영향 강조 – 교육은 자연으로부터의 보상과 벌을 통해 즐겁게 이루어져야 함 – 아동에 대한 부모의 영향 지적 • 유아교육의 특징 – 가능하면 일찍 시작해야 한다. – 벌보다 친절과 즐거움으로 가르쳐야 함 – 실제 사물, 모델, 그림을 통해 대화방법으로 가르쳐야 함 – 실물교육 강조 – 교육의 근본은 유아들이 가지는 즐거움에 있음
1800	프뢰벨(1782~1852) • 신비주의적 · 상징적 · 형이상학적 교육사상 • 신을 중심으로 인간과 자연의 조화 강조 • 교육의 임무: 만물에 깃들어 있는 신성의 전개 • 교육원리: 통일성의 원리, 자기활동의 원리, 놀이의 원리, 노작의 원리, 인본주의의 원리 • 교육방법: 발달순응적인 교육방법, 활동중심적인 교육방법 • 유치원교육과정의 특징: 유희 강조, 율동과 게임의 주장, 자연 가꾸기 강조, 어머니와 유아의 관계 강조		

연대	주요사상가		
1900	슈타이너(1861~1925) • 인지학에 기초 • 자유 발도르프 학교 설립 • 인간의 발달을 단계적인 과정으로 인식 • 교육원리: 기질을 고려한 교육, 모방의 원리, 감각을 통한 교육, 리듬을 통한 질서의 원리 • 교육내용: 자유놀이와 서클 활동 몬테소리(1870~1952) • 생명존중사상에 근거한 아동관 – 유아는 개별적 존재이며 개인차가 있음 – 유아는 능동적인 존재 – 유아는 무한한 잠재력을 가진 존재 • 교육원리: 정상화, 민감기, 흡수 정신, 준비된 환경, 자동교육, 자기활동의 원리 • 교육내용: 일상생활훈련, 감각교육, 수학교육, 언어교육, 문화교육 • 교육방법: 자동교육, 개별교육, 3단계 교수법	프로이트(1856~1939) • 정신분석이론 • 인간의 마음을 의식 · 무의식으로 설명 • 성격을 원초아, 자아, 초자아로 구분 • 삶의 에너지이자 심리적 · 정신적 에너지로서의 '리비도' • 리비도에 따른 성격 발달단계 제시: 구강기, 항문기, 남근기, 잠재기, 성기기 비고츠키(1896~1934) • 인간 정신의 사회적, 역사적 기원 언급 • 사회문화 발달이론 • 사회문화적 맥락의 중요성 – 지식은 사회문화적 맥락 속에서 구성됨 – 지식구성의 주체는 학습자임 • 학습은 발달을 이끈다: 근접발달지대, 스캐폴딩, 내면화 • 발달은 사회적 맥락과 분리될 수 없음 • 언어는 정신발달에 핵심적 역할을 한다(사회적 언어, 혼잣말, 개인 내적 언어).	듀이(1856~1952) • 프래그머티즘을 바탕으로 한 도구주의적 실용주의 교육학 구성 • 진보주의적 사상을 체계화 • 교육관 – 상대주의, 경험주의, 구성주의적 – 교육은 경험의 재구성을 통한 성장 – 생활 그 자체로서의 교육 – 학습자의 자발적 활동과 능동적 참여에 기초 – 흥미 중시 • 유아교육의 방법 – 교사와 유아의 능동적 상호작용 – 개별화 – 반성적 사고에 기초한 문제해결 학습방법 – 유아의 흥미 중시 – 유아의 자기활동 강조 – 상호작용, 변화, 연속성의 원리 • 교사의 역할: 관찰자, 안내자, 조력자, 매개자 피아제(1896~1980) • 지적 활동의 기본 구조로서 인지구조 제시 • 도식: 사물이나 현상을 이해하는 데 필요한 개념의 집합 • 인지구조의 발달과정: 동화, 조절, 평형화 • 인지구조의 발달단계: 감각운동기, 전조작기, 구체적 조작기, 형식적 조작기

참·고·문·헌 Reference

강상희(1993). 발도르프 교육학에 관한 연구. 연세대학교 대학원 석사학위논문.

강승규(1996). 슈타이너의 인지학과 교육론. 고려대학교 교육사, 철학 연구회(편), 인간주의 교육 사상(pp.255-257). 서울: 내일을 여는 책.

고영호(2001). Rorty의 신실용주의적 지식론과 그 교육적 의의. 경북대학교 박사학위논문.

고후순 · 조옥희 · 김동일(2003). 유아교육 사상사. 서울: 양서원.

권은주(1998). 불교 아동학 개론. 서울: 양서원.

권은주(2008). 영역 활동 중심 불교 유아교육과정이 정서발달에 미치는 영향-명상영역을 중심으로-. 종교교육학연구, 제26권. 한국종교교육학회.

김기수(2007). 교육의 역사와 철학 강의. 서울: 태영출판사.

김남균(1998). 몬테소리 교육사상에 관한 연구. 관동대학교 교육대학원 석사학위논문.

김명신(1996). 에라스무스. 연세대학교 교육철학회 편. 위대한 교육사상가들 I. 서울: 교육과학사.

김병희(1998). 신화와 교육: 단군신화에서의 교육의 의미. 교육학연구, 16(4).

김성혜 · 김춘일(2005). 유아교육사. 서울: 교육과학사.

김윤경(2001). 발도르프 학교의 교육과정 및 교육 방법 연구. 공주교육대학교 교육대학원 석사학위논문.

김옥연(1996). 유아교육사. 서울: 정민사.

김옥련 · 임영서(1992). 유아교육과정론. 서울: 교육과학사.

김욱동(1997). 포스트모더니즘과 포스트구조주의. 서울: 현암사.

김인회 · 정순목(1974). 한국문화와 교육. 서울: 이화여대출판부.

김영옥 · 박혜경 · 양옥승 · 이기숙 · 이영자 · 이원영 · 이윤경 · 장영희 · 정미라 · 주영희(1995). 한국현대 유아교육사. 서울: 양서원.

김정원 · 김유정 · 이효정(2008). 영유아를 위한 교수-학습방법. 경기: 공동체.

김혜숙(2006). 유아의 창의성 발달을 위한 전통놀이의 교육적 가치. 아동교육, 제16권

제1호. 한국아동교육학회.
목영해 · 양진건 · 이항재 · 한규원(2005). 교육의 역사와 철학. 서울: 교육과학사.
민승기 · 유정완 · 이삼출(1999). 포스트모더니즘의 조건. 서울: 민음사.
박의수 · 강승규 · 정영수 · 강선보(2004). 교육의 역사와 철학. 서울: 동문사.
서상복 역(1997). 합리주의, 경험주의, 실용주의. 서울: 서광사.
성용구(2000). 발도르프 학교의 인간교육. 교육학연구, 38(1), 59-75.
손인수(1985). 교육사 교육 철학연구. 서울: 문음사.
손인수(1998). 교육사 교육 철학의 이론과 실제. 서울: 문음사.
서울대학교 교육연구소 편(1997). 한국교육사. 서울: 교육과학사.
안관수(1996). 발도르프 학교의 통합교육과정이 초등학교 특별 활동 운영에 시사하는 점. 원광대학교 교육연구, 15, 97-116.
안경식(2000). 한국전통 아동교육 사상. 서울: 학지사.
안상원(1988). 교육사 및 교육철학. 서울: 재동문화사.
안인희(1973). 교육 고전의 이해. 서울: 이화여자대학교 출판부.
양금희(1999). 종교개혁과 교육사상. 서울: 한국장로교출판사.
양옥승 · 김미경 · 김숙령 · 김영연 · 김진영 · 박선희 · 서현아 · 오문자 · 장혜순 · 조성연 · 조은진 · 최양미 · 현은자(2001). 유아교육개론. 서울: 학지사.
연세대학교 교육철학연구회 편(2002). 위대한 교육사상가들 V. 서울: 교육과학사.
유초하(1994). 한국 사상의 인식. 서울: 한길사.
이강자(2001). 슈타이너 학교의 통합적 음악 교육형태와 그 적용에 관한 연구. 한국교원대학교 대학원 석사학위논문.
이기백(1990). 한국사신론. 서울: 일조각.
이기숙(2004). 유아교육과정. 서울: 교문사.
이돈희(1997). 교육 사상사(동양편). 서울: 학지사.
______(1949). 조선교육사(하). 서울: 을유문화사.
이상금(1987). 한국 근대 유치원 교육사. 서울: 이화여자대학교 출판부.

이숙종(1996) 코메니우스의 교육사상. 서울: 교육과학사.
이만규(1998). 조선교육사 I · II. 서울: 거름.
이문원(2002). 한국의 교육 사상가. 서울: 문음사.
이영석(1993). 유아교육사상사. 서울: 교육과학사.
이은선(1993). 포스트모더니즘과 페미니즘 그리고 교육. 교육 철학, 제11호.
이은화 · 조경자 · 홍용희 · 엄정애(2001). 한국의 전통 아동 놀이 고찰. 유아교육연구, 제21권 제1호.
이현복 역(1992). 포스트모더니즘적 조건. 서울: 서광사.
이홍우 역(1994). 윤리학과 교육. 서울: 교육과학사.
임재택 · 김은주(2007). 생태유아교육의 과제와 전망에 관한 탐색 연구. 유아교육연구, 제27권 제1호.
임채식 · 정찬주 · 한상규(2002). 교육 철학 및 교육사. 서울: 양서원.
장열이(2007). 동학 '동귀일체' 통합 사상의 교육적 함의, 교육 철학. 한국교육 철학회, 제32집.
장정호(2005). 유학교육론의 관점에서 본 태교신기의 태교론. 대동문화연구, 제50호.
장정호(2006). 조선 시대 독자적 동몽 교재의 등장과 그 의의-훈몽자회와 동몽선습을 중심으로. 유아교육학논집, 제10권 제1호. 유아교육학회.
장종철(1993). 기독교 교육 역사. 서울: 감리교신학대학교출판부.
정석환(2002). Lyotard의 포스트모더니즘 지식론과 그 교육적 의미. 경북대학교 박사학위논문.
정석환(2010). 쉽게 풀어 쓴 교육학개론. 서울: 양서원.
정석환(2010). 쉽게 풀어 쓴 교육 철학 및 교육사. 서울: 동문사.
정윤경(2000). 루돌프 슈타이너의 인지학과 발도르프 학교. 서울: 내일을 여는 책.
정일웅(2003). 코메니우스의 범지혜와 범교육의 의미. 신학지남, 70(1), 9-32.
정찬주 · 팽영일 · 한상규(1999). 교육 철학 및 교육사. 서울: 양서원.
정혜영(1997). 발도르프 학교 교육의 사사정, 이론적 기초: 슈타이너의 인지학적 교육론. 교육학연구, 35(1), 1-16.
정호표(2003). 현대교육 철학. 서울: 교육과학사.
정호표 · 김병희(2002). 교육 사상사. 서울: 교육과학사.
정희숙 역(1999). 교육 철학자 비평론. 서울: 서광사.
조규남(1991). 서양교육사. 서울: 교육과학사.
조무남 · 피정만 · 김기수(2003). 교육사 교육 철학 강의. 서울: 동문사.
지원용(1983). 루터와 종교개혁. 서울: 컨콜디아사.
진창영(2007). 동학 사상의 교육 내용과 생태교육. 종교교육학 연구, 제23권. 한국종교교육학회.
최현(1996). 플라톤의 국가론. 서울: 집문당.
팽영일(2004). 교육의 역사와 철학. 서울: 양서원.
하정연(2004). 생태유아교육의 교육관에 관한 연구. 유아교육논업, 제13권 제1호.
한기언(1983). 한국교육사. 서울: 박영사.
한우근 · 이성무 편저(1985). 사료로 본 한국문화사(조선 후기편). 서울: 일지사.
한우근 · 이태진 편저(1984). 사료로 본 한국문화사(조선 전기편). 서울: 일지사.
함희주(1998). 슈타이너의 교육이념에 의한 발도르프 학교의 음악교육. 음악교육연구, 17, 173-193.
허영주(2006). 불교 훈습의 교육학적 의미: 기존 교사자질론의 보완적 성격. 교육과정연구, 제24권 제4호. 한국교육과정학회.
황옥자(2009). 불교와 아동교육. 종교교육학연구, 제30권. 한국종교교육학회.
홍순정 · 곽노의(1997). 유아교육사. 서울: 방송통신대학출판부.
홍순정 · 이기숙(2010). 유아교육과정. 한국방송통신대학교.

Ariès, P. (1962). *Centuries of Childhood*. NY: Alfred Knopf.
Ausubel, D. P. (1958). *Theory and Problems of Child Development*. NY: Grune & Stratton.

Bainton, R. H. (1978). *Here I Stand: A Life of Martin Luther*. Nashville: Festival Books.

Bandura, A. (1977). *Social Learning Theory*. NY: General Learning Press.

Berk, L. E. (1999). *Infant and children. Needham Heights*. MA: Allyn & Bacon.

Boyd, W. & King, E. J. (1975). *The History of Western Education*. London: Adam & Charles Black.

Browning, M. (1971). *Owen as an educator*. In J. Butt(Ed.). Robert Owen: *Aspects of his life and work* (pp. 52-75). NY: Humanities Press.

Brameld, T. (1959). *The Remaking of a Culture*. NY: John Wiley & Sons, Inc.

Burgess, H.(1975). *An Invitation to Religious Education*. Religious Education Press.

Burman, E.(1994). *Deconstructing Development Psychology*. London: Routledge.

Cahn, S. M. (1970). *The Philosophical Foundations of Education*. NY: Harper & Row, Publishers.

Cleverley, J. & Phillips, D. C.(1986). *Visions of Childhood: Influential Models from Locke to Spock*. NY: Teachers' College Press.

Cole, M. (1965). *The Life of Robert Owen*. London: Frank Cass & Co. Ltd.

Cole, M. (1969). *Robert Own of New Lanark*. NY: Augustus M. Kely Publishers.

Cordasco, F. (1976). *A brief history of education*. Totowa, NJ.: Littlefield, Adams.

Craig R. Thompson (1997). *Colloquies, from The Collected Works of Erasmus*. Toronto: University of Toronto Press.

Decker, C. A. & Decker, J. R.(1997). *Planning and administering early childhood programs*. NJ: Merrill Prentice Hall.

Dewey, J. (1966). *Democracy and Education*. NY: Macmillan Co.

Donnachie, I. (2000). *Robert Owen: Owen of New Lanark and New Harmony*. East Linton, Scotland: Tuckwell Press.

Donnachie, I. & Hewitt, G. (1993). *Historic New Lanark*. Oxford: Edinburgh University Press.

Donahoe, John W. (1968). *St. Thomas Aquinas and Education*. NY: Random House.

Erasmus, D. (1990). *The Erasmus Reader*. Trans. C. R. Thompson. Toronto: University of Tronto Press.

Garforth, F. W. (1966). *John Locke' s off the conduct of the understanding*. NY: Teachers College Press, Columbia University.

Good, H. G. & Teller, J. D. (1969). *A History of Western Education*. NY: Macmillan Publishing Co., Inc.

Gruber, F. C. (1973). *Historical and contemporary philosophies of education*. NY: Thomas Y. Cromwell.

Gutek, G. L. (1970). *An Historical Introduction to American Education*. NY: Thomas Y. Crowell Co.

Gutek, G. L. (1974). *Philosophical Alternatives in Education*. Ohio: Charles E. Merrill.

Gutek, G. L. (1997). *Philosophical and ideological perspectives on education*. Boston: Allyn and Bacon.

Gutek, G. L. (2001). *Historical and Philosophical Foundations of Education: A Biographical Introduction*(3rd ed). Upper Saddle River, NJ: Merrill Prentice Hall.

Harold W. B .(1975). *An Invitation to Religious Education*. Mishawaka: Religious Education Press.

Hay, D. (1988). *Renaissance Essays. London*; Ronceverte, WV, USA: Hambledon Press.

Heidebrecht, P. (1987). Learning from Nature: The Educational Legacy of Jan

Amos Comenius. *Christian History, Vol. 6(1).* pp. 22-23.

Hutchins, R. M. (1952). *Great Books of the Western World Vol. 35.* Chicago: The University of Chicago.

J. A. Comenius. 김은권 · 이경영 편역(1998). 세계도회. 서울: 교육과학사.

J. A. Comenius. 정일웅 역(1996). 코메니우스의 범교육학. 서울: 여수룬.

J. A. Comenius. 정일웅 역(2002). 대교수학. 서울: 창지사.

J. A. Comenius. 정확실 역(1987). 대교수학. 서울: 교육과학사.

Kneller, G. F. (1971). *Introduction to the Philosophy of Education.* NY: John Wiley & Sons.

Kneller, G. F. (1984). *Movements of Thought in Modern Education.* NY: John Wiley & Sons.

Lascarides, V. C. & Hinitz, B. F. (2000). *History of Early Childhood Education.* New York, NY: Falmer Press.

LeBar, L. (1987). What children owe to Comenius. *Christian History, 6(1),* 19.

Lyotard, J. F. (1984). *The Postmodern Condition: A Report on the Knowledge.* trans by Geoffrey Bennington and Brian Massumi. Minneapolis: University of Minnesota press.

Monroe, P.(1933). *A Textbook in the History of Education.* NY: the Macmillan. Co.

Morton, A. L. (1962). *The Life and Ideas of Robert Owen.* London: Lawrence & Wishart.

Osborn, D. K. (1991). *Early Childhood Education in Historical Perspective*(3rd ed.). Athens, GA: Daye Press, Inc.

Owen, R. D. (1824/1971). *An outline of the system of education at New Lanark.* Glasgow: University Press, In K. E. Carpenter(Advisory Editor, reprinted in 1971), Robert Owen at New Lanark (pp. 1-104). NY:

Arno Press.

Silver, H. (1969). *Robert Owen on Education*. NY: Cambridge at the University Press.

Steiner, R. (1968). *The Education of child in the Light of Anthroposophy*. London: Rudolf Steiner Press.

Steiner, R. (1971). *Theosophy*. NY: Anthroposophic Press.

Steiner, R. (1977). *Rudolf Steiner: An Autobiography*. NY: Rudolf Steiner Press.

Painter, S.(1993). 지동식역. 서양중세세계사. 서울: 고려대학교출판부.

Peters, M. (1995.). Education and postmodern condition. revisiting J. F. Lyotard. *Journal of the Philosophy of Education*.

Rorty, R. (1982). *Consequences of Pragmatism*. Sussex: The Harverst Press.

Schwoebel, R. (1971). *Renaissance Men and Ideas, ed Robert Schwoebel*. NY: St. Martin' s Press.

Singmaster, E. (1939). *Martin Luther: The Story of His Life*. Philadelphia, PA: The Board of Publication of the United Lutheran Church in America.

Smith, S. (1979). *Ideas of the Great Educators*. NY: Barns & Noble Books.

Spodek, B. & Saracho, O. L.(1994). *Right From The Start: Teaching Children Ages Three To Eight. Needham Heights*. MA: Allyn & Bacon.

Spodek, B. & Saracho, O. L. (1994). 이윤경 · 최석란 · 신은수 역(2001). 유아교육개론. 서울: 창지사.

Spodek, B. & Saracho, O. L. (1994). *Right From The Start: Teaching Children Ages Three To Eight. Needham Heights*. MA: Allyn & Bacon.

Strickland, C. E. & Burgess, C. (1965). *Health, growth and heredity: G. Stanley hall on natural education*. New York: Teachers Collage Press.

Thomas, R. M. (1992). *Comparing Theories of development(3rd ed.)*. Belmont, CA: Wadsworth.

Thompson, B.(1996). *Humanists and Reformers*. Michigan: W. B. Eerdmens Publishing Company.

Ulich, R. (1965). *Education in Western Culture*. NY: Harcourt, Brace and World, Inc.

Vandenberg, D. (1990). *Education As A Human Right*. NY: Teachers College, Columbia University.

Wilds, E. H. & Lottich, K. V. (1970) *The Foundations of Modern Education*. NY: Holt, Rinehart and Winston.

Wilkinson, R. (1997). *Rudolf Steiner on Education*. 철학연구회(역). 고려대학교 교육사. 루돌프 슈타이너의 교육론. 서울: 내일을 여는 책.

http://100.naver.com

저·자·소·개 Profile

김 희 태

미국 텍사스대학교 대학원 유아교육전공 졸업(Ph. D.)

현) 한국방송통신대학교 유아교육과 교수

저서) 선진교육의 비전(공저), 유아교육평가(공저), 유아사회교육(공저) 외 다수

정 석 환

경북대학교 대학원 교육학과 졸업(교육학박사)

현) 동남보건대학 유아교육과 교수

저서) 쉽게 풀어 쓴 교육철학 및 교육사, 쉽게 풀어 쓴 교육학 개론 외 다수

유아교육 사상사

초판 1쇄 인쇄 2012년 2월 24일
초판 2쇄 발행 2018년 3월 2일

지은이_ 김희태 · 정석환
펴낸이_ 황호철
펴낸곳_ 도서출판 파란마음

주소_ 04315 서울시 용산구 백범로90라길 47 | 전화_ (02) 3275-2110~1 | 팩스_ (02) 3275-2199
홈페이지_ http://paranmaum.co.kr/

등 록_ 2006년 4월 24일 · 제302-2006-00024호

ISBN 978-89-92546-89-8 93370
값 17,000원